方以智研究

（第三辑）

主　　编：李仁群
副 主 编：蒋国保　诸伟奇　王国良
特约编辑：周建刚

北京师范大学出版集团
BEIJING NORMAL UNIVERSITY PUBLISHING GROUP
安徽大学出版社

图书在版编目(CIP)数据

方以智研究.第三辑/李仁群主编.—合肥:安徽大学出版社，2023.10
ISBN 978-7-5664-2683-3

Ⅰ.①方… Ⅱ.①李… Ⅲ.①方以智(1611—1671)—人物研究 Ⅳ.①B248.935
中国国家版本馆 CIP 数据核字(2023)第 199327 号

方以智研究(第三辑)
Fangyizhi Yanjiu Disanji
李仁群 **主编**

出版发行: 北京师范大学出版集团
安 徽 大 学 出 版 社
(安徽省合肥市肥西路 3 号 邮编 230039)
www.bnupg.com
www.ahupress.com.cn
印　　刷: 江苏凤凰数码印务有限公司
经　　销: 全国新华书店
开　　本: 710 mm×1010 mm　1/16
印　　张: 13
字　　数: 200 千字
版　　次: 2023 年 10 月第 1 版
印　　次: 2023 年 10 月第 1 次印刷
定　　价: 39.00 元
ISBN 978-7-5664-2683-3

策划编辑: 李　君　范文娟
责任编辑: 范文娟
责任校对: 汪　君
装帧设计: 李　军
美术编辑: 李　军
责任印制: 陈　如　孟献辉

目　录

论《密之先生杂志》的特色与学术价值①

蒋国保

提　要:《密之先生杂志》(以下简称《杂志》)抄稿本,迄2017年影印出版止,深藏于图书馆,不为学界所知。方以智多位弟子先誊抄其师札记手稿,后将之装订成册。此为《杂志》原抄稿本。《杂志》原抄稿本因线断而散,于民国期间重新装订。现今所见之《杂志》抄稿本,就是这个重新装订本。重装本所出现的脱落、错乱之缺陷,当是由于原装订本散而重新装订所致。《杂志》内容涉及传统"经、史、子、集"学问,具有重要的思想、学术价值。其中,有三点最值得重视:(1)《浮山日袖》得名于《日袖》中的文字皆抄写于标有"浮山日袖"字样的特制稿纸上;(2)"反因明而公因自贯"说法是丰富"公因反因"说的新材料;(3)保存了方以智的新"四无"说。《杂志》中的札记,表述形式大多类似《日袖》,因而视之为一般性的读书札记未必合适,应视之为今日所谓"编著"。

关键词:方以智　杂志　抄稿本　浮山如袖　学术价值

《密之先生杂志》②以手抄稿本存世,然迄2017年止,深藏于图书馆,不为学界所知。学苑出版社于2017年以《密之先生杂志不分卷》为名影印出版,

① 本文为2022年安徽大学方以智研究中心资助课题"方以智解构阳明学的贡献和意义"阶段性成果。

② 收入由中国科学院文献情报中心编、学苑出版社于2017年出版的《国家图书馆藏满汉文合璧古籍珍本丛书(抄稿本部分)》第36、37册,以下简称"《杂志》"。

是该著首次公开出版。自那时至今,已五度春秋,除张昭炜教授取其中所收胡直《自矢文》、管志道《忏罪文》两篇短文而撰《阳明学忏悔思想研究》一文外[①],不见有学者发表专文以论《杂志》之特色与学术价值。我曾用近一年的时间点校出初稿[②];现为促进学界对《密之先生杂志》的全面了解与深入研究,愿就它的抄、编特色与学术价值等,谈些肤浅认识,以求大家的批判指正。

一、《杂志》抄稿本的基本情况

《杂志》抄稿本原不分卷,在出版时,被分为(一)和(二)两部分;前者单独编为《国家图书馆藏满汉文合璧古籍珍本丛书(抄稿本部分)》(第 36 册),后者与朱彝尊的《宋人文集叙录不分卷》合编为该丛书的第 37 册。编辑未说明分成两部分的理由,然以我臆断,本不分卷的《杂志》,被分为页数悬殊[③]的两部分,似主要考虑该丛书一册的页数须控制在 600 页之内。那又为何不将其平分而非得要分得那般悬殊?《杂志》依其所标页码统计共有 852 页,若除去空页码统计共有 806 页,如平分为二的话,每册为 400 多页,仍不违该丛书预设的原则——一册的页数须控制在 600 页之内。可又为何将其以第 581 页为界限来分?这从(一)部分末页末句[④]与(二)部分首页首句[⑤]毫无关联上来看,找不出必须以第 581 页为界来分的任何理由,倒让人觉得以该页为分界点有不合情理之处:明明可将第 581 页分于(一)部分,却硬将该页分于(二)部分。这样说来,以第 581 页为界来分,可能非主观随意,而有客观依据。此依据为何?在(一)部分第 581 页左侧末行的底部,有"共七十一页"的字样。编辑以为(一)部分可截至第 581 页,很有可能就是以此为依据的。否则,就难寻其他客观依据。

《杂志》抄稿本,抄写用纸,一为无行无格白纸,另为有行有格稿纸。前者

---

① 我于 2022 年 2 月撰写本文时,尚不知张教授该文是否在刊物上公开发表。

② 此初稿,包括校点注解,电脑统计字数为 29.3 万余字。

③ 这由其页数迥异就可看出:(一)部分所标页码为 581 页,除去 2 个标题页与 9 个空页外,正文实际页码为 570 页;(二)部分所标页码为 244 页,除去 1 个标题页及 7 个空页外,正文实际页码为 236 页。

④ 此句指"沈括《谈》以朱鞹注作朱浮"这一句。

⑤ 此句指这一句:"《玄奘传》:'棱骏迦山,如来于此说骏伽经'。"

除少数不规则者外，绝大多数每页抄10行；然每行字数却因字形大小各异、字距间隔不等，大体分为每行20字、24字、27字、28字、29字、30字这六种情形。后者分两种格式，或为双框稿纸，或为单框稿纸。双框稿纸样式同《药地炮庄》，即上框小，下框大；上框为无行格之扁形框，下框为有行格之方形框。上框因字形大小等原因，每行所书字数不等。下框则格式不同：或每页20行，每行24字；或每页10行，每行24字。

单框稿纸，分几种格式，(1)每页10行、每行24字，此式又别出一款，即虽为10行，每行24格，但行与行之间有分隔线，分隔线居中，左右各占半格；格与格之间相分隔，上格与下格之间有居中虚线。(2)每页10行、每行29字；(3)每页12行、每行字数不等，多则38字，少则24字；此式又别出每页10行、每行字数在24～38之间款，而造成此款的原因是：用纸本是每页20行、每行24字格式稿纸，然在抄写时非一字书一格，而是循两格之间的上下直线写，且先后所书字形大小各异。但必须强调的是：无论是双框稿纸还是单框稿纸，又分为有中封或无中封与中封有字或中封无字二式。中封有字的稿纸，亦分二式，一种为：中封上有"浮山日衲"、下有"此藏轩"字样；另一种为：中封上有"浮山文集"、下有"此藏轩"字样。中封上有"浮山日衲"、下有"此藏轩"字样的稿纸，还分为二式：或在"浮山日衲"与"此藏轩"之间仅空出间隔，或在间隔处书有二字。中封间隔处书有二字的稿纸，所书的字却不同，分别为："杂记""随记"。中封上有"浮山文集"、下有"此藏轩"字样的稿纸也分二式：或中间有"编卷"二字，或中间无此二字。就字形而言，"编卷"明显为雕版印刷体，而"杂记"与"随记"，看上去似是手写体。

有"此藏轩"字样的方格稿纸与无该字样的方格稿纸，都是方氏事先印制以备日后札记或著述之用的稿纸。这当无可置疑。但有"此藏轩"字样的方格稿纸却自有区别：一为中封上有"浮山日衲"、中有"杂记"、下有"此藏轩"字样者①；二为中封上有"浮山日衲"、中有"随记"、下有"此藏轩"字样者②；三为

① 中国科学院文献情报中心编：《国家图书馆藏满汉文合璧古籍珍本丛书(抄稿本部分)》(第36册)，北京：学苑出版社，2017年，第118页。

② 中国科学院文献情报中心编：《国家图书馆藏满汉文合璧古籍珍本丛书(抄稿本部分)》(第36册)，北京：学苑出版社，2017年，第122页。

中封上有“浮山日衂”、中空白、下有“此藏轩”字样者[①];四为中封上有“浮山文集”、中有“编卷”、下有“此藏轩”字样者[②];五为双框(上小下大)中封上、中皆空白,而下有“此藏轩”字样者[③]。此五式,因“杂记”“随记”看似手书当除去,余三式,再加无“此藏轩”字样的方格稿纸,则方氏事先印制的方格稿纸共四式。

现在要追问的是,何以要事先印制这四式稿纸?想必为不同之用而备。有“浮山日衂”字样的稿纸,专门用来写《日衂》类的札记;有“浮山文集”字样的稿纸,用来录《浮山文集》类的著述;双框稿纸,似为著《药地炮庄》而特备;而无“此藏轩”字样的方格稿纸,没有特殊用途,应是一般用途的稿纸。

二、《杂志》抄稿本形成的曲折过程

作为“抄稿本”,《杂志》如何形成?这是我点校《杂志》过程中时常思考的一个问题。我之所以思考这个问题,是因为对《杂志》中的一些现象产生怀疑。何疑?请先看《杂志》以下各页:第36册第581页,第37册第116页,第37册第115、116、117这三页。第36册第581页最后一行底部有“共七十一页”5个字;第37册第116页只有15个字——“密之先生是册,皆札记掌故,多有论断”;而第37册第115、116、117这三页又依次紧连。

大家怎么看且不论,我看到这三处,不禁生四疑:(1)(一)部分共581页,除去2个标题页与9个空页外,也有570页。即便正反两页作一页计算,亦远超71页,那“共七十一页”云云,从何说起?(2)就第116页居第115、117两页之中来说,该页所谓“密之先生是册”,要么指由第115页向前翻至第2页,要么指由第117页向后翻至第244页,则“是册”究竟是指前者还是指后者?(3)第115页为方格稿纸,页面仅第一、二两行有文字(行书);第116页

① 中国科学院文献情报中心编:《国家图书馆藏满汉文合璧古籍珍本丛书(抄稿本部分)》(第36册),北京:学苑出版社,2017年,第192页。

② 中国科学院文献情报中心编:《国家图书馆藏满汉文合璧古籍珍本丛书(抄稿本部分)》(第36册),北京:学苑出版社,2017年,第75～76页。

③ 中国科学院文献情报中心编:中国科学院文献情报中心编:《国家图书馆藏满汉文合璧古籍珍本丛书(抄稿本部分)》(第36册),北京:学苑出版社,2017年,第512～513页。

却为无格白纸，页面只有那 15 个字（木刻大字），那第 116 页何以居第 115、117 两页之中？（4）第 117 页首行开头似有脱文，否则，该行首句难以读通。

对上列前三疑，我无法查证，只能推想：（1）写于第 581 页左侧底部的“共七十一页”这 5 个字，可间接证明：《杂志》原抄稿本，有一册共 71 页，以正反两面为一页的话，此册的页数实为 142 页；（2）“是册”云云，如确为原抄稿本固有，非重新装订本后添加，则将它视为实指第 117 页至第 244 页，比较合理。此外，也可能是指“共七十一页”那一册；（3）第 117 页第 1 行所脱首字“万”[①]，既然注定书于另页之末行的最后一格，那它之前的那一页理应是第 116 页。可如今所见该页（第 116 页），除“是册”云云那 15 个字外，再无一字。由此不难推断，第 10 行后八格上写有“梁苑隋堤事已空万”8 个字的那一页，已经佚失。进而即便再这么——所佚未必只一页，也有可能是多页断言，也可自圆其说，不足为怪。

关于上列第四疑，我认为，须先确证它定有脱文方可进一步释疑。何以确证？其一，理证：准该第 117 页书写格式[②]，如第 117 页第 1 行无脱文，则其首字“条”就应顶格写；既然该行首字“条”比第 2 行首字“后”低一格写，则该行首字“条”之前，一定脱掉一字。其二，实证：从该行来看，它应该是一首七言诗。于是我以“谁见杨花入汉宫”来检索，找到唐代韩琮的《杂曲 · 杨柳枝》。该乐府诗云：“梁苑隋堤事已空，万条犹舞旧春风。那堪更想千年后，谁见杨花入汉宫。”据韩琮原诗可明：第 117 页第 1 行首字“条”字前所脱字为“万”。确定了所脱为“万”字后，自然就会想到该字可能书于另一页末行最后一格。可我不敢再这么设想：誊抄者另用一页稿纸只为在它之末行的最后一格写个“万”。这太荒唐，绝无可能。于是我想，合理的推测应当是：“条”字前至少脱一行字，即 24 个字[③]；而且这 24 个字，在另一页非写于末行，而是写于首行，因为于《杂志》中的确能看到页面后空七八行而仅前一二行有字的

① 至于所脱的一字定是“万”，下面的论证会交代。

② 书写格式是指如下格式：凡同属一条，在书写时第一行首字顶格写；第二行首字低一格写，而白纸则低一个字写。

③ 其中，除了“万”之外，应还有“梁苑隋堤事已空”这 7 个字。至于余下的是哪 16 个字，恐怕永远都无法考明。

现象。

从以上论证与推断,可得出两点结论:(1)现在我们所看到的《杂志》抄稿本,应该不是由方以智亲手誊抄并装订成册的,而是由别人转抄其零散的手稿并将之一并装订成册的。作为方以智手稿之再抄稿本,其字体楷书、行书、草书兼有,则仅从书法上也不难明白它不是出自抄《易余》的宝仁之手[①],亦不是出自抄《东西均》的"决鼻行者"之手[②],而是由无名氏多人抄成的。那无名氏是谁? 在方以智的朋友、儿子、弟子中取舍的话,最有可能的是他的弟子;(2)今所见《杂志》抄稿本,其形成似经历曲折过程。我目前无法据史料客观地呈现其成册过程,但不妨主观地描绘之:方以智将自己散装于笥中的札记原稿,分给自己的弟子们誊抄。弟子们抄完后,交给他过目,他审阅时或有所修改、添补[③],或加注眉批[④],或标上各种符号[⑤]。这一经方以智过目并有所修改、补添与标有不同符号的誊抄稿,装订成册后,就成为《杂志》原抄稿本;《杂志》原抄稿本,最有可能成于方以智居青原净居寺的后期。其后,《杂志》原抄本流传至"抗战"初期,为"东方文化事业总委员会"所收藏[⑥]。因为战乱,该委员会所收集到的《杂志》原抄稿本,不知何故已线断册散,遂不得不重新装订。这个重新装订本,就是现今由学苑出版社影印出版的《杂志》抄稿本。此影印抄稿本之所以存在上面所列举的那些令人生疑之处,是因为以下两个原因:或《杂志》原抄稿本在重新装订时,已有佚失与错乱;或因这次重新装订不慎造成了佚失与错乱。

三、《杂志》抄稿本是方以智生涯后期的部分读书札记

今所见《杂志》抄稿本,既然较之《杂志》原抄稿本有佚失,那么认为其未

---

① 《易余》抄本字体为馆阁体。

② 《东西均》抄本字体为楷体。

③ 不是所有的修改、添补全出自方以智之手;有些修改、添补,出自誊抄者之手。

④ 能确定为方以智亲书者,即他审阅时后加的眉批;非方以智亲书的眉批,就是原稿本原有的眉批。

⑤ 从情理上讲,符号不可能是其弟子誊抄时所标,只能是方以智审阅时所标。

⑥ 因为《杂志》抄稿本藏于中国科学院文献情报中心,而该中心所藏古籍珍本(包括抄稿本),可追溯至民国期间的"东方文化事业总委员会"。

能保存方以智一生之读书札记的全部，就毋庸置疑。退一步说，假设现今所见到的《杂志》抄稿本就是没有佚失的原抄稿本，那原抄稿本所收录的是否为方以智一生全部的读书札记？回答是否定的，因为我认为，即便今所见《杂志》为原抄稿本，那它也只能收录方以智后32年的读书札记，而不可能收录其前20来年的读书札记。

此非妄说，而是依据两条史料来言的。一条为方以智《膝寓信笔》所载："少所比辑经史之业，前在荻港沉舟，尽失之矣。"[①]荻港系地名，即荻港镇，今隶属安徽芜湖市繁昌区，地处长江中游南岸。由这条记载可知：方以智少年时的经史著述，在某日沉于荻港。另一条为周岐所记。周岐在为方以智《稽古堂二集》写《序》时，对方以智早年所写的文字之沉江，特意这么表述：密之"自角丱能古文诗赋，其著于时者不待言。独笥中所存，亦不下数千万言……今年江上遇风，沉于江矣"[②]。周岐的这一记载很重要，它不仅让我们知道方以智早年著述除印行于世外已"沉于江"，而且让我们明白两个事实：一是沉江的文字甚巨，"不下数千万言"；二是它之所以沉江，是因为那"数千万言"存放在笥（方形竹器）中，江上遇风，置放于船上的竹笥[③]，被大风吹落江中而沉没。

提出这两条史料，对于本文来说，意不在讨论方以智早年文字沉于江的数量、地点与原因，而是为了进而讨论它在何时沉于江。周岐的《序》既明确交代"今年江上遇风"而"沉于江"，那他所谓"今年"具体指哪年？周岐的《稽古堂二集序》末有"己卯夏，同学农父周岐题"[④]。据此，定"今年"（己卯年）特指1639年，绝无问题。此年，方以智虚岁29、实岁28。

由桐城赴金陵，乘船顺长江而下，必经荻港。那方以智有无可能于1639年夏乘船由桐城返金陵而途径荻港？回答是肯定的。方以智于甲戌（1634）9月因桐城动乱而迁家移居南京，然其后6年间，他为省父、扫母亲墓而两次返回桐城。在《龙眠后游记》中，他对此有明确交代："余去家六年矣，间归者再。

① 张永义校注：《浮山文集》，北京：华夏出版社，2017年，第505页。

② 张永义校注：《浮山文集》，北京：华夏出版社，2017年，第558页。

③ 想必有几个，否则，何以装下写有"数千万言"的稿纸？

④ 张永义校注：《浮山文集》，北京：华夏出版社，2017年，第558～559页。

而今年归,去向者归,又三年矣。”[①]第二回回桐城,为应乡试,于己卯初夏返归金陵。这亦有冒襄自己的记载为证:“己卯初夏,应制白门,晤密之。”[②]

上面的考证足以说明:装于笥中的方以智“数千万言”早期著述,在他于1939年夏乘船由桐城返金陵途经荻港时,因遭遇大风而沉没江中[③]。问题是,他为什么要将巨量的文字装笥乘船带回金陵住宅——膝寓?这无可考证,只能悬想:方以智年轻时[④]写的文字,在方以智举家移居金陵时,留在桐城故居;他第二次返金陵时,之所以随船带上它,想必是因为他想将之移存金陵新居“膝寓”以便著述;而他之所以有此想,定是因为那时他已决定定居金陵。

费力证明方以智早年的许多著述已于1634年夏“沉于江”,目的是要提出以下论断:方以智23岁之前已完稿的著作[⑤],总字数绝不可能达“数千万言”,则沉江的“数千万言”云云,应主要指读书札记类的文字。既然以“千万言”计的读书札记,早就沉没长江,那晚年汇编成册的《密之先生杂志》,就不可能收有他早年的读书札记。因此,今所见《杂志》抄稿本所收读书札记,只能始于1634年,属于他生涯后期的读书札记。若问它是否包括方以智生涯后期的读书札记?则只能是否定回答,因为该抄稿本有佚失与未见《药地炮庄》所引那三则《日袽》语,本不囊括方以智生涯后期读书札记的全部。至于该抄稿本究竟佚失多少方以智生涯后期读书札记,有待他日考证,但恐怕会因史料缺失而无法详考。

四、《杂志》抄稿本的学术价值

上面关于《杂志》特色的考证,都服务于一个目的,即方便把握《杂志》抄稿本的学术价值。一个纸质文献的学术价值,是指其对研究学术问题的价

---

① 张永义校注:《浮山文集》,北京:华夏出版社,2017年,第95页。

② 万久富、丁富生主编:《冒辟疆全集》上,南京:凤凰出版社,2014,第580页。

③ 笥置于船上,船因大风而颠簸,笥很容易被颠簸到江中,而人在颠簸的船上站不稳,也就无法及时打捞已掉入江的笥。

④ 具体当截至1634年。

⑤ 以今所知列目,有《周礼》注、《尔雅》注、《史汉释诂》《孝经通笺》。又,任道斌认为《尔雅》注即《通雅》初稿,但他未给出史料证据。

值。《杂志》纸质文献，因为在内容上涉及中国传统之“经、史、子、集”学问诸方面，难以面面俱到地叙述其学术价值，故下面侧重从史料价值与思想价值这两层来谈。

其一，《杂志》的史料价值。主要是指对促进学术问题研究，它提供了哪些起积极作用的史料。这不妨分“他人散佚文献”与“方氏散佚文献”这两层来说。关于第一层，目前可确定的有：胡直的《自矢文》、管志道（登之）的《忏罪文》、刘辰翁的《宝鼎儿》[①]、何孟春[②]关于《论语》“高丽本”的一条论述。

这些散佚史料，学术价值不等。其中，胡直的《自矢文》、管志道（登之）的《忏罪文》的价值在于对准确把握广义阳明学之忏悔思想来说，它们都是不可替代的重要史料。张昭炜教授对此有专文论述，这里不再赘述；这里着重介绍有关尹（济翁）、刘（辰翁）、何（孟春）的散佚史料，借以说明其学术价值各异：或对校对刘氏《宝鼎儿》词有所补益，或有助于了解尹（济翁）、刘（辰翁）的宋遗民情怀，或可解决中国哲学史上长期悬而未解的一桩公案。

尹、刘二氏的散佚史料，在《杂志》抄稿本中，见于同一条记载：“刘须溪丁酉元夕《宝鼎儿》词云：‘红粒春骑，踏月花影，牙旗穿市。望不尽歌楼舞妓。香尘莲步，萧声断、约彩鸾归去来，怕金吾呵醉。甚辇路、喧阗且止，听得念奴歌起。父老犹记宣和，抱铜仙，清泪如水。还转盼、沙河多丽，滉瀁明光连邸第。帘影冻、散红光成绮，月浸蒲桃十里。看往来神仙才子，肯把菱花扑碎。肠断竹马儿童，空见说、三千乐指。等多时、春不归来，到春时欲睡。又说向、灯前拥髻，暗滴鲛珠坠。便当日、亲见《霓裳》，天上人间梦里。’此词作于元成宗大得元年。刘须溪，名辰翁，宋遗民也。词意凄惋，如听《麦秀》《黍离》之歌。尹济翁寿须溪《风入松》词云：’曾闻几度说京华，愁压帽檐斜。朝衣烫贴天香在，如今但、弹指兰阇。不是柴桑心远，等闲过了元嘉。长生休说枣与瓜，壶日自无涯。河倾南纪明奎壁，长教见、寿气成霞。但得重携溪上，年年人共梅花。’观此词，则我辈人穷愁可想。”[③]

---

① 与现今版本中的该词有别。

② 《杂志》作何子元。又，子元为何孟春的字。

③ 中国科学院文献情报中心编：《国家图书馆藏满汉文合璧古籍珍本丛书（抄稿本部分）》（第37册），北京：学苑出版社，2017年，第94页。

这条记载,在我看来,价值有二:(1)为后人保存了刘辰翁《宝鼎儿》词的另一样态,对校对刘氏该词有版本价值。这只要将它与今本《须溪词》[①]中的该词对校,就立马明白:该词名今本[②]作《宝鼎现》;"红粀春骑"句中的"粀"今本作"妆"、"踏月花影"今本作"踏月影"、"牙旗穿市"句中的"牙"今本作"竿"、"望不尽歌楼舞妓"今本作"望不尽楼台歌舞"、"香尘莲步"今本作"习习香尘莲步底"、"怕金吾呵醉"句首"怕"今本作"未怕"、"父老犹记宣和"今本作"父老犹记宣和事"、"滉瀁明光连邸第"句中的"瀁"今本作"漾"、"月浸蒲桃十里"今本作"月浸葡萄千里"。这里据以对校者,为上海古籍出版社于1989年出版的《词林集珍》本所收《须溪词》。校点者称该本"以《强村丛书》为底本,参校了《全宋词》、上海图书馆所皮孙隘堪藏《须溪集》与《草堂诗余》《词林万选》《词综》《词谱》《词律》等"[③],校本可谓周全,然从其出校[④]来看,未涉及上列诸异,这足以说明《杂志》所保存的《宝鼎儿》词,对于校对刘氏该词来说,具有其他版本或文献所不可替代的价值;(2)无论是对研究宋遗民情怀还是对研究明遗民情怀,都不失为重要的史料,因为在这条札记里,方以智借尹济翁为刘辰翁作寿事暗示刘、尹二氏同样有宋遗民情怀,并以宋遗民之穷(生存状况)愁(悲愁情怀),比喻明遗民(我辈人)之穷(生存状况)愁(悲愁情怀),很自然地以刘、尹二氏的遗民情怀表他自己的遗民情怀。由于方以智对自己的遗民情怀讳莫如深,不轻率见诸文字,则这条记载,即便作为研究方以智明遗民情怀的史料,亦弥足珍贵。

在《杂志》抄稿本中,还有这么一条记载:何子元曰:"《汉书》载《易大传》'几者,动之微,吉凶之先见者。'《论语》'岂若匹夫,匹妇之为谅也。自经于沟渎,而人莫之知也。'高丽本《孟子》'仁也者,人也;义也者,宜也;礼也者,履

---

① 刘辰翁因故居有"须溪山"而自号"须溪";该词集今存。

② 特指上海古籍出版社于1989年出版的《词林集珍》中的《须溪词》。

③ 《须溪词》,见萧逸校点:《词林集珍》,上海:上海古籍出版社,1989年,第8~9页。

④ 共出校六:于"踏月影"句下出校"一作'踏月花影'、一作'踏月呼影'";于"竿"字下出校"一作千、一作牙";于"望不尽"之"尽"下出校"一作"见";于"楼台"下出校"一作琼楼,一作琼台";于"滉漾"下出校"一作荡";于"影冻"下出校"一作动"。

也;智也者,知也;信也者,实也,合而言之,道也’,所添字句,朱子取之。”[①]

这条札记,关乎朱熹所谓《孟子》“外国本”的公案。读过朱熹《四书章句集注》的学者想必都记得,朱熹注《尽心下》第十六章时,特意说“外国本”该章比我国通行本该章多出几句:“或曰:‘外国本,人也之下,有‘义也者宜也,礼也者履也,智也者知也;信也者实也’.”[②]朱熹的补注,对后人正确理解“道”作为五常“合而言之”的本义至关重要,但遗憾的是,迄《杂志》抄稿本 2017 年出版止,学者并不清楚其所谓“外国本”究竟指哪国本,而对于“外国本”《孟子》的了解,也只仅局限于朱熹所说[③]。然而这条记载,不但明确地告诉后人朱熹所谓“外国本”即“高丽本”,还间接地告诉后人《论语》“外国本”——高丽本——直至明末尚流传于我国。由此而断言,它无疑解决了中国哲学史上 820 多年也未能解决的《论语》“外国本”公案[④],当无可置疑。

现有必要补充论述一个问题,即何孟春关于《论语》“高丽本”的那条记载,现今是否仍见于何氏存世著作?这个问题,目前作肯定或否定回答皆不妥。何孟春(1474—1536),字子元,后阳明 2 年生,晚阳明 8 年死,与王阳明是同时代人。查《四库全书大辞典》,可知何孟春著有《何文简疏序》《孔子家语注》(又作《家语注》)《余冬序录》《何燕泉诗》[⑤]《余冬诗话》。《四库全书大辞典》“以四库全书总目著录存目及其著者为范围”[⑥],则上列何氏著作,直至乾隆朝尚存是无疑的。在这 5 部著作中,为方以智所摘录的有关《论语》“高丽本”的话语,最有可能见于《余冬序录》《何文简疏序》。然我从《中华典籍》(电子版)所收《余冬序录》(6 卷)、《何文简疏序》中逐卷逐段查之,未见有何孟春云《论语》“高丽本”的话语。余下 3 著中,《何燕子诗》是诗集、《余冬诗

---

① 中国科学院文献情报中心编:中国科学院文献情报中心编:《国家图书馆藏满汉文合璧古籍珍本丛书(抄稿本部分)》(第 36 册),北京:学苑出版社,2017 年,第 284 页。

② 朱熹注:《四书章句集注》,北京:中华书局,1986 年,第 367 页。

③ 我曾在北京的一个全国学术会议上,听清华大学廖明春教授说,它可能是“朝鲜本”,但后来我未见到他发表专文论证此说。

④ 此断以朱熹卒于 1200 年为上限,而以年为限的根据在于:有史料明确记载朱熹临死前一天尚在修改《四书章句集注》。

⑤ 燕泉系何孟春号。

⑥ 杨家骆:《四库全书大辞典》(上),北京:中国书店,1987 年,第 3 页。

话》是诗论,《家语注》是《孔子家语》的注释,是否有何氏该话语,还有待查《四库全书》以确定。既然如此,对《杂志》这条札记价值的评价,就取决于它是否仍保存在何氏存世著作中:保存着的话,它的价值固然小,然亦不足以彻底否定其对解决朱熹所谓《论语》"外国本"公案的引导作用;未保存的话,那它对解决该公案的价值之大,不言而喻。

其二,在《杂志》抄稿本中,保存不少方氏散佚学术史料,其中以"宗一曰"示之者一则,以"《潜草》曰"示之者 2 则、"潜老夫断之曰"示之者 1 则;以"履以饶人言"示之者 1 则;但以"愚曰""愚者曰""愚按"(又省为"按")、"智按""智识""愚者谓""愚者题曰"等示之者更多,初步统计,有 87 则①。此外,如署名为"愚者纂成"的《孔子生考》②,以及未这么署名而形似此文的几篇短文;如未署名的《偶叹》③诗,亦当视为方以智的作品。本文受篇幅所限,不容许就以上所列一一评论之,故在上列之外,再挑我认为重要的三点评论如下。

(一)《杂志》使我们得以确定《浮山日袇》的著作性质。方叔文的《方密之先生著作表》(附于氏著《方密之先生年谱》)内列有《浮山日袇》,但最早将此著作为方以智著作列目者,乃黄云师的《方文公行状》;则方叔文所列,当依据黄氏的《行状》。黄氏《行状》撰于 1680 年。黄云师撰方以智《行状》,当是受方以智三子请托而为。而方以智三子之所以托黄云师撰其父行状,想必是因为他们认为黄氏乃写其父行状的最合适人选:黄氏与方以智都是崇祯十三年(1640)中进士,两人同年,且同朝为官四年有余,黄(云师)与方(以智)交谊不浅;黄在明亡后,不应清廷征,隐居庐山莲花峰下,他与方以智一样,有着浓烈的明遗民情怀;黄为人正义,才识过人,敢于直言,不会畏言阿世,有损朋友英名。

请人为父母写"行状",惯例是请托人提供欲写内容的文字材料,受请人根据请托人提供的文字材料润色成文。可见,黄云师不是根据传闻、更不是

① 此统计还有待核准,但核准结果,只会多于此数,绝不会少于此数。

② 中国科学院文献情报中心编:《国家图书馆藏满汉文金璧古籍珍本丛书(抄稿本部分)》(第 36 册),北京:学苑出版社,2017 年,第 402 页。

③ 中国科学院文献情报中心编:《国家图书馆藏满汉文金璧古籍珍本丛书(抄稿本部分)》(第 37 册),北京:学苑出版社,2017 年,第 54 页。

想当然地将《浮山日袖》作为方以智著作列目,他是照密之三子所提供的书目而列。问题是,由于黄云师将它与《东西均》等著并列,长期以来,即便专门从事方以智研究的学者,也心存疑惑,不清楚它究竟是什么性质的著作。我自己 36 年前撰写《方以智哲学思想研究》时,也仅根据《药地炮庄》所引《浮山日袖》的两则短文而断言:"《浮山日袖》并非仅仅杂录别人材料而已,而是有以智自己的评说和论述,则它不当视为'杂录资料'的写作笔记明矣"[①]。这样的"明矣"云云,今日看来,其实明显有不"明"者在。我早年未弄"明"者,现今可以通过《杂志》抄稿本将其彻底弄明白。

反复翻阅《杂志》抄稿本,我彻底明白,《浮山日袖》并不是一部如《东西均》似的有特定论旨的哲学专著,也不是如《通雅》似的包罗万象的博物学专著,而是以"日袖"[②]表该著所载虽杂而无序却可备他日著述选用。这也就是说,该著取名,不是以特定论旨立意,而是从它的功用上立意。那它为何不直接叫《日袖》而非得名《浮山日袖》?《药地炮庄》引此著或全称《浮山日袖》或省称《日袖》,这说明此著本来可不冠以"浮山"字样。可它为何又冠以"浮山"二字呢?通常以为,冠以"浮山"二字无非是特意限定此著归方氏名下,但真实的原因应该是,《日袖》之所以最终名曰"《浮山日袖》",是因为该著中的文字无例外地全抄写于标有"浮山日袖"字样的稿纸上。既然有该字样的稿纸是事先印制的,那就不难推测:它本来就是特意预备用来抄写《日袖》性质之文字的稿纸。

方氏事先印制"浮山日袖"字样的稿纸以备抄写《日袖》性质的文字,在未阅《杂志》抄稿本之前,我们毫不知情,现在通过《杂志》抄稿本,我们不但弄清了该著的性质——相当于现今的所谓"编著",而且搞清楚用以抄写该著的稿纸有两种格式:一种一页 10 行(行与行之间有间隔)、一行 24 格(格与格之间

---

① 蒋国保:《方以智哲学思想研究》,合肥:安徽人民出版社,1987 年,第 109 页。

② 当取自《易·既济》六四爻爻辞:"繻有衣袽,终日戒"。对此爻辞,有两解,或解:繻为美服,衣袽(旧絮、破布)为衣服破敝,以为该爻辞意谓"美服或要变为破衣,故当整日警戒,以守正防患";另解:"繻"通"濡",指船渗漏;"衣袽"为破衣破布,以为该爻辞意谓"行舟要预备破衣破布,以备船渗漏时塞漏之用,故做事当整日警戒,防患于未然"。

有间隔);另一种一页 12 行、一行 30 格[①]。这两种稿纸,相同处在于:中封上部皆题有“浮山日袽”,而下部皆题有“此藏轩”;不同之处在于:前者中封的中部或有“杂记”或有“随记”二字,而后者中封的中部却无这二字。由于“杂记”“随记”看上去不是印刷体而是手写体,故可以推想它们皆是使用前一种稿纸时顺便写上去的。可同一种稿纸,在使用时又这样区分,其目的何在?这是无法考证的,不妨这么推断:凡属摘录他人之文字者,写时便在该稿纸的中封写上“杂记”二字;凡属随时所发之感想或感叹,写时便在该稿纸的中封写上“随记”二字。这样区分,就方氏自身想,恐怕唯方便计,但对认识《浮山日袽》的著作性质来说,它却启发我们不得不这样想:《日袽》既然是在内容上融“杂记”“随记”于一体的著述,就不应该将其视为一般意义上的读书札记,而应视为现今所谓“编著”性质的著述。如果大家认同这一判断,那我必须进一步强调一点:如果准《日袽》的话,那么整部《杂志》亦当视为“编著”性质的著述,这不仅是因为《日袽》的部分内容就保存于《杂志》中,更是因为《杂志》中的其他内容亦大多在表述形式上类似《日袽》。

(二)于《杂志》中发现“公因反因”说的新材料。《杂志》有云:“生生之谓《易》,将以灭灭之谓佛乎?曾知生即贯生、灭耶?生其生者谁为主耶?灭之云者,无为之谓也。曾知灭之必生耶?灭其灭者,必有事行无事之谓也。反因明而公因自贯矣。”[②]这则论述,显然出自方以智,非引用他人语。在这则论述里,他依据“公因反因”说将儒家世界观(以为世界即不断“生”的无穷过程)与佛家的世界观〔以为世界即不断“灭”(死)的无穷过程〕加以调和,从而强调世界的本质是“生”,而“生即贯生、灭”,“生”之本身即意味着以“生”贯通生、灭(死)的过程,因而世界既非向“生”的存在,亦非向“灭”(死)的存在,而是生、灭(死)一体重复的存在。

这则材料值得重视,在我看来,不仅在于它依据“公因反因”说调和儒佛两家生死观、揭示生命存在本质,更在于最后那句——“反因明而公因自

---

① 在《杂志》中,前者共 55 页(第 36 册第 119～174 页),后者共 25 页(其中,页序连续不断者有 17 页,即第 37 册第 227～243 页,余下 8 页序不连)。

② 中国科学院文献情报中心编:《国家图书馆藏满汉文合璧古籍珍本丛书(抄稿本部分)》(第 36 册),北京:学苑出版社,2017 年,第 96 页。

贯”——本身对于丰富“公因反因”说所具有的独特史料价值。“公因反因”说是被方以智的儿子、学生、朋友赞誉为“发千古所未发”[①]“破天荒”[②]之划时代的文化贡献。作为概括方以智哲学架构体系最核心的范畴,“公因反因”说以“一实二虚”的三维视角世界观,突破了传统“阴阳”二维的世界观,它的确是方以智在理论上对中国传统哲学作出的最杰出的贡献,堪比黑格尔的理念“正—反—合”辩证哲学对西方哲学的贡献。然作为方以智哲学的核心范畴,其本身的合理性,却取决于方以智如何规定“公因”与“反因”的关系。方氏其他著作中用以规定“公因”与“反因”关系的表述,诸如“公因即在反因中”[③]“公因在反因中”[④]“公因藏反因”[⑤]“公因贯反因”[⑥]“一多相贯,随处天状,公因反因”[⑦],要么只以“在”“藏”“贯”字眼表“公因”寓于“反因”,要么以“一多相贯”揭示“公因反因”关系的实质与特征,并未提及“反因明而公因自贯”。这也就是说,于《杂志》中发现的这一说法,是关于“公因反因”关系的新说法,它告诉我们:(1)“公因”是以“贯”的方式寓于“反因”。(2)但要把握“公因”何以“贯”于“反因”,唯有先弄明“反因”如何相反相因,别无他途;而一旦弄明白“反因”之相反相因是其自行发生的关系,也就自然明白“公因贯反因”是“公因”与“反因”自行发生的关系,排除了第三种外在力量将“公因”强加于“反因”的可能性。论至这一层,该说法对于丰富“公因反因”说理论的重要价值,也就无用赘言。

(三)于《杂志》中发现方以智的新“四无”说。《杂志》有云:“时方举龙溪‘四无’之标,或嫌之,或倚之。愚者曰:‘我亦标四无焉:无内无外心之体,无先无后意之动,无遗无过知之良,无实无虚物之格’。”[⑧]这显然亦是方以智自

① 许伟导读:《周易时论合编导读》(上),北京:华龄出版社,2019 年,第 30 页。

② 张永义校注:《青原志略》,北京:华夏出版社,2012 年,第 363 页。

③ 庞朴注释:《东西均注释》,北京:中华书局,2001 年,第 218 页。

④ 张永义校注:《青原志略》,北京:华夏出版社,2012 年,第 77 页。

⑤ 张永义校注:《青原志略》,北京:华夏出版社,2012 年,第 247 页。

⑥ 张永义校注:《青原志略》,北京:华夏出版社,2012 年,第 127 页。

⑦ 许伟导读:《周易时论合编导读》(上),北京:华龄出版社,2019 年,第 30 页。

⑧ 中国科学院文献情报中心编:《国家图书馆藏满汉文合璧古籍珍本丛书(抄稿本部分)》(第 36 册),北京:学苑出版社,2017 年,第 95 页。

己的论述。针对阳明后学关于王畿“四无”说之“或嫌之,或倚之”的尖锐对立,方以智特意以它来标举自己的新“四无”说。王畿的旧“四无”说,是对其师王阳明的“四句教”无善无恶心之体、有善有恶意之动、知善知恶是良知、为善去恶是格物[①]的质疑,希望消除“四句教”固有逻辑上的缺陷,以心“无善恶”而“心意知物只是一事”[②]这一论旨与路径推进阳明学。王畿的“四无”说,由于将“心体”虚无化,不但未能消除阳明“四句教”固有的矛盾,反倒给阳明学的发展造成了新的困境,促进了阳明后学的分化。方以智在或反对、或遵从旧“四无”说这两派之外,高举反旧“四无”说的新“四无”说旗帜,显然是为了避免以善恶二元对立观论“心意知物”,想从内外一元观去论“心意知物”逻辑上的融洽。方以智哲学创建有四大面向,其中之一即解构阳明学(广义);而新“四无”说可以说是他为解构阳明学(广义)而特意倡导的,因而它对了解方以智哲学如何消解阳明学困境、如何推动中国传统哲学的创新性发展,无疑都具有重大的理论、学术价值。

张昭炜教授在其大作《阳明学发展的困境及出路》中,将《仁树楼别录》中的四句——“湛然则无静矣,善用则无动矣,因物则无心矣,知法则无物矣”[③]断为“新四句教”,并特意强调方以智的“新四教”并非针对阳明的“四句教”,而是针对王畿的以“四无”为特征的四句教法——无心之心则藏密,无意之意则应圆,无知之知则体寂,无物之物则用神[④]而发,故“相对于王畿的‘四无’”,不妨将方以智的“新四句教”“称为‘新四无’”[⑤]。如果《仁树楼别录》中的那“四无”说非从“心意知物”四层说“无”来看,那么我认同张教授所说——“新四无”说并非针对阳明“四句教”而发,而是针对王畿的“四无”说而发,所以在未读《杂志》之前,我对张教授将《仁树楼别录》那“四句”作为方以智的新“四无”说之见解,不曾有任何疑惑。现在既然已阅《杂志》,则我必须在此强调:既然方以智本人对其“四无”说有明确的交代,那我们绝不能将《仁树楼别

① 吴震编校整理:《王畿集》,南京:凤凰出版社,2007年,第1页。

② 吴震编校整理:《王畿集》,南京:凤凰出版社,2007年,第1页。

③ 张永义校注:《青原志略》,北京:华夏出版社,2012年,第78页。

④ 吴震编校整理:《王畿集》,南京:凤凰出版社,2007年,第1页。

⑤ 张昭炜:《阳明学发展的困境及出路》,北京:中国社会科学出版社,2017年,第519页。

录》中的“四无”说与《杂志》中的“四无”说相混，更不能以《仁树楼别录》中的“四无”说取代《杂志》中的“四无”说，而应该依据《仁树楼别录》中的“四无”说来研究两著中的“四无”说是否相通或何以相通。由我读《杂志》前后之认识迥异不难想象，假如《杂志》佚失而不再重现于世，那学者势必永远误认方以智的新“四无”说就是指《仁树楼别录》中的那“四句”。仅从这一点来讲，保存于《杂志》中的方以智的新“四无”说，无论是对深入了解方以智的阳明学解构，还是对把握中国哲学创新发展新路向，显然都具有重大的史料价值。

作者单位：安徽大学方以智研究中心/苏州大学哲学系

马数鸣先生的方以智研究[①]

徐道彬

提　要:在马数鸣生活的时代,大多学者都认为方以智思想属于唯物主义和朴素辩证法。而马先生独辟蹊径,多有商榷而持之有故。主要围绕"先天""混沌""太极""所以""公因反因""交、轮、几""统、泯、随"等概念范畴,以"先天""公因反因"统摄之,从而论证方以智哲学具有唯心主义和形而上学的思想特征。

关键词:马数鸣;方以智研究　先天　公因反因

马数鸣(1908—2003,安徽无为人)1934年毕业于省立安庆高等师范学校,1938年投身革命,中华人民共和国成立后曾任职于合肥矿业学院、合肥师范学院、安徽省博物馆及历史学会等,著作有《孙子兵法校注》《中国天文史料汇编》等,对古文献学与古文字学有较为深入的研究,对方以智、戴震等人物都有独到的见解。笔者认为,由于长期从事行政事务,耽误了宝贵的学术研究时间和精力,其学术成果有限,观点亦有值得商榷之处。但作为省内早期关注和参与方以智研究的专家而言,马先生的相关论文和思想具有重要的发掘、启示和引领作用,应该受到应有的重视和弘扬。

一、研究缘起

说起对方以智著作的重视和整理,首先得感谢侯外庐老先生的开拓之

① 基金项目:安徽大学方以智研究中心2022年度课题"方以智学术与'皖学'的建构";安徽省科研编制计划"徽州学术与思想跨学科研究团队项目"(2022AH010009)。

功，早在20世纪60年代出版的《中国思想通史》中就对方以智极为敬仰和推崇，并集合当时最强学者阵容，来作《方以智全书》的整理工作，且撰写了几篇方以智研究的重要文章，对推动方氏家族的学术研究，起到了导夫先路和推波助澜的作用。通读侯老先生的文章，就能够很深切地感受到那个时期学者的思想境界和研究风格：既有乾嘉汉学的流风余绪，更有马列主义的深厚韵味，这也是时代风潮在学人身上所留下的历史痕迹。譬如，在《东西均》的前言中，侯先生不惜笔墨地对“均钧韵”“无与气”“爻与学”等概念作了详尽的文字学上的疏解，渗透出传统考据学的深厚学养；当然也不乏唯物、唯心等当时的通行熟语。从总体上来说，侯先生的团队包括冒怀辛、庞朴、李学勤等，对方以智研究的初步而稳健的推动是功不可没的。

几乎同时和稍后，安徽学者也风起草偃、应时而起，马数鸣先生便是其中之一，我们可以称其为研究方以智的重要人物和积极参与者，并敢于同侯外庐先生商榷问题，借以引起讨论，推动研究，确乎具有真正学者“独立之精神，自由之思想”的风格和面貌。对于侯先生颇具时代权威性的学术观点，他指出：“侯外庐先生为了要给方以智穿上辩证的发展观的外衣，对所引方以智的话做了很多曲解，把方以智的许多无关的话凑合到一起，把糟粕的东西当作精华去论述，甚至改变他的原话。”[①]可见，马先生的观点和针对性是极为直接而鲜明的。鉴于20世纪60年代初中期，因中央党校杨献珍教授就方以智《东西均·三征》篇所提出的“合二而一”问题的讨论，一时间关于方以智哲学思想研究的文章迅速多了起来，大多数学者都信从方以智的学术思想是唯物主义的，是属于唯物辩证法范畴的。尤其是侯外庐先生为《东西均》写了一篇著名的序言，充分肯定了方以智思想是唯物主义一元论。对此，马数鸣先生凭借早年浸润于经史文献的深厚学问功力，利用安徽省博物馆收藏的方以智家族的诸多史料文献，着重攻读了《东西均》《通雅》《物理小识》等著作，从中发现方以智的学术思想与程朱理学、老庄释道之论颇有交集，反映出一定程度的唯心观和循环论思想。于是，针对当时学界对方以智研究所持的普遍观点，马先生提出了与众不同的新观点，阐发自己的内心感受和问题意识。主

---

① 《马数鸣文选》，内部发行资料，2004年7月，第46页。

要体现在以下6篇文章里。

第一篇刊载于《江淮学刊》1962年第2期上，题目为《试谈方以智的“公因反因”说——兼与侯外庐、李学勤两同志商榷》，列举了侯外庐和李学勤以“公因反因”说归属于朴素辩证法的观点加以批驳，反对“公因反因”说是认识论的三个阶段，并与黑格尔的三段式(即正题、反题、合题或肯定、否定、否定之否定的公式)相匹配。文章条分缕析，逐一剖解，有一定的道理，但仍可商榷。我们认为，唯物和唯心在方以智身上都是存在的。如果要用唯物和唯心两个概念来绝对区分方以智的哲学立场，那从根本上就失去了他的“伊三点”的思想框架和丰富内涵，都是“以今度古”的偏颇之见。此外，另有1962年6月12日《安徽日报》登载马先生《方以智的“公因反因”说的辩证法思想》一文，与此观点类同，此处从略。第二篇载于《江淮学刊》1964年第4期上，题目为《方以智“合二而一”是辩证法吗？——与杨献珍同志商榷》，认为方以智所说的“合二而一”，既不是统一物，也不是对立物；既没有运动，也没有量变和质变，只是“圆伊”之上“统左右而轮之”，就像造瓦工具的“均”的旋转一样，有无限循环论的嫌疑，而与马克思主义所说的矛盾运动，不可同日而语。第三、四篇分载于《江淮评论》1965年第1、2期上，是一篇很长的连载文章，题目为《对方以智哲学思想的探讨——与侯外庐先生商榷》。他分别从方以智的宇宙观、认识论、方法论三个方面予以详尽的阐发，引经据典，娓娓道来，偶尔夹杂有许多当时的政治术语与马恩列斯的著作引文，表露出鲜明的时代印迹，也是官员学者自然本色的充分体现。第五、六两篇则是改革开放以后所写的文章，较其之前，显得平静而笃实。第五篇载于《江淮评论》1980年第2期上，题目为《对方以智哲学思想的再探讨》。第六篇载于《江淮论坛》1985年第1期上，题目为《从程朱到老佛——论方以智哲学的唯心主义和形而上学特征》。这两篇文章没有再树立批评的对象，只是对自己20年前观点的进一步思考和深化，但在学术观点上仍是坚持方以智哲学的唯心观和形而上学论，并将自己长期研究方以智的思考和认识加以条理化和系统化，也颇具时代特色和个人风格。

二、观点的阐释

关于马数鸣先生对方以智哲学的研究，其核心思想及其切入点，综合来看主要集中在“先天”“混沌”“太极”“所以”“公因反因”“交、轮、几”“统、泯、随”等诸多概念范畴上。我们可以通过他对方以智哲学范畴的详细剖析和阐释，粗略地勾勒出其倾心研究的心路历程和学术观点。

（一）先天

马数鸣先生不满足于当时学术界对方以智研究的单一化，为了弄清方氏思想的复杂性及其本来面目，首先对其世界观进行深入探讨，认为方以智论定在有天地以前就存在一个独立的先天，称为“混沌”；有时又称“先天为太极”；有时又把“先天”叫作“所以”，诸如此类，而提出了自己的独立思考和新颖观点。方以智云：

> 混沌生于有，开辟生于无。混沌非终无，开辟非始有。有无不可分，而强分之曰：“未生以前，有在无中；既分以后，无在有中。天下偏病，亦此两端，不执泥，则断灭。告之曰有，则偏于有，故言无；告之曰无，则又偏于无，故言非无。”告者嘘曰：“一寒一暑，一此一彼；无寒无暑，无彼无此。”犹析简梵本也，而褫褙之曰“非无”者，仍標“合”于有中，口门都卢，茹吐不尽，况塞悱之约，不作十成耶？知有贯混辟之天地，即直下之天地，则无“有”“无”矣。①

方以智在这里提出的“混沌、开辟”“有、无”，所要表达的意思较为明确，即对“有、无”问题的理解，一般不应拘泥便断灭。告诉他们有，便会偏于有，故而言之以“无”；然又会偏向于“无”，又告之以“非无”。不可拘泥，应知晓其中道理。混辟之天地、直下之天地又何异乎？于此对“有、无”的认识便会合乎道理。两端有对待有流行，不可拘泥于对待而忽视其流行，不可以其极而

① 方以智：《东西均》，见黄德宽、诸伟奇主编：《方以智全书》（第1册），合肥：黄山书社，2019年，第258～259页。

遗忘其阴阳消长。如此才能得到真知，求其所是，近乎道理。

针对方氏之说，马数鸣先生首重对“有、无”的解释，以为“有和无”，即是“实和虚”，是老、佛两家常用的哲学术语。并通过具体解析，将《老子》“有无相生”与朱子理气思想相融合，认为方以智的“混沌、开辟”“有、无”等思想就是对老子和朱子思想的杂拌、通融；指出方以智所讲的“混沌”正是黑格尔的“绝对观念”和“逻辑范畴”的预先存在。马先生又以佛教大乘教宗“色即是空，空即是色”进行贯通分析，揭示方以智所说实质上就是佛教所主张的，从而说明方以智的世界观存在的问题，并通过方以智自己的言辞加以佐证，从而论定方以智的哲学绝非纯粹的唯物主义。

对于方以智的“太极”之论，马先生大段地引用其说，然后加以剖析、阐释和总结。方以智《东西均》曰：

> 不落有无又莫妙于《易》矣。太极者，先天地万物，后天地万物，终之始之，而实泯天地万物，不分先后终始者也；生两而四、八，盖一时具足者也。自古及今，无时不存，无处不有，即天也，即性也，即命也，即心也。一有一画，即有三百八十四，皆变易，皆不易，皆动皆静，即贯寂感而超动静。此三百八十四实有者之中，皆有虚无者存焉。孔子辟天荒而创其号曰太极。太极者，犹言太无也。太无者，言不落有无也。后天卦爻已布，是曰有极；先天卦爻未阐，是曰无极。二极相待，而绝待之太极，是曰中天。中天即在先、后天中，而先天即在后天中，则三而一矣。①

关于“太极”，《易传》释为太极一两仪一四象一八卦，而此化生过程，则后一概念便是前一概念的不同表现形态。由此引文可以看出：“不落有无又莫妙于《易》矣”，与方以智的太极不落有无思想确是一致的。太极存在于天地万物之先后，亦即太极无时不存、无处不在，“一时具足”。即“两间皆气也，而所以为气者在其中，即万物共一太极，而物物各一太极也”②。天道流行，万物各得其宜，“即天也，即性也，即命也，即心也”，一有俱有，变变不变，对待流

① 方以智：《东西均》，见黄德宽、诸伟奇主编：《方以智全书》(第1册)，合肥：黄山书社，第260～261页。

② 方孔炤、方以智撰，郑万耕点校：《周易时论合编》，北京：中华书局，2019年，第1210页。

行又何尝不是哉？方以智认为太极有两个概念："有极""无极"，所谓有极，即"后天卦爻已布"；所谓无极，即"先天卦爻未阐"。若说有极、无极相待为两端，则太极便为绝待，也可谓"中天"。此中天是相对于先天、后天来说的。

马数鸣先生就"太极""有极""无极"诸问题，指出方以智的解释，实质上与周敦颐"太极、动静"、朱熹"太极理也"的思想一脉相承，如出一辙，甚至把太极更加虚化和神化。而认为太极生出两仪、四象和八卦这样的模式，可以搭配出一个很充足完备的世界，并引用了列宁《哲学笔记》中对费尔巴哈的评论来作为自己解读的佐证，大意就是"自然界脱离它的物质性和形体性就是神"，"在物质之外，不以物质为转移的自然界即为神"，如此借用政治权威之言来证实方以智世界观的"非唯物主义"性质，进一步证明方以智哲学具有唯心主义和形而上学的思想特征。

早在宋明理学家的理念中，"所以"一词即是"理"的代名词，马先生为了证明方以智的部分思想也颇像朱子，故在谈论方氏思想之时，也多喜与朱子作比较，这一手段颇为奏效。在马数鸣的文章中就大段摘录方氏之言，曰：

> 考其实际，天地间凡有形者皆坏，惟气不坏。人在气中，如鱼在水；地在天中，如豆在脬，吹气则豆正脬中，故不坠。泰西之推有气映差，今夏则见河汉，冬则收，气浊之也。由此征之，虚空之中皆气所充实也，明甚。人不之见，谓之"太虚"。虚日生气，气贯两间之虚者实者，而贯直生之人独灵。生生者，气之几也，有所以然者主之。所以者，先天地万物，后天地万物，而与天地万物烟煴不分者也。既生以后，则所以者即在官骸一切中，犹一画后，太极即在七十二、六十四中也。于是乎六相同时，世相常住，皆不坏矣。称之曰"无二"。[①]

方以智在继承古今圣贤思想学说的基础上，于此着重强调了两个概念的解读，即"气"和"所以"。气聚成形，气散而亡，故而"天地间凡有形者皆坏，惟气不坏"，虚空之中亦皆气所充实，认为"生生者，气之几也，有所以然者主

① 方以智：《东西均》，见黄德宽、诸伟奇主编：《方以智全书》（第1册），合肥：黄山书社，2019年，第343页。

之”。生生者,是气之流行,阴阳消长的表现,但其中之“所以然者”,则为太极者也。正如太极的内核一样,“所以然者”亦是“先天地万物,后天地万物,而与天地万物烟煴不分者也”,且“既生以后,则所以者即在官骸一切中”。由此可见,方以智加大力度所阐释的“所以”概念,正如前人所用太极一样。对此,马数鸣先生认为方以智的“生生者,气之几也,有所以然者主之”,其含义即为万物之生生,都是气的变化。这与唯物主义者的声音虽然很相似,但随即所出的“有所以然者主之”则又另生枝节,别有新意,此“所以然者”当是与老庄佛老之“空寂”“虚无”相对应的一种概念。因此,方以智的“所以”就是太极和“混沌”,是独立于天地万物之外、不以天地万物为意识转移的造物主,这应属于唯心主义范畴。要之,方以智的错误在于认定事物变化的主体不是事物,而是“所以”,此乃方以智哲学唯心观的症结所在。我们不能因为他上半句的话而忽视了下半句,否则就会影响自己的理解和判断。

马数鸣先生以方以智哲学著作的思想为评判对象,并上溯至宋儒,直至老庄,追根溯源,探赜索隐,认为方以智哲学的本质并没有脱离宋明理学家的手段和内涵,即通过明心、养气、穷理诸法,可以达到心是无善恶的心,气是无清浊的气,理成为无是非的理,永不生灭那善恶的心、清浊的气、是非的理,最终寺庙不存,世界一片清净,这与先秦老庄、宋明理学和心学并无根本差别,仍属唯心范畴。如此解读,可谓对方以智世界观的新探索,有自己的细致分析与独立思考。在一定程度上,也纠正了方以智研究中所存在的一些偏见,即不能因为方以智著述中有唯物主义思想的成分,就视其为完全的唯物主义者;也不能因为方以智著述中有唯心的成分,就视其为完全的唯心主义者,这也正是许多人文学者在研究历史人物时,容易因情感好恶而有所偏好的通病所在。

(二)公因反因

从阅读马数鸣的文章中可以深刻地体会出,《东西均》的“公因反因”说是他研究方以智哲学思想最用力的部分。因此,他的第一篇文章《试谈方以智的“公因反因”说——兼与侯外庐、李学勤两同志商榷》一文,就针对当时学界大多数人都认为方以智是唯物主义和朴素辩证法思想家,而提出不同的意见，并展开自己的探索和论述。

首先，来看看方以智说的“公因反因”是何意？“夫为物不二、至诚无息者，公因也”[①]，其“公因”思想与《中庸》有极大关系。《中庸》有言：“故至诚无息。不息则久，久则征，征则悠远，悠远则博厚，博厚则高明。博厚，所以载物也；高明，所以覆物也；悠久，所以成物也。博厚配地，高明配天，悠久无疆。如此者，不见而章，不动而变，无为而成。天地之道，可一言而尽也：其为物不贰，则其生物不测。”[②]此处应该是方以智所言“公因”的来源之处，也即理学家所谓道之体也，抑或是万殊之所以一本也。可见，方以智的“公因”论并未溢出宋明理学之“道”“本体”“太极”诸范围。那么有了此“道”作为标杆，所以与之相对的所谓“反因”也就比较容易确立了，故有“因对待谓之反因，无对待谓之大因”[③]。所谓“反因”，则为“对待者”，自有“相因者皆极相反”之意。这也是马数鸣研究注意力的集中所在，故不烦词费，引用方以智所言甚多：

> 且举大较言之，阳清阴浊，至相反也。霄壤县判而玄黄相杂，刚柔敌应而律吕协和，雌雄异形而牝牡交感，可谓不相因乎……静沉动浮，理自冰炭，而静中有动，动中有静，静极必动。动极必静，有一必有二，二皆本于一，岂非天地间之至相反者，本同处于一原乎哉？则善恶是非之未分，可觌露矣。上尊号曰混沌，诚哉不诬。[④]
>
> 论溢河者，少所喜，老所忌，则一生自相反也。行路者，进一跬，舍一跬，则一步亦相反也。制器者，始乎粗，卒乎精，资所用，旋所弃，则工巧亦相反也。犀利之机，全用翻驳，反其所常，痛从骨彻。何往而非害，乃并育悖乃并行哉？[⑤]

---

① 方以智编，张永义校注：《青原志略》，北京：华夏出版社，2012 年，第 77 页。

② 朱熹注：《四书章句集注》，北京：中华书局，1983 年，第 34 页。

③ 方以智：《东西均》，见黄德宽、诸伟奇主编：《方以智全书》(第 1 册)，合肥：黄山书社，2019 年，第 281 页。

④ 方以智：《东西均》，见黄德宽、诸伟奇主编：《方以智全书》(第 1 册)，合肥：黄山书社，2019 年，第 279 页。

⑤ 方以智：《东西均》，见黄德宽、诸伟奇主编：《方以智全书》(第 1 册)，合肥：黄山书社，2019 年，第 280 页。

从《东西均》的书名来看,即知方以智哲学思想既有矛盾性,也含全面性,既有“合二而一”,也有“一分为二”,可谓正反兼有,互为补充;再从该书的大多数篇名来看,也见其善用对立范畴的新奇特点,从《奇庸》《全偏》《神迹》《道艺》《张弛》《容遁》《疑信》《源流》《消息》等,即可顾名思义,知其大略;仅《反因》一篇中的对立范畴,就有昼夜、水火、生死、男女、生克、刚柔、清浊、明暗、虚实、有无、形气、道器、真妄、顺逆、安危、劳逸、《剥》《复》、《震》《艮》、《损》《益》、博约之类,可见方以智所言“凡核之仁必有二坼,故初发者二芽,所以为人者亦犹是矣”“天地间之至理,凡相因者皆极相反”,便是其“公因反因”与“∴”说之证明,业已升华为他的最高哲学理念,即“天地间惟阴阳、水火两端”也,从中可以清楚地表明他的宇宙观、世界观、人生观的高度和神秘性。从天地的角度来讲,“岂非天地间之至相反者,本同处于一原乎哉”;从人事的角度来看,“何往而非害乃并育、悖乃并行哉”。可以说,在方以智的心目中,天、地、人三方是符合相反者皆相因的原则,颇具对立统一性。马数鸣能够把握住方以智的这一思维和认知,明白“公因反因”从表面上来看,似与马克思主义的对立统一论颇为相似,但实际上还是很有区别的。于是,便从方以智对“公因反因”的解说上来找答案,从“交、轮、几”“统、泯、随”中,寻找方以智如何堕入形而上学、诡辩论甚或僧侣主义的。马数鸣通过对方以智诸多哲学范畴与辩证唯物论的对立统一加以比较和论证,所言未必切实契合方氏原意,但由文字声训入手而求文献本义的方法论,倒是很符合乾嘉汉学的风格。同样,他首先引用方以智原文道:

> 何谓几?曰:交也者,合二而一;轮也者,首尾相衔也。凡有动静往来,无不交轮,则真常贯合于几,可征矣。①
>
> 几者,微也,危也,有几希、几察、几近之义焉,从丝从戍,机械、机详从之。权之始也,变之端也。②

---

① 方以智:《东西均》,见黄德宽、诸伟奇主编:《方以智全书》(第1册),合肥:黄山书社,2019年,第265页。

② 方以智:《东西均》,见黄德宽、诸伟奇主编:《方以智全书》(第1册),合肥:黄山书社,2019年,第266页。

方以智对“交、轮、几”这几个哲学概念所作的解释，是很有创新性意味的，也给后人留下了诸多探索和向往的空间。马数鸣对此材料也是下大功夫加以理解的。他认为“交”表示对立物同时共处，“轮”表示对立物相互转化，“几”表示对立物之所以“交轮”的奥妙。事物之间发生关系，相交相因的东西总是相反的，而相反两端没有矛盾，只是“合”而不分，只依赖而没有斗争。“合二而一”中的“一”并非统一物，“二”也并非对立物，“合二而一”并不包含对立统一的意思，“合二而一”的命题排斥了运动和发展。于是他总结道：

> 总之，方以智所说的“合二而一”，是没有运动的，是没有量变、质变的，它不过是什么“圆∴之上统左右而交轮之”，不过是象古代的造瓦工具那样地在旋转。把这种造瓦工具式的转动与马克思主义所说的矛盾的运动和发展混同起来，那显然是极其荒谬的！①

马数鸣指出，方以智的错误在于对相反两端各部分的无认识，认为每个一定的时间都有两端，两端前后相衔接，故而将时间的推移和衔接理解为“轮”，而“轮”便是老子所讲的“有无相生”，也即是两端前后相继循环来往，其中没有向上或向前的发展，只是轮转如环，似与佛教的转轮颇有关联。其中，“几”则相当于“所以”“太极”等，表示对立物之所以“交轮”的奥妙。而“反因”和“交轮”则是方以智哲学思想上的光点，多为后世哲学史家如侯外庐等所认同和尊崇，人们之所以认为方以智哲学思想具有一些朴素辩证法的性质，就是因为与“交”“轮”二字有着很大的关系。但同时，也认为方以智不能走向辩证法，是因为其中的偏颇与片面性是无法克服的，所以得出错误的结论也在所难免。

其次，关于统、泯、随的问题。方以智云：“明天地而立一切法，贵使人随；暗天地而泯一切法，贵使人深；合明暗之天地而统一切法，贵使人贯。以此三因，通三知、三唯、三谓之符，核之曰交、曰轮、曰几，所以征也。交以虚实，轮续前后，而通虚实前后者曰贯，贯难状而言其几。暗随明泯，暗偶明奇，究竟

① 马数鸣：《方以智的“合二而一”是辩证法吗？——与杨献珍同志商榷》，载《江淮学刊》，1964年第4期，第10页。

统在泯随中，泯在随中。三即一，一即三，非一非三，恒三恒一。”[①]对此，侯外庐先生在《东西均·序言》里，对方以智的这一宇宙观和认识论有着深刻的理解和论证，肯定了其中所蕴含的事物运动发展的观点，认为“随”即肯定，“泯”即否定，“统”即否定之否定，这是一个“明一暗一合”的过程，即是肯定、否定、否定之否定的过程。马数鸣先生对此表示怀疑，指出“三而一”的“统、泯、随”不可能与“肯定、否定、否定之否定”相提并论，“统”当在“泯、随”之中，而不能将其视为“综合随、泯而进一层的随”。同时，“明天地……暗天地……合……”，也只能是把方以智的宇宙观与人生观加以联系和阐述，这就意味着容易从客观唯心论滑到主观唯心论的边缘，也意味着没有了认识论和发展观，如此论断不应该是方以智思想的本意。马数鸣先生针对侯先生这个观点，提出“随、泯、统”与“明、暗、合”二者与肯定、否定、否定之否定之间的对应不是完全吻合的关系，方以智所谓“泯、随”是指对立物的两个方面，或称其为“相对待”或“对待”。其中，“统”便是“无对待”或“无待”，似与“圆∴”具有同质性的问题。不过，在解读“圆∴”时，马与侯二先生对方以智的观点就有分歧。先看“圆∴”之说：

> 圆∴三点，举一明三，即是两端用中，一以贯之。盖千万不出于奇偶之二者，而奇一偶二即参两之原也。上一点为无对待、不落四句之太极，下二点为相对待、交轮太极之两仪。三身、三智、三谛、三句，皆不外此。总来中统内外、平统高卑、不息统《艮》《震》、无着统理事，即真天统天地、真阳统阴阳、太无统有无、至善统善恶之故。无对待在对待中。设象如此，而上一点实贯二者而如环，非纵非横而可纵可横。中五四破，叠十用九，九即五，五即一，乃无实无虚，无可无不可，冥应双超者也。[②]

侯外庐先生对方以智的研究始终坚持哲学与自然科学相关联的态度，非常认同方氏“无对待在对待中”的思想论断，但马数鸣先生认为，侯先生所说

---

① 方以智:《东西均》，见黄德宽、诸伟奇主编:《方以智全书》(第 1 册)，合肥:黄山书社，2019 年，第 257～258 页。

② 方以智:《东西均》，见黄德宽、诸伟奇主编:《方以智全书》(第 1 册)，合肥:黄山书社，2019 年，第 268 页。

的“‘无对待’(绝对)的真理即在‘对待’之中”与方以智的本意说法颇有不同，不够简明纯粹，有歧义或歪曲之嫌。同时，这种解释与马克思主义哲学所讲的“绝对”和“相对”有所混淆，似乎“无对待”便是方以智所认为的不可知的神。因此而言：侯先生之所以把方以智的哲学思想说成朴素辩证法，而我以为，可能是因为只看到方以智“反因”说的一面，而忽视了他的“公因”说的一面。而且，他们把方以智提出的“统、泯、随”三者说成“随、泯、统”，从而认定“随、泯、统”就是认识的三阶段或与黑格尔的三段式相类似，大概又是把“统在泯随中”看作“统”在“泯”“随”之外了①。

马数鸣认为，从方以智“统、泯、随”的阐述中，找不出认识的三阶段或黑格尔的三段式，而方以智在主观上说的“公因”，不得不把绝对的变动和相对的静止颠倒过来，由此而堕入形而上学的泥潭。同时，方以智把大小、虚实、长短、彼此等在本质上看作一样的东西，又因此而堕入诡辩论，并易于滑向僧侣主义的泥潭。这一解读，既指正了方以智认定“公因”为事物绝对化的本源问题，也肯定了绝对的抽象或“彼岸”是第一性、相对的事物或“此岸”为第二性，由此而判定方以智不是唯物主义者。故“由上所述，可见方以智的‘公因反因’说不是朴素辩证法，而是从某些辩证观点转化为诡辩论和形而上学；不是唯物主义，而是从某些唯物观点转化为僧侣主义或客观唯心主义”②。因此，马先生认为方以智入清以后之所以遁入空门，不仅仅是因为历史条件和阶级出身的原因，更多的应该是他的宇宙观发生了根本变化。

三、启发和思考

在上述几篇文章中，马数鸣先生对方以智哲学的解读、与杨献珍、侯外庐等人的商榷，总体上当属持之有故，言之成理。他不仅反对将“公因反因”说归于朴素辩证法，也反对此说是认识论的三个阶段且与黑格尔的三段式(即正题、反题、合题或肯定、否定、否定之否定的公式)相类比。他认为方以智的

① 马数鸣：《试谈方以智的“公因反因”说——兼与侯外庐、李学勤两同志商榷》，载《江淮学刊》，1962年第2期，第54页。

② 马数鸣：《试谈方以智的“公因反因”说——兼与侯外庐、李学勤两同志商榷》，载《江淮学刊》，1962年第2期，第68页。

"公符"似指"最高真理",但按照这一标准,则"禽兽"便是人的"公符",所以"公符"不值得评价和推崇。这里的"最高真理"应该是绝对真理,而真理的标准是实践,这与方以智那种不可捉摸的彼岸绝非一类事也。当然在今天看来,唯物和唯心思想在方以智身上都是存在的,若要用唯物和唯心的概念来绝对区分方以智的哲学立场,那从根本上就失去了他的"圆∴三点"的思想框架和丰富内涵,似有"以今度古"之偏见。所有的与众不同都可商榷,是非曲直未有定论,我们可以慢慢消化和体悟。从马数鸣先生的方以智研究及其与当代马克思主义哲学家的辩论中,我们可以从中汲取一定的思想和方法的诸多启发和思考。

大致说来,马数鸣先生是当代较早研究方以智的本土学者,有其方便接触方以智著作的有利条件,并坚持自己与时、与众不同的观点,怀疑和否定当时学术界的一般看法(即方以智是唯物主义和朴素辩证法的思想家),认为方以智所说的"合二而一",以及"圆∴"之上"统左右而轮之"有其无限循环论的嫌疑,并且能够从方以智的宇宙观、认识论、方法论三个方面予以具体分析和阐发,认为方以智哲学具有唯心主义和形而上学的特征。前期辩驳特色鲜明,后期言辞颇为和缓,显示其思想和观点的一贯性。文章始终充斥着鲜明的马克思主义特色,这是时代学术痕迹的遗留。

马数鸣先生国学功底较深,对传统学术如文字声训、典章制度、文学理论颇有研究,虽然他的研究带有较为明显的时政色彩,以及因行政事务的影响而未能形成专著,但有关他对方以智"先天"说、"公因反因"论等诸多研究心得,今天也仍然对我们的研究有着启示作用,也体现了本土学者对于乡邦先贤学术思想传承的责任与担当。至于他的文章的"是与非",我们不能作出定论,只是抛砖引玉地作一点评价,以期引起学界同道的关注和研究。前人栽树,后人纳凉。相信马数鸣先生的研究成果及其思想观点,对于今后方以智研究的继续探索有着积极而重大的启示意义。

作者单位:安徽大学徽学与中国传统文化研究院

评张永义的方以智研究

安　心

提　要:作为中年学者,张永义教授的方以智研究,对问题的敏感靠近年轻学者,做研究的稳重堪比老年学者,具有其独特的风格。他兼顾密之著作的校注、笺释与密之思想的理论研究,在这两个方面皆取得了令人重视的成果。他研究的鲜明特色在于揭示方以智思想与其祖、其父、其师的实质性的传承关系,提出了以下观点:密之的"五行尊火"思想传承自其师觉浪道盛;密之非"质测通几""公因反因"说首倡者,首倡这两说的是方孔炤,方以智承袭父说。正是从"承袭"而非"独创"的意义上,张教授依照其关于大学问家、大思想家的分类,将方以智思想不归于"开新"类型而是归于"返本"类型。张永义教授对方以智思想如此定性与定位,当然有启迪人深思之作用,但深思之后,又不得不质疑。

关键词:张教授　方以智研究　公因反因　异类中行　定位

在回顾方以智研究史时,我曾强调20世纪80年代兴起的方以智研究,是百年方以智研究史上的新时代,而开创这个新时代的主体,是中青年学者。在研究方以智的中青年群体中,张永义教授与吴根友、周勤勤、邢益海三位教授,无疑属于中年。虽张教授是邢教授的老师①,但年龄却小于邢教授,他的身份比较特殊。他研究方以智具有特有的风格——对问题的敏感靠近年轻学者,做研究的稳重堪比老年学者,可能与他特殊的中年学者的身份有一定

① 邢教授曾当面告诉我:"他在中山大学攻读博士学位时,听过张永义教授的课。"

的关系。正因为张教授研究方以智有其独特的风格,所以我一直关注他的方以智研究。具体而言,我的关注点有四:(1)对方以智著作的点校与注释;(2)对方氏学派重要人物的评介;(3)有关《药地炮庄》的新解;(4)有关方以智思想之历史地位的评说。有关注,自然有认识、有看法。有认识、有看法,不说出来供大家讨论,不是学者研究学术问题应有的态度,所以我愿借本文就上列四点谈谈对张教授方以智研究的认识与看法。若说得不妥,请张教授批判指正;亦欢迎方以智研究同仁不吝赐教。

一、研究的基本情况

张教授1994年毕业于中山大学,取得博士学位,专业研究方向为先秦哲学、明清哲学。从他公开出版的早期著作——诸如《苦行与救世》(1996)、《近代思想史略论》(合著,1999)、《墨子与中国文化》(2001)、《墨者·学者·革命者——杜国庠》(2009)来看,他早期侧重研究先秦墨子思想与中国近代思想,至早于21世纪初才开始研究方以智。以他与邢益海教授合作点校的《药地炮庄》公开出版时间2011年为标志,他研究方以智的历史迄今有13年;即便向前再推几年,他研究方以智迄今也不超过20年。因为方以智知识十分渊博、学术十分庞杂、用语十分晦涩、表述灵动肆意,故学界都认为研究方以智十分困难。张教授能用短短十几年的时间,在方以智研究上作出骄人的成绩,足以说明其十分勤奋。这种勤奋尤其值得我们学习。

张教授的方以智研究,与年轻学者的方以智研究相比,在起步上有明显的不同。他不像大多年轻学者那样,从泛读方以智著作、泛读他人研究方以智的第二手资料走向方以智,而是从亲点、亲注方以智的著作走入方以智的精神世界。就我个人的经验而言,这两种研究方以智的路径,不可以优劣来论,却能以难易来论。就难易来论的话,由注解方以智著作开始方以智研究要比从泛读开始方以智研究要困难得多,因为后者可以绕过读不懂的地方,只凭自以为读懂的材料来撰写研究论著;而前者则无法绕过读不懂的地方,如果大量放弃读不懂的地方而不注,那岂能完成注释著作?我当年为写《方以智哲学思想研究》,曾注《东西均》[1],后来之所以未修订公开出版,就是因为我自己觉得必须注而又实在注不出者不在少数。张教授在论及钱澄之著《庄屈合诂》初衷时,引钱氏语以道注书与著书之别:"注书之难,难于著书也。著书者,若自成一家言耳,其有言也己为政。注书者,己无心而一以作者之心为心,其有言也役焉而已。故曰:'著书者无人,注书者无我'。"[2]我在写这几句时,想起当年注《东西均》所遇困惑而不得解之愁苦心态,心有戚戚焉!推己及人,张教授当年在引钱氏此语时,想必亦心有戚戚焉!

除合作校点的《药地炮庄》外,张教授公开出版的校注著作有:《青原志略》校注(2012)、《药地炮庄笺释·总论篇》(2013)、《浮山文集》校注(2017)。其中,在《药地炮庄笺释·总论篇》出版时,署为"注释";另二著在出版时,皆署"校注"。"注释"与"校注"的区别,不仅在于后者较前者多出了文字上的校勘,更在于前者较后者更注意文字训诂之外的主观见解。举例明之的话,请大家先阅张教授对"孟、庄、屈同时……而以一惧砺万世"这几句的注释[3]。在我看来,从这几句注释中,不难体悟张教授笔下"注"与"释"的微妙区别:他先在"砺"字下注曰"磨练";然后,在"万世"二字后释曰"道盛有《三子会宗论》,极言孟、庄、屈之一致";紧接着,他还转引《三子会宗论》中的两段原话以证其所释有据。由此可见,在张教授笔下,"注"是依文训诂,"释"是文外解释。若就校注二著本身之详略而论,我认为,《浮山文集》虽校注在后却较略,不及校注在前的《青原志略》详细。顺便提一点,张教授的注释,若以普通读者为对象,不涉及虚词,是个缺憾;若以专业研究者为对象,涉及"砺"字那样的训诂,则是多余。

上列张教授的四部校点、校注、注释著作,前有《校点说明》《校注前言》或《前言》,但篇幅长短不等。以内容论,《药地炮庄》的校点说明、《青原志略》的校注前言、《浮山文集》的校注说明,偏重成书与版本交代;而《药地炮庄笺释

① 写在三册笔记本上。近日找出来翻阅,感觉缺点明显,庆幸当时未再费较多精力修订出版。

② 彭君华校点:《田间文集》,合肥:黄山书社,1998年,第229页。又,张教授有关论述,参阅氏著《异类中行——方以智的思想世界》,北京:商务印书馆,2022年,第30页。

③ 张永义注释:《药地炮庄笺释·总论篇》,北京:华夏出版社,2013年,第138页。

·总论篇》的前言,除了交代版本之外,还依据较全的史料详细地论证了《炮庄》的成书过程,借以回应学者的有关认识分歧。此外,《青原志略》的校注本末有附录:《〈青原志略〉成书考》;而《药地炮庄笺释·总论篇》末的附录有三:《儒宗别传——从〈药地炮庄·总论上〉看方以智的庄学观》《方以智与左藏一》《由〈药地炮庄〉看方以智的惠施论》。这四篇附录,后三篇因下面的叙述会涉及,故暂不详言,这里仅就前一篇附录简要说几句:今本《青原志略》,先由笑峰禅师主持弟子"记而编之",方以智在入主青原净居寺后,指导其弟子大量扩充材料编次完稿。既然如此,则《青原志略》的编者,就应照人之常情,署笑峰、密之二人名。但张教授在校注《青原志略》时,却只署"方以智编"。那他这么署名的理由是什么?在《〈青原志略〉成书考》中①,张教授回答了这个问题。归纳他的回答,主要有三点:(1)《青原志略》全书之完成,方以智出力独多;(2)"笑峰初稿当不超过六万,方以智新增者则有十万字左右"②;(3)《青原志略》既最终成于方以智之手,则四库馆臣于著录提要中只字不提方以智,就有失公道。但张教授于该文中又暗示:清刻本《青原志略》之所以"只有分卷之编者,并无全书之署名"③,可能是因为避方以智"粤案"影响所致。就《青原志略》署方以智之名的合法性来说,这个暗示的指向性十分明确,不用再赘言。

二、研究路径

桐城方氏学派自方以智曾祖方学渐创建,经方大镇、方孔炤父子传承至方以智。方以智交际广泛,学问人品皆为时人所推许,在他的巨大影响下,桐城方氏学派成为东南学界乃至明清之际哲学界的重要学派,于是他也就实际上成为桐城方氏学派号召当时学界的旗帜。以方以智为中心,桐城方氏学派的组成人员,应包括他的祖辈、父辈、子孙辈,以及他的老师、学友及弟子。但

① 此文针对四库馆臣将《青原志略》只归于笑峰、施闰章二人名下而发,原发表于《中山大学》2011 年第 6 期。张教授在出版《青原志略》校注时,特意在书后附录此文,想必就是为了交代他何以将此书只归于方以智名下的理由。

② 张永义校注:《青原志略》,北京:华夏出版社,2012 年,第 382 页。

③ 张永义校注:《青原志略》,北京:华夏出版社,2012 年,第 382 页。

桐城方氏学派并非仅以地缘、血缘维系的学派，它得以维系并发展主要取决于不同身份的成员之间有着相同的学术认同。既然如此，桐城方氏学派虽定有其政治倾向，但它不应被视为政治理念完全相同的政治学学派，它只是个在学术上、思想上、哲学上有共同的学术认同与价值认同的学术共同体，本质上属于学术、思想范畴的学派。

说这几句“题外话”，意在引出下面的话题：张教授的方以智研究，如果说在路径上与年轻学者的方以智研究有什么不同的话，那么就是他不是将研究局限于方以智本人，而是将方以智置于桐城方氏学派这一群体来研究。因此，研究方以智的祖、父、子，以及师、学友与弟子，就自然成为张教授整个方以智研究的重要组成部分。

我读过的张教授这方面的研究论文有六：《觉浪道盛师徒对〈庄子〉的定位》《觉浪道盛的〈论语〉禅解》《〈从心学〉看方学渐的学派归属问题》《方大镇理学思想略述》《方以智与左藏一》《方中通〈哀述〉诗释读》[①]。其中，《方大镇理学思想略述》收入 2022 年出版的《方以智研究（第一辑）》，余下五篇，皆收于张永义《异类中行——方以智的思想世界》。现简述如下。

论觉浪道盛的两篇，后者未涉及方以智，前者部分涉及方以智。未涉及方以智的《禅解》一文，主要以见于道盛《杖门随集》《青山小述》等著中的解释《论语》的话语[②]，分十个话题[③]来论述。这十大话题分别是：(1)“三大知己”：《论语》中有仪封人、达巷党人、楚狂接舆，道盛挑出这三人作为孔子的知己，意在强调《论语》中的妙语尚有许多“前人所未发”之处；(2)“藏悟于学”：道盛认为此乃《论语》首章的中心思想，从这一思想出发，《论语》首章在道盛的解释下，“不仅是《论语》的纲领，也变成了包括《大学》《中庸》《易传》等在内的一切儒典的纲领”[④]；(3)“直”：道盛解“微生高直”，是从人常常有“不得已”处体悟其“直”——微生高乞醯与人，从人情角度看，未必不能见其“直”；(4)“见大见小”：道盛所倡事君交友原则——事君交友皆当着眼于大处、远处，不应琐

① 以下依次省略为：《定位》《禅解》《问题》《略述》《藏一》《释读》。

② 据张教授的统计，大概涉及《论语》的 30 章左右。

③ 张教授谓之“十个例子”。

④ 张永义：《异类中行——方以智的思想世界》，北京：商务印书馆，2022 年，第 47 页。

琐屑屑于眼前小处;(5)“以直报怨”:道盛以“直”为人的生性,极力推崇孔子的“以直报怨”;(6)“三验关”:对《为政》篇第十章所谓“所以、所由、所安”,道盛依次解之曰“所以”指心之动机、“所由”指心之所历、“所安”指心之所止;(7)“怪力乱神”:道盛将《述而》篇第二十一章“子不语怪力乱神”逗成“子不语怪力,乱神”,于是“乱神”便成了“子不语怪力”的理由;(8)“杀活不妨”:道盛认为,《公冶长》篇第七章孔子“乘桴浮于海”之叹与《微子》篇第六章孔子之“怃然曰”,绝不是孔子想漂洋过海,放弃自己救世婆心,而是想借这种禅门似的“杀活手法激励弟子们更加发愤而兴起”[①];(9)“圣门问答”:道盛认为,孔门对话形式,用禅门的术语说,就叫“异方便助发真实义”[②];(10)“宗异道同”:道盛认为,《卫灵公》篇四十章孔子所谓“道不同不相为谋”,非为排斥异端而言,当倒过来理解为“道若不同,则不相为谋”[③]。基于这十点论述,《禅解》最后在“结语”里归纳出道盛解《论语》的五大特色:“一是不死守字词,二是随意截取文字,三是以《大学》《中庸》《易传》证《论语》,四是关注文本的言外之意,五是用拈提倒用的手法破除常见常解”[④]。这些是禅师解经常用的手法,而方以智运用自如的文献诠释方法,也不外乎这些手法。由此可见,张教授将不涉及方以智的《禅解》一文特意收入《异类中行》,想必就出于这一考虑:道盛、方以智师徒所运用的诠释方式具有惊人的一致性。

《定位》就《庄子》的思想属性问题,选取道盛的《庄子提正》、方以智的《药地炮庄》、钱澄之的《庄子内七诂》作比较研究,以发掘道盛师徒在这个问题认识上的同异。张教授认为,明代中叶以后,庄学大体上可分为“以儒解《庄》”“以佛解《庄》”“以道解《庄》”“以文解《庄》”四类,而第一类“解《庄》”中有一个分支,循“庄易会通”路向解《庄》,将庄子解释成虽名义上传承老子,却实质上“属于孔子和儒家别传”[⑤]。最早提出这个观点的是觉浪道盛禅师。而《庄子提正》是道盛论《庄》《易》会通的作品,因为它以“正庄为尧孔真孤”立旨,所以

---

① 张永义:《异类中行——方以智的思想世界》,北京:商务印书馆,2022年,第53页。
② 张永义:《异类中行——方以智的思想世界》,北京:商务印书馆,2022年,第54页。
③ 张永义:《异类中行——方以智的思想世界》,北京:商务印书馆,2022年,第54页。
④ 张永义:《异类中行——方以智的思想世界》,北京:商务印书馆,2022年,第55页。
⑤ 张永义:《异类中行——方以智的思想世界》,北京:商务印书馆,2022年,第7页。

人们通常以“托孤说”概括道盛的说法。当时，道盛的说法影响巨大，发展道盛观点的著作也很多，但在认同道盛观点的著作中，又以方以智的《药地炮庄》与钱澄之的《庄子内七诂》影响较大。道盛以《庄子》与《易》《中庸》相通来证“儒家之正脉仅保存在《庄子》书中”①，而方以智在承袭师说的同时，又以“《易》风《庸》魂”来定义《庄子》的风格与精神实质，将道盛的观点显豁之；与方以智相比，钱澄之解《庄子》内七篇，在以《易》解《庄》上与方以智并无分歧，但他不赞同方以智在《药地炮庄》中又以禅解《庄》。钱澄之说“释自释。儒自儒”，在思想上不认同“三教合一”说，这大概是“钱氏与道盛、方以智分享许多相同或相近的说法，但仍然自别于他们的原因所在”②。

《问题》与《略述》两篇，一个论方学渐的“心学”，一个论方大镇“理学”。前篇依据方学渐《心学宗》四卷，针对方学渐哲学是调和程朱与陆王产物的观点，论证：方学渐虽批王畿，但他批王畿之妄是为了显阳明之真；他始终认为阳明为“心学”从上古至明中叶的正宗嫡传，因而他的“基本立场仍属心学的系统”③。为证明方学渐的“心学”立场，张教授于该文第三节提出《心学宗》中的六个观点：心即理、气质非性、君子之学，尊德性而已，躬行为本、三教非一、我印六经——来论证之。

后篇对方大镇其人其书及理学思想作了比较全面的论述，但论述侧重的是理学思想部分。该篇从“性善为宗”“批判佛老”“调和朱王”这三个层面来揭示方大镇理学思想的宗旨与特征。但就对研究桐城方氏学派的积极作用而言，我认为该篇的价值不仅在于较为全面而客观地介绍了方大镇其人其书其学，更在于它首次揭示了方大镇在桐城方氏学派中的重要地位。具体言之，其重要性在于：(1)他的科举成功，使方氏家族得以上升到士绅阶层并逐渐走向繁盛；(2)他尽力弘扬父学，使方学渐的影响扩大到桐城之外；(3)继承其父排佛立场，不赞成当时极流行的儒佛混同说，他因此与吴应宾长期争论，这成为“方氏后人在思想和行迹两方面都不得不面对的问题”④。

---

① 张永义：《异类中行——方以智的思想世界》，北京：商务印书馆，2022年，第12页。
② 张永义：《异类中行——方以智的思想世界》，北京：商务印书馆，2022年，第26页。
③ 张永义：《异类中行——方以智的思想世界》，北京：商务印书馆，2022年，第62页。
④ 李仁群主编：《方以智研究(第一辑)》，合肥：安徽大学出版社，2021年，第90页。

《藏一》与《释读》两篇,一为论密之学友左锐,一为解读密之次子方中通的《哀述》诗。前者论及左锐家世、左氏与方氏世交、订交之经过、是弟子还是朋友这四层。前三层姑且不表,现仅第四层简单说几句。此文之前,研究方以智的学者,多以为左锐是方以智的及门弟子,我早先则认为左锐于方以智而言兼有朋友与弟子双重身份。张教授对左锐系密之弟子的观点提出质疑。他的质疑分四点说:一是以重师道尊严论,左锐若为密之弟子,其与密之交谈,当十分讲究分寸,但从现可以读到的密之与左锐的对话中,“尚读不出这种味道”①;二是密之在他54岁那年给左锐的信中称“我翁”;三是《周易时论合编·凡例》中,方孔炤一并列五人②。其中,周岐、钱澄之是密之好友;鸦立、兆及则是密之同辈表兄弟,左锐似不应例外;四是方中通有《送父执左藏一归里》诗,它提供了有力的反证:方中通既然明确称左锐为“父执”,那就足以证明左锐与密之之间“绝不存在师生关系”③。

后者阐述方中通怀念其父十首诗之含义。方中通《哀述》七言诗十首,题下有小序,诗句后又多有自注,并不难理解,则从文字上训诂,没多大必要。或许考虑到这一点,张教授对《哀述》的释读,不涉及文字训诂,侧重谈他的理解。限于篇幅,这里不一一介绍,只挑他对小序和第十首诗的理解介绍之。对小序,他的理解是:作为该诗的小序,“方中通所表达的,其实就只有八个字:‘本于河洛’‘直继缁帷’。这八个字,也正是下面十首诗所要讲述的中心内容”④;而对于第十首诗,他赞同余英时的观点:“方以智是否蹈水自尽,中通虽没有明说,但可能性比较大。‘波涛忽变作莲花’,有接引之意。‘五夜天归水一涯’,突出的刚好是‘归’入水中。时间是五更天,此时的看守者也比较容易疏忽。自注中强调的‘以仁全仁知’,似乎也有舍身成仁的味道。”⑤

---

① 张永义:《异类中行——方以智的思想世界》,北京:商务印书馆,2022年,第209页。
② 原文这样说:“惟有农夫、幼光、左錞及从子建、诒辈,间过径中,老夫何尝一语人乎?”
③ 张永义:《异类中行——方以智的思想世界》,北京:商务印书馆,2022年,第209页。
④ 张永义:《异类中行——方以智的思想世界》,北京:商务印书馆,2022年,第215页。
⑤ 张永义:《异类中行——方以智的思想世界》,北京:商务印书馆,2022年,第229页。

三、《药地炮庄》研究上的学术贡献

我认为，在方以智现存著作中，如非得挑出最难读懂的一部，那非《药地炮庄》莫属。造成《药地炮庄》研读困难的因素有几点：(1)所引人名、书名常省略至一字者比比皆是；(2)诠释体例、解释方式不划一；(3)一说多义；(4)评论诡谲——多则以十几字评、少则仅以一字评；(5)表述晦涩。其中，哪一点解释起来都极不易，更何况《药地炮庄》集其诸点于一书，读起来又谈何容易？因而我对张教授研究《药地炮庄》的文章，格外关注，读得格外仔细。体会也就比较深。

我读过张教授研究《药地炮庄》的文章有：《〈药地炮庄〉成书考》(以简称《成书考》)、《〈药地炮庄〉的解释特色》(以下简称《解释特色》)、《儒宗别传：方以智的庄学史观》(以下简称《儒宗别传》)、《由〈药地炮庄〉看方以智的惠施论》(以下简称《惠施论》)，皆收于张永义《异类中行——方以智的思想世界》。作为研究《药地炮庄》的论文，照我的眼光，中间两篇的价值要大于首尾两篇。首篇《成书考》，除开篇的前六行文字外，三节正文，与张永义《药地炮庄笺释·总论篇》之《前言》第一、二、三节的文字完全相同，无一字改动。所以张教授关于《药地炮庄》成书考出的结论，在《前言》与《成书考》中是一样的，即认为《药地炮庄》是方以智"十年心血的结晶"[①]，它"始著于竹关"[②]，于1664年由萧伯升捐资刊刻。而末篇《惠施论》主要依据《药地炮庄·总论中》的《惠子与庄子书》及《通雅》中的两条材料，来论述方以智关于惠施学说的新解释：(1)"大一小一""方生方死"诸说，并非虚妄的诡辞，"它们揭示的正是天地万物'正反相伏'的道理"[③]；(2)"遍为外物说"不仅"不多余，而且还可救正专门言心者的虚伪和怠钝"[④]；(3)"好辩并不一定导致诡辩"[⑤]。但此文的价值，不

---

① 张永义：《异类中行——方以智的思想世界》，北京：商务印书馆，2022年，第94页。

② 方以智受戒闭关高座寺看竹轩时在1653年春。

③ 张永义：《异类中行——方以智的思想世界》，北京：商务印书馆，2022年，第143页。

④ 张永义：《异类中行——方以智的思想世界》，北京：商务印书馆，2022年，第143页。

⑤ 张永义：《异类中行——方以智的思想世界》，北京：商务印书馆，2022年，第143页。

局限于它对惠施“历物说”的新解,更值得重视的是,它探索了方以智能作出新解的原因。该原因张教授列举了四点:一是方以智有“喜博考”的学术取径;二是家传易学与其师王宣《物理所》的影响;三是其“公因反因”说与惠施“历物”十条“有一些接近之处”[①];四是当时传入西学的影响。其中第三点,我认为最值得重视,然我并不认同张教授将惠施的“历物”诸说,一一与方氏的“反因”“公因”“公因在反因中”作类似比较。我认为,如果惠施的“历物”说真的与方氏的“公因反因”说类似,那所谓“公因反因,真发千古所未发”[②],又从何谈起?

中间的《解释特色》《儒宗别传》两篇,以研究的难度论,我以为前者要难于后者。张教授认为《药地炮庄·总论》上篇,“略近于庄学小史”[③];又认为密之的“炮庄”不止炮《庄子》,亦炮历代解《庄》说,于是在《儒宗别传》中,他将《总论》上篇所收的汉至明末的40余家《庄》评,按时代先后分类处理,从中发现方以智对各代各家之庄评的是非倾向、批评与评价。这样的分类归纳研究,固然费时且辛苦,但付出了时间与精力就会有结果,对学术研究来说,并非最困难的。最困难者,是那种即便肯费时、肯辛苦也未必就能有收获、有结果的研究。以我自己读《药地炮庄》的感受来说,《药地炮庄》研究,是方以智研究中最难的。《药地炮庄》研究之难,难在四处:一是不容易体悟“诸家议论”为何那般组合,以及它与《庄子》原文的呼应关系;二是难以理解“诸家议论”中方以智的话语与其他各家话语的呼应关系;三是“别路拈提”与《庄子》原文,以及“诸家议论”的呼应关系;四是难以理解方以智禅门“参话头”似的评语之真实含义,尤其是那些一字评、二字评、三字评,让人摸不着头脑。既然《药地炮庄》十分难懂,那张教授关于《药地炮庄》解释特色的三点——“参同”“炮制”“拈提”——抉发与举例论证,对于我们读懂《药地炮庄》,无疑具有工具理性的启迪作用。

---

① 张永义:《异类中行——方以智的思想世界》,北京:商务印书馆,2022年,第148页。

② 方以智父子都说过这一评价。

③ 张永义:《异类中行——方以智的思想世界》,北京:商务印书馆,2022年,第121页。

四、对方以智思想的定性与定位

如果要研究方以智，那么关于方以智其人其学的历史定位，是无法绕开的话题。20世纪国内的方以智研究，前期受侯外庐先生观点的影响，较倾向于将方以智与黄（宗羲）、顾（炎武）、王（夫之）并提，以方以智为中国早期的杰出启蒙思想家之一，并认为他的哲学堪比法国“百科全书派”哲学；后期又以庞朴先生的观点——方以智的“一分为三”哲学堪比西方黑格尔哲学。世纪之交迄今的方以智研究，在方以智哲学定位问题上，形成了两大分歧：一个以张昭炜教授的观点为代表，主张方以智哲学为阳明心学最后且最高的发展，而从“缄默”层面论之，方以智哲学甚至超越王夫之哲学，足以代表我国传统哲学的最高成就；另一个以吴根友教授的观点为代表，主张方以智虽熔铸儒、释、道各家思想资源而创作出一种新形态的思想与文化体系，但就其最终成果看，他在哲学上又滑向了程朱理学的窠臼之中，未能实现自己的文化创新理想。在这一背景下读张教授的方以智研究论文，特别关注他如何定性与定位方以智思想，就是再自然不过的事了。

我读过的张教授关于方以智思想定性与定位的文章有五：《折中其间：方以智和他的家、师之学》《“公因反因”说在方以智思想中的地位》《从〈仁树楼别录〉看方以智的晚年思想》《异类中行——方以智晚年的精神归属》《略论方以智的学术取向及思想特色》。前四篇收入张永义《异类中行——方以智的思想研究》，后一篇收入《方以智研究（第二辑）》。这五篇，或偏重论方以智思想定性，或偏重论方以智思想定位，但定性论与定位论很难截然区分，这里为方便计，不妨合并介绍之。

张教授就方以智思想的定性与定位问题所发表的主要观点有以下几点：（1）晚年的禅门主持身份，未能使方以智忘掉儒者的情怀，“他的精神归属仍然在儒家的中道”[①]，但也不能将他晚年20年的僧人生活全看作“虚应故事”，

① 张永义：《异类中行——方以智的思想世界》，北京：商务印书馆，2022年，第231页。

他作为主持的那些作为,“无论如何都不能看作是纯粹的应付之举”①;(2)钱澄之在《通雅·序》中说,方以智晚年视《通雅》若故纸,以为方以智晚年放弃知识关注,钱氏的这一看法需要更正,因为它同《仁树楼别录》中方以智自己的说法——“拈提与考究,原自两路。制欲消心之言,与备物制用之学,亦是两端。偏废②皆病矣”③相悖;(3)“公因反因”说属于方孔炤的创见,它的“发明权理当属于方孔炤”④;(4)“公因反因”说并非真是前无古人的创举,说它是“发千年所未”“破天荒”,“可能只是强调周邵程朱之后,‘公因反因’所揭示的道理一直不被重视,直到他们才把这一‘决宇宙之大疑’的创见发扬光大而已”⑤;(5)方以智以“公因反因”说解决了三教何以会通问题、解决了自己哲学上的难题——诸如至善统善恶、真阳统阴阳、大一统一万、至理统理气,以及理学家纷争问题——诸如致知与创养、良知现成与否、善与至善;并以它认清了自己的遭遇和责任⑥,这都足以说明“公因反因”说对方以智具有举足轻重的意义;(6)张教授将思想史、学术史上的大家,分为两种类型。“一种元气淋漓,自我作古,功在开新;一种切磋琢磨,精益求精,意在返本。中国思想史中,属于前者的有王弼、王阳明等人,而近于后者的则有朱熹和王夫之”⑦。依据这一分类,张教授将方以智归于“返本”类,明确地断言:“大体上,他的思想性格仍属于后一种类型。”⑧

五、两点商榷意见

读张教授的方以智研究论文,深切的感受是,立旨常常以小见大、分析论证细致入微、结论往往出乎意料。因此,它让我深思的问题颇多。我历来认

---

① 张永义:《异类中行——方以智的思想世界》,北京:商务印书馆,2022年,第196页。
② 原误作“费”。
③ 张永义:《异类中行——方以智的思想世界》,北京:商务印书馆,2022年,第195页。
④ 张永义:《异类中行——方以智的思想世界》,北京:商务印书馆,2022年,第159页。
⑤ 张永义:《异类中行——方以智的思想世界》,北京:商务印书馆,2022年,第167页。
⑥ 张永义:《异类中行方以智的思想世界》,北京:商务印书馆,2022年,第168页。
⑦ 张永义:《异类中行——方以智的思想世界》,北京:商务印书馆,2022年,第6页。
⑧ 张永义:《异类中行——方以智的思想世界》,北京:商务印书馆,2022年,第6页。

为，学术评论是促进学术发展的重要方式，但其重要性不是主要体现在客观、公允地介绍学术成果，以便他人了解学术研究现状；而主要体现在提出质疑，供学界同仁展开讨论，以推动学术研究的深入发展。本着这一认识，在结束本文之前，我觉得有必要就张教授的方以智研究再提出两点值得商榷的地方，以求大家讨论，更求张教授的反批评。

其一，方以智父子究竟谁首创“公因反因”说？这是要凭史料才能回答的问题。张教授将“公因反因”说的发明权归于方孔炤，从史料来讲，是有根据的；而其史料根据无非三条：一是在《周易时论合编》中出现了方孔炤将“公因反因”并提的说法[①]；二是在《青原山志略》中两次出现了“环中堂‘公因反因’”的说法[②]；三是方孔炤在《寄怀笑峰大师西江》中有“公因藏反因”的说法[③]。方孔炤，号潜夫，自称“潜老夫”，《周易时论合编》是他的著作；环中堂为方孔炤隐居白鹿山庄时的书斋斋号，以它代指方孔炤合乎当时文人以斋号代指主人的风尚，况且方孔炤自己亦将其文集命名为《环中堂集》。以这几条记载来说，张教授将“公因反因”说的发明权归于方孔炤名下，还有什么好置疑的呢？起初我看到张教授的这一见解并不怀疑，甚至以为它是见人所未见的独到看法。直到某天我翻阅庞朴先生的《东西均注释》，不经意地在《道艺》篇读到“心、意识本非有二，读吾公因反因，则朗然矣”[④]这三句时，心中豁然一动，觉得张教授的“发明权”见解，仍有商榷之必要，不能视为定论，因为：作为大孝子，如果“公因反因”说确为其父发明，方以智绝不会冒天下之大不韪，将“公因反因”说的发明权归于自己。

其实，张教授也清楚，就史料来看，也并非只有将此说之发明权归于方孔炤这一种记载，亦有将之归于方以智的记载，而且是出自方以智二儿子方中通的记载。方中通的两条记载，一见于其所编《心学宗续编》，在此书中，方中

---

① 原文是“潜老夫曰：‘象山句句翻之，举反因耳；新建谓是良知，指公因也。”见许伟导读：《周易时论合编导读》（下），北京：华龄出版社，2019 年，第 838 页。

② 既云“环中堂表公因贯反因”，又云“环中堂公因反因”，见张永义校注：《青原志略》，北京：华夏出版社，2012 年，第 127、363 页。

③ 张永义校注：《青原志略》，北京：华夏出版社，2012 年，第 247 页。

④ 庞朴注释：《东西均注释》，北京：中华书局，2001 年，第 181 页。

通将“公因反因”语作为其父语,编在第四卷,这在张教授文中有转引并论证[①],这里不赘述;另一见于其撰的《周易时论·跋》,该跋有云:“老父会通之曰:‘虚空皆象数,象数即虚空。神无方,准不乱;一多相贯,随处天然,公因反因。’真发千古所未发,而决宇宙之大疑者也。’”[②]既然如此,那不得不问:明明知道方中通有其父首创“公因反因”说的记载,那张教授为何还敢说发明“公因反因”说的是方以智?这只能回答说,在方孔炤父子究竟谁发明了“公因反因”说问题上,张教授作出了偏向于方孔炤的解释:“方中通的意思很可能是说,公因反因虽由其祖父首倡,但此说发挥、推广,乃至于统摄一切学问,成为方氏易学标志的,则是由父亲完成的。”[③]但这样的解释很难令人信服,因为我们很容易就该解释的意思反过来说:尽管“公因反因”的术语早见于方孔炤著作,甚至是方大镇的著作,但在方孔炤父子那里,此术语只是揭示具体事物道理的用语,根本不是“决宇宙之大疑者”意义上的范畴,因而作为统摄一切道理、统摄一切学术、统摄一切思想的范畴,“公因反因”说的发明权理应归于方以智。

这样见仁见智地互诤下去,永远也不可能就该问题达成共识。如果要在该问题上达成共识,那么大家首先得相信方以智所谓“吾公因反因”的说法不是虚说,更不是妄说,而是实说,坚信方以智就是“公因反因”说的发明者。在我看来,由这个信念取径,就不难在中通说与左锐说之间作出取舍,从而也就不难解释这样一个令人疑惑的问题:方孔炤的作品里何以出现“公因反因”术语?

我本人对这个问题的解释,分三点说:(1)1658年在《周易时论合编》完稿时,方以智写了跋,由跋中“命儿子德、通、履合前后稿而编录之”[④]的说法

---

① 张永义:《异类中行——方以智的思想世界》,北京:中华书局,2001年,第160页。

② 许伟导读:《周易时论合编导读》(上),北京:华龄出版社,2019年,第29~30页。又,此引文逗与许博士逗稍有异:许博士逗将“天然”误作“天状”,此依北京大学图书馆藏顺治十七年李世洽序本所收中通跋改;将许博士逗以逗号者,改为句号或分号逗。张教授似取朱伯民先生的逗,即将“真发千古所未发,即决宇宙之大疑者也”与“一多相贯,随处天然,公因反因”三句一并逗在括号内。我之所以这么认为,是因为张教授不但对朱先生的逗未置疑,而且对朱先生不慎误“而”为“即”,亦未指正。

③ 张永义:《异类中行——方以智的思想世界》,北京:商务印书馆,2022年,第160页。

④ 许伟导读:《周易时论合编导读》(上),北京:华龄出版社,2019年,第32页。

来断，方孔炤解《易》著作《周易时论》分前稿与后稿，而《周易时论合编》则是合编前后二稿的产物。前稿以“六虚之归环中者，时也”[①]立旨，它始著于1631年方孔炤庐墓期间，至迟于1643年已完稿，似不包含象数路子的解《易》内容。方孔炤对象数易学感兴趣，始于西库与黄道舟论《易》时，则《周易时论合编》中的象数易学内容，只能源自后稿。方孔炤案结出西库时在1641年5月，后稿开始写作不会早于此时；而根据方以智自己的说法，其父将先后“三成”之《周易时论》书稿“寄示竹关”时在“甲午之冬”(1654年冬)，则后稿的完稿时间不能早于1654年。由此可断：与方氏象数易学思想密切相关的“公因反因”用语，即便见于《周易时论合编》，也不足以证明方孔炤首倡“公因反因”说，因为早于它的《易余》《冬西均》[②]二书中已不乏“公因反因”说的提法。(2)出于方孔炤口中、笔下的“公因反因”用语，未必一定来自方以智，这有两种可能，一为《周易时论合编》是由方以智指导其三个儿子编录完成的，在编录过程中，完全有可能添加“公因反因”之类的用语；一为方孔炤在《寄怀笑峰大师西江》中的“公因藏反因”的说法，看似定出自方孔炤之口，然实际上亦有可能是采用其子的说法。(3)一再明确说“环中堂‘公因反因’”、将之归在方孔炤名下者为左锐(藏一)。左锐被方孔炤视为朋友，他亦参与《周易时论合编》工作，这可能是因为张教授深信左锐说的缘故。但当张教授对左锐说深信不疑时，他可能忽视思考一个问题，即左锐之所以将“公因反因”说归在方孔炤名下，很有可能是因为误解方以智的说法所致，即将方以智所谓“老父在鹿湖环中堂十年，《周易时论》凡三成矣。甲午之冬，寄示竹关。穷子展而读之，公因反因，真发千古所未发”[③]之语理解错了：方以智本是以“公因反因”来评论《周易时论》所贯彻的精神主旨“真发千古所未发”，却被左锐理解为方孔炤所说的“公因反因”乃“真发千古所未发”。我不敢说这三点能使人真心信服，但我敢说：将这三点连贯起来思考，未必对“公因反因”说发明权归属问题的解决毫无益处。

---

① 许伟导读：《周易时论合编导读》(上)，北京：华龄出版社，2019年，第31页。

② 二著完稿绝不会迟于1652年冬。

③ 张永义、邢益海校点：《药地炮庄》，北京：华夏出版社，2011年，第147页。

其二,方以智思想究竟是意在“返本”还是“开新”?这是个见仁见智的问题,各以“成见”争辩,势必争不出双方都满意的结果。但这个问题,对于方以智研究来说,至关重要,我即便不情愿与张教授就这个问题争辩,也不得不在此表明我对这个问题的认识。我的认识与张教授正相反:方以智的学术、方以智的思想,从整体上看、从本质上看,意不在“返本”——回归儒学或者具体地说回归理学[①],而意在“开新”,希望以炮制儒释道三教、熔铸古今百家而“折中其间”的方式,创造一个“破天荒”的新型学术思想体系或曰文化思想体系。方以智是否成功地完成了这个体系的建构,我目前的考虑尚不周全,暂且不论;但就我比较有研究的密之哲学思想来论,他的哲学意不在“返本”而在“开新”是不可置疑的事实。既是事实,这里不妨列举几个:(1)从他的哲学代表作《易余》《东西均》姊妹篇来看,方以智是自主性地建构自己的哲学,已不受“我注六经”或“六经注我”的范式束缚,较之“经典诠释”式的传统哲学建构,它不属于“返本”而属于“开新”;(2)哲学是究“本体”的系统学问,方以智的“太极—所以”本体论,与传统的“仁本”“心本”“理本”“气本”论相比,它亦不属于“返本”而属于“开新”;(3)特定的哲学建构必贯穿特定的思维方式,方以智的“圆∴三点”(“一分为三”)的思维方式,与传统的“阴阳二元互倚”(“一分为二”)的思维方式相比,它也不属于“返本”而属于“开新”;(4)哲学体系其实是哲学范畴的逻辑化,方以智为架构自己的“一而二”“二而一”“三即一”(正—反—合)的哲学体系,在改造传统哲学范畴的同时,创造了大量的新哲学范畴,诸如“质测通几”“公因反因”“交轮几”“统泯随”“至善统善恶”“三冒”等,这些新范畴与传统哲学的旧范畴相比,它更不属于“返本”而属于“开新”。

张教授认为朱熹与王夫之为“返本”类型大思想家的代表。那我不妨再简要地说几句:如果将方以智与朱熹、王夫之同归为“返本”类型大

① 虽未见有学者专文论证密之回归理学,但就当前已出现的观点推想,学者在这个问题上,认识不外乎分为两种,或以为回归陆王心学,或以为回归陈朱理学。这两种观点,我都不赞成。我认为,密之面向理学、解决理学困境以建构其哲学体系,与他以回归理学为目的来建构其哲学体系,是两回事,不能混同。但这非本文论述的问题,有待来日专文阐述之。

思想家，那么将方以智与朱熹、王夫之作具体的比较研究，是未来我们为解决方以智思想历史定位问题而务必要进行的研究。我对朱熹的研究很浅，对王夫之的研究也不深，但就我的感觉而言，朱熹的“理本”论与王夫之的“气本”论虽根本对立，但他们走的都是“经典诠释”的路子，都是循着“一分为二”思维范式，都是采用旧范畴，其思想形态与方以智的思想形态，根本不属于同一类型。

作者单位：安徽大学方以智研究中心

方以智集外佚文辑补

诸伟奇

提　要：本文所辑方以智集外佚文，皆遍检相关文献、反复考索所得，除所辑佚文外，更于辑考中进一步证实了方以智的一些生平节点，解决了以往研究不够明晰之处，如方以智在武冈期间是否"至洪江赴水死"，所题二诗是否为其遗诗；还有他对瞿式耜祖、孙的吟咏，他与沈寿民的交往及其晚年在江西新城（今黎川）、南城等地的行止。同时，本文展现了方以智诗作中的故国情思和哲理渊薮。

关键词：方以智　集外佚文　洪江赴水　沈寿民

继《方以智集外佚文辑考》后[①]，又辑得《方以智全书》正编及时贤所辑之外佚文8篇，其中诗6首（《旦夕刀头思》二首），文3篇。下面以各篇大致的写作时间为序，考述如下：

旦夕刀头思（二首）

旦夕刀头思，文章岂再持？
死生一片血，天地百年悲。
遗稿无多句，将书寄二师。
孤心从此别，莫问今何时。

① 诸伟奇：《方以智集外佚文辑考》，见李仁群主编：《方以智研究（第二辑）》，合肥：安徽大学出版社，2022年，第350～363页。

原矢魂相见，而今面亦难。
纵来仍未话，隔去不须悲。
恶趣凭人积，孤怀只了随[①]。
黄泉疑忌少，容我䜣相知[②]。

按：以上二首辑自《（乾隆）武冈州志》卷五[③]，复见于《（道光）宝庆府志》卷百二十六《胜朝耆旧迁客传》[④]。题目为笔者所拟。任道斌在《方以智年谱》卷四中记述，清顺治四年（1647），亦即南明永历元年丁亥（1647），"永历帝有拜密之为内阁大学士之敕"，密之上疏以辞，"九月，永历帝遣使再访求密之，不得。时亦有密之投洪江自尽之谣言，且为遗诗"。任谱按曰："此遗命诗疑乃密之为避人耳目之作。"[⑤]关于这两首诗的写作时间，《（乾隆）武冈州志》虽然记得比较笼统，但明确说是方以智寓居洞口之后的事："（方以智）丙戌自桂林来奔，寓居州之洞口，有诸题咏。未几，至洪江赴水死，题诗二首付其仆。"《（道光）宝庆府志》将这个过程讲得更加明确："以知遂寓居新宁莲潭庵，复移居武冈之洞口。或传其至洪江赴水死，留诗二章付其仆。"

对移居洞口的时间，方以智自己讲得最为清楚，他在《四辞请罪疏》中写道："自又三月至七月，奉天始告恢复，臣喘息于洞口，拟摄怔忡，即可奔觐。"该疏题下注曰："戊子八月自楚中洞口上。"[⑥]凡此足可证明，方以智移居洞口的时间是永历二年戊子（1648）三月，所题二首或作于其后的一年间。任谱将之系于永历元年（1647）九月，行文或有失偏颇。

甲申巨变后，方以智即有以死殉国之念，这在他诗中已有充分表露："即

① 了，《（道光）宝庆府志》作"自"。

② 䜣，《（道光）宝庆府志》作"诉"。

③ 《（乾隆）武冈州志》，清乾隆二十二年（1757）刻本。

④ 《（道光）宝庆府志》，长沙：岳麓书社，2009 年，见《湖湘文库》甲编第 314 册，第 1794 页。文中"方以智"作"方以知"。

⑤ 任道斌：《方以智年谱》（修订本）卷四，杭州：浙江古籍出版社，2021 年，第 158～159 页。

⑥ 方以智：《四辞请罪疏》，见黄德宽、诸伟奇主编：《方以智全书》（第 9 册）《浮山文集前编》卷十，合肥：黄山书社，2019 年，第 588～589 页。

为荷戈卒,不负裹尸愿";"予命当万死,雪耻在马前"[1];"但期有血还高帝,岂患无颜见故人"[2]。永历元年(1647)五月,陈子龙抗清兵败被俘,械送途中赴水以殉。陈子龙年长方以智三岁,二人志同道合,情义深厚,噩耗传来,方以智写下了《哭卧子》一诗。诗序说:"闻卧子死难,得死所矣!"高度颂扬了陈子龙抗志不屈、英勇就义的气节。"一死泰山于汝毕,再生苗地为人佣"。在称颂好友之死重如泰山的同时,他也感叹自己"已死再生"的境况。陈子龙就义是永历元年(1647),方以智第二年方知消息,"悲歌奠酒沅江水,与泪东流到九峰"[3],当时方以智正在武冈之境。还有稍早前孙临、扬文骢等人的死难,都对方以智触动极大[4]。

"旦夕刀头思,文章岂再持?死生一片血,天地百年悲"。综上,《旦夕刀头思》二首,无论是从诗的内容、抒发的情感、表达的手法,还是写作时间、地点等,皆可证实为方以智所撰写。至于"至洪江赴水死"当系传言。其时,永历朝刚刚建立,密之也曾随驾至梧州,转桂林,诸事艰难,其与当朝权贵纵有不和,纵无意在朝任职,也断不至于此时投水自尽。退一步说,即使方以智当时有过这样的念头,也绝未实行。从内容看,这两首诗应收入《流离草》,但今本全集却未见,或因全集所收《流离草》非全帙也。

题洞口双壁

避秦箫鼓在渔船,仙趾犹存旧爨烟。
石壁未经人一语,名山留得月千年。
衣窥翡翠屏前镜,诗写桃源洞里天。
鸡犬无声炉烬灭,丹青难与世人传。

---

① 方以智:《瞻旻·纪难》,见黄德宽、诸伟奇主编:《方以智全书》(第9册),合肥:黄山书社,2019年,第237页。

② 方以智:《瞻旻·见姚有仆》,见黄德宽、诸伟奇主编:《方以智全书》(第9册),合肥:黄山书社,2019年,第245页。

③ 方以智:《流离草·哭陈卧子》,见黄德宽、诸伟奇主编:《方以智全书》,(第10册),合肥:黄山书社,2019年,第200页

④ 孙临的死讯,方以智第二年才知道,如其诗题所言"孙克咸死难闽中至今始悉"。《流离草》,见黄德宽、诸伟奇主编:《方以智全书》(第10册),合肥:黄山书社,2019年,第203页。

游洞口

扶老倩顽童，探奇绝涧中。
险非愁滟滪，剑欲倚崆峒。
酾酒疑人语，藏舟羡鬼工。
天门原有路，不与世人通。

按：以上二首皆辑自《（道光）宝庆府志》卷七十《疆里记》十[①]，为南明永历二年（1648），亦即清顺治五年（1648），方以智在武冈洞口养病时所作。清刘纪廉在《读书岩记》中提到："明季桂王诸臣栖迟武冈者，予雅爱密之方先生。州西北九十里，尤先生所盘旋地。读书岩者，先生著书处也。"《宝庆府志·疆里记》于"读书岩"下注曰"明方以智读书处"。于"双壁岩"下引"明方以智题洞口双壁诗"共三首，首尾两首见上；中间一首，题作《游洞口林谷》，检之《方以智全书》，已收入《流离草》，题作《逍遥洞》[②]。二者文字稍有不同。《流离草》本于"逍遥洞"题下有注："在武冈之洞口。"诗的头两句"天地一时小，唯余谷口宽"之"谷口"，《宝庆府志》作"洞口"。五、六两句"石向何人语，春知此岁寒"之"何人"，《宝庆府志》本作"谁人"；"春知"作"松知"[③]。《明诗综》亦收入此诗，标题、诗句与《流离草》同[④]。

题瞿昌文《粤行记》

我读《粤行记》，长歌三四阕。此事入青史，金石可以锲。中兴赖留守，功高齐棠薛。浮海来公孙，公孙洵人杰。自从抚粤军，邦家悲杌陧。

---

① 《（道光）宝庆府志》卷七十《疆里志》十《武冈中》，长沙：岳麓书社，2009 年，见《湖湘文库》（甲编第 313 册），第 1077 页。

② 方以智：《流离草·逍遥洞》，见黄德宽、诸伟奇主编：《方以智全书》（第 10 册），合肥：黄山书社，2019 年，第 201 页。

③ 《（道光）宝庆府志》卷七十，长沙：岳麓书社，2009 年，见《湖湘文库》（甲编第 313 册），第 1077 页。

④ 朱彝尊选编：《明诗综》（第 6 册）卷六十九（上），北京：中华书局，2007 年，第 3444 页。

卷地腾风波,陵谷变凹凸。五载田园倾,支措余穹室。省亲代父母,望云眼可抉。伶仃一书生,艰难愁蹴躃。孤身万余里,出门何其决。

戊子腊月朔,从此负羁绁。适有刘文华,具舟相提挈。吹箫算资斧,囊不满三锊。南屏叩老僧,倾囊倒行襒。蒿坝脱绿林,天台遭雨雪。两足冻入髓,五更犹澶洌。乘黑冲毒雾,夜饭裹麦糈。十日见瓯城,旅舍相逢瞥。同盟赵秋屋,先已过东浙。接得高堂信,回顾心惙惙。刘君归取资,拾薪晨自爇。且复畏关津,缩首苦日暍。喜遇新安商,呴沫扶孤孑。因入沙埕关,里巷俨巾栉。便附安海艘,火岛望中蔑。暗霭指高州,音尘海外截。石井复开帆,黑洋风虩飋。波涛撼天地,喧豗心胆裂。悲啸惊蛟龙,汩影叹鱼鳖。河伯真望洋,海赋信碘沕。幼安能从容,恭祖免蹉跌。仗庇东北风,正柁救漂澈。得泊吴川港,陆程有前辙。

五日至苍梧,翘首鹳鸣垤。见船叩郡守,探札白藩臬。讹言桂林省,烽燧正侵轶。赵子请先行,郡斋息疲茶。翼日绣衣请,蓝缕差呐呐。始睹王父书,绸缪桑土彻。整衣催棹楫,水涨溢堤埒。一夜三十丈,阛市湮涨楔。突拥控弦兵,洶掳如草窃。蛇豕荡神州,荼毒存余蘖。避焰向封川,徒步猛趋蹶。小道通临贺,茅檐伴栖嵲。荒村久畏兵,柴荆半扃镝。盛暑喘炎日,雨汗杂流歠。乃抵昭江郡,重研力已竭。

桂林闻孙来,倚门望日昳。大母更焦愁,病中数惊瞲。岂谓在大墟,遂此先永诀。闻言仰天号,奔驰探前趹。既至拜王父,齐衰而麻绖。千涕复万语,左右助呜咽。援笔叙其事,中间甚曲折。我叹公孙来,春秋大书揭。

按:此篇辑自清人杨凤苞《〈南疆逸史〉跋》[①]。瞿式耜(1590—1650),时任南明永历朝吏部尚书、兵部尚书、文渊阁大学士,留守桂林,与张同敞等抗击清军,进行了艰苦卓绝的桂林保卫战,方以智、钱澄之皆曾参与其中。瞿式耜孙瞿昌文为探望祖父、祖母,自永历二年(1648)腊月从家乡常熟出发,至次年夏方抵桂林,千里跋涉,艰辛备尝,并写下了《粤行记》及《粤中纪事》。此篇是

① 杨凤苞:《〈南疆逸史〉跋》,见温睿临《南疆逸史》(附录),上海:中华书局,1959年,第459~460页。

方以智为《粤行记》所撰的题后诗。诗中对瞿昌文粤行过程不仅记载详细，而且描写生动真切，其中或许也有作者当年南奔粤地途中所历艰危的自况。

题石钟山

峭石岧崱，中为湍流。汩景訇声，瀺灂于凿凿，磊磊如环佩也。

按：本篇辑自《石钟山志》卷一[①]。石钟山在江西省湖口县境内，城南称上石钟山，城北称下石钟山，以下石钟山最为著名，因其峭壁临长江，形似巨钟覆盖，水石相击，声若洪钟，故得名。南明永历六年(1652)，亦即清顺治九年(1652)，方以智过湖口石钟山，留下了这则题记，并作《下石钟山》诗，曰："巉岩吞浪日硁硁，犹当匡庐耳后鸣。湖口迎潮难测蠡，洞中衔木恐成鲸。摩崖正喜碑无字，掷地原令石有声。白鹿比邻乘兴便，非同赤壁误传名。"[②]

赠沈耕岩先生住黄山

天地为林薮，容君笔种田。
千秋谁脱劫？山径早亡年。
闻有白水、羹玉诸君过从。
世积余杭箧，新添栗里弦。
火炉能寄语，他日问香烟。

按：此诗辑自清闵麟嗣所编的《定本黄山志》卷七[③]，作者为"释弘智"。方以智《建初集》亦收入此首诗，题作《寄沈耕岩》，诗句差别比较大，兹移录如下："天意看林薮，焦村客砚田。冬青收地下，介白挂楼前。老积余干箧，新添

① 《石钟山志》卷一，清光绪九年(1883)，听涛眺雨轩刻本，第7页。

② 方以智：《浮山后集》卷二《借庐语》，见黄德宽、诸伟奇主编：《方以智全书》(第10册)，黄山书社，2019年版，第282页。

③ 闵麟嗣编：《定本黄山志》卷七《赋诗志下》，合肥：黄山书社，1990年，第526页。

醉石弦。火炉能寄语,他日问香烟。”[①]不同本子的这两首诗,除了最后两句完全一样之外,从题目到内容、诗句、表达全都不一样,其中一些含有反思和哲理的句子,都被平和地替代了,连小注也不存在了。幸亏有同为明遗民的闵麟嗣,为我们留下了不一样的诗。这首诗,已经不仅关系方以智著作的校勘和考释,也可作为辑佚的对象了。

近人许承尧《歙事闲谭》据闵《志》也收录了这首诗,并加按语曰:“眉生,名寿民,耕岩其别字,宣城人。文章道谊,为词坛领袖数十年。崇祯中,以张国维荐入朝,连疏陈时弊,不用,遂隐。弘光时,避地金华山中,以有物色之者,遂入黄山。”[②]方以智与沈寿民同为复社主要成员,意气相倾,在南都时有盘桓,密之有诗以记:“明月相随沟水头,终宵弦管木兰舟。如闻关塞新胡乐,犹是秦淮旧酒楼。邂逅三年同作客,萧条七月早披裘。可怜多少江湖意,空向城西问莫愁。”[③]沈寿民被荐入朝时,密之赠诗《送别沈眉生北上》:“草蒯果堪悲,还怜驾马迟。贤人皆就辟,当世不难为。短布中无绪,高天南有箕。若逢诸执政,千万颂明时。”[④]当时国步艰难,沈寿民即使被征召入京,也未必能发挥应有的作用。这里方以智表达了一种喜忧参半的心情:“千秋谁脱劫,山经早亡年。”上面所辑这首赠诗,当写于明亡之后,时沈寿民隐于黄山,方以智则禅游江右。

题赤面石

龙马成龟化鸟翔,百原大衍碎鸿慌。

寤知夏至皆冬至,医泻南方补北方。

---

① 方以智:《建初集·寄沈耕岩》,见黄德宽、诸伟奇主编:《方以智全书》(第10册),黄山书社,2019年,第323页。

② 许承尧:《歙事闲谭》卷十三《沈眉山住文殊院》,见《歙事闲谭》(上册),合肥:黄山书社,2001年,第425页。

③ 方以智:《流寓草·次尾眉生武子饮圣铭舟中》,见黄德宽、诸伟奇主编:《方以智全书》(第9册),合肥:黄山书社,2019年,第121页。

④ 方以智:《流寓草·送别沈眉生北上》,见黄德宽、诸伟奇主编:《方以智全书》(第9册),合肥:黄山书社,2019年,第103页。

一塞两间何处避，四旋八折此中藏。
风轮只听雷声起，柴火新烧古道场。
游赤面石，与诸公衍《易》作，偶书为乘六学人。

青原道人

按：此诗辑自许承尧《歙事闲谭》卷二十四，许承尧则自道光时僧人六舟游歙笔记所节录。释六舟曾在徽州市廛中觅得方以智的诗翰长卷，他在笔记中写道："又得无可和尚诗翰长卷，字画奇崛。"并抄下这首诗及题跋、落款。这幅诗瀚长卷装璜后，程洪溥（字木庵）题跋于后："无可和尚，为明末词臣中之翘楚，沧桑后，托迹空门，自庐山之青原，继笑峰法峰，结习未忘，不废吟咏。观此自书题赤面石诗，语句皆见道之言，而豪气弈弈不衰。古德云：出家乃大丈夫事，信然。此纸六公于吾郡市廛尘积间觅得之，翰墨因缘，良足记也。青原山在庐陵东十五里，为七祖行思禅师道场。唐神龙中，寺名安隐。其曰隐居，则宋崇宁三年敕赐耳。无可为方以智，即药地大师是已。新安木庵程洪溥题。"[①]清顺治十六年(1659)，亦即南明永历十三年(1659)，方以智卓锡新城(今江西黎川)廪山寺，其后曾游麻姑山，赤面石(今称赤面山)为麻姑山一景。

题玄空五行解(三则)

以"玄空"二字起义，出于臆说，恐属杜撰。然按其位序，丝丝入扣，故其文之章法妥帖，所谓力可以排奡者如此。

此论十千中惟己土咸宜，又可推见所不宜处最为有旨，尤妙在发明原说中一"湿"字。

文至八千余言，而分画一字不乱，正如按八阵图于隅落中有握奇而运者也。大力量文字。

按：以上三则为方以智对丘维屏《玄空五行解》的题词，辑自《丘邦士文

① 许承尧：《歙事闲谭》卷二十四《节录僧六舟游歙笔记》，见《歙事闲谭》(下册)，合肥：黄山书社，2001年，第838～839页。

集》卷二[1]。丘维屏(1614—1679),字邦士,赣州宁都人,明亡避乱翠微峰,人称松下先生。"易堂九子"之一。因其高简善思,深受方以智赏识。有《周易剿说》《丘邦士文集》等。《玄空五行解》首列《玄空五行总图》,继之曰:"或问:玄空五行,何以次之乎?曰:昔之解者以和。"方以智即于丘的这段文字下作一、二两则题语。第三则则题于丘文所作子、寅、卯、辰、午、申、酉、戌"八阵图"后。

此次所辑方以智集外佚文虽然只有8篇,然遍稽诗文集、地方志等相关文献,披沙拣金,反复比勘,多方考证,前后耗时竟达数月,时间投入甚多而成效甚微,辑佚之不易,于斯可见。昔时陈援庵先生在编纂《中西回史日历》时曾说:"兹事甚细,智者不为,然不为终不得其用。"[2]辑佚工作亦复如此。需要郑重说明的是,此次辑佚的一些资料来源,有赖项旋博士搜集、提供,特此致谢!

作者单位:安徽大学方以智研究中心

① 丘维屏:《玄空五行解》,见《丘邦士文集》卷二《杂著》,清道光十七年(1837)刻本,第1～2页。

② 陈垣:《〈中西回史日历〉自序》,见《陈垣全集》(第4册),合肥:安徽大学出版社,2009年,第3页。

《药地炮庄》中引用的王宣文字：辑录与分析

张永义

摘　要：王宣是方以智的塾师之一，对方以智的思想和学术影响颇大。由于王宣的著作均已失传，从方以智作品中辑录其文字就成了我们了解王宣思想的重要途径。除《周易时论》外，《药地炮庄》是收录王宣文字最多的著作，一共有36条，另有两处提到他的名字。分析这些文字，可以得出如下几条结论：第一，王宣不是什么道家或隐士，他对《庄子》也并不十分推崇；第二，易学是王宣思想的底色，他的一些说法如"贞一用二"，藏"宗"于"教"，体、用、至体三分等，都可能对方以智产生过重要影响；第三，王宣虽不排佛，但也不像吴观我那样佞佛。他主张以《易》为镜，以《庄》接机，以儒统合二氏，这基本上也是方以智出家后所采取的立场。

关键词：《药地炮庄》　王宣　方以智　易学

一、引言

方以智(1611—1671)的思想深受家学和师承的影响。在师承方面，一为石塘子白瑜，一为虚舟子王宣，而尤以王宣的影响为大。

方以智时常忆及这位恩师的教导，并颇有一些追悔之意。《周易时论》癸未(1643)跋称："余小子少受《河》《洛》于王虚舟先生，符我家学，犹恨为词章所废,周章好博,且曰谨守父师之说,以晚学《易》,梼昧而文过耳。”[①]这是说他早年爱好文辞,未能深入研求老师所传授的易学。在流离岭表时,方以智再次提到探究《河》《洛》的愿望:“年五十,则专心学《易》,少所受王虚舟先生河洛象数,当推明之,以终天年,人生足矣。”[②]作为“癸巳(1653)入关笔”的《象环寤记》虚构了三位老人,文中明确指出“黄老人”的原型就是王虚舟先生[③]。后期作品《冬灰录·双选社传语》说:“小子半生虚过,中年历诸患难,淬砺刀头,乃始悟三世之易、虚舟子之河洛、宗一公之疑信。又以煴火凿坎之逼,得息喘于杖人。”[④]这篇文字大概作于顺治十五年(1658),经过数年沉潜,方以智对家学和师承显然有了更深入的理解。

王宣最擅长的是易学,方孔炤在《周易时论合编·凡例》中曾说:“两间物物皆《河》《洛》也。人人具全卦爻,而时时事事有当然之卦爻,无非象也。卦爻命词所取之象,此小象也,虚舟最精,向令儿辈受之。”[⑤]这也道出了方以智得以从学王宣的缘由。对王宣的《河图》变《洛书》,方以智推崇备至。《通雅》卷首之一《考古通说》称:“虚舟子衍《河图》为《洛书》,漳浦公衍《天方图》,尤为绝学,旷代始闻。”[⑥]在西库侍父时,方以智就曾拿虚舟子《图》质难请益于黄道周。[⑦] 而在重编《图象几表》时,他又专门作《密衍》十一图,再现了王宣《河图》变《洛书》的过程。尽管他也知道,“自朱子、刘长民、胡双湖亦言金火易位矣”,但仍然认为只有虚舟子才把金火易位的道理讲清楚:“而《河图》变

① 方孔炤、方以智撰,郑万耕点校:《周易时论合编》(上),北京:中华书局,2019年,第17页。

② 方以智著,张永义校注:《浮山文集》,北京:华夏出版社,2017年,第268页。

③ 方以智著:《象环寤记》,见黄德宽、诸伟奇主编:《方以智全书》(第1册),合肥:黄山书社,2019年,第393页。

④ 方以智著,邢益海校注:《冬灰录——外一种〈青原愚者智禅师语录〉》,北京:华夏出版社,2014年,第70页。

⑤ 方孔炤、方以智撰,郑万耕点校:《周易时论合编》(上),北京:中华书局,2019年,第22页。

⑥ 方以智:《通雅》卷首一,见黄德宽、诸伟奇主编:《方以智全书》(第4册),合肥:黄山书社,2019年,第2页。

⑦ 方以智《此藏轩别集》卷一《跋南泉所藏铜海书帖》称:“偶请《象正》《洞玑》之旨,疑《尚书》不合《易》策之故,以虚舟子《图》质难。先生蹴然挥之,别书《寒松问少年幅》。当时谡谡,浮气乍敛,知先生之教深矣。”见《浮山文集》,北京:华夏出版社,2017年,第452页。

《洛书》之演，使人豁然，则自虚舟王子始。”[①]

关于王宣易学如何影响方以智思想，学界已有不少讨论[②]。我们这里想说明的是，王宣对方以智的影响恐怕并不仅限于易学领域。一个最明显的例子是，王宣的《物理所》(1631年刻)是方以智帮助刊刻的，这本书也影响了方以智的《物理小识》。方以智在《物理小识·自序》中说："顾自小而好此，因虚舟师《物理所》，随闻随决，随时录之，以俟后日之会通云耳，且曰自娱。"[③]他的儿子方中通在《物理小识·编录缘起》中也称："王虚舟先生作《物理所》，崇祯辛未，老父为梓之。自此每有所闻，分条别记，如《山海经》，《白泽图》，张华、李石《博物志》，葛洪《抱朴子》，《本草》采摭所言，或无征，或试之不验，此贵质测，征其确然者耳。"[④]虽然《河》《洛》之学可以无所不包，但具体的物理研究并不能直接等同于象数易学。另外，王宣也经常参加讲会活动，并在方大镇和吴应宾20年辨析中扮演着调停人的角色。如果没有对儒佛关系等重大问题有特别的见解，他恐怕很难做到使论辩双方"无不微言解颐"(语出方以智《虚舟先生传》，下文有引)，当然也就不太可能成为《象环寤记》中的三老人之一。

王宣著作很多，廖大闻主修的《续修桐城县志》列举了三种，它们分别是《风姬易溯》《龙马言》和《金刚解》，许应鏶、谢煌纂修的《抚州府志》增加了另外的六种《物理所》《龙舒诗集》《等韵切法通》《张长沙伤寒论注》《天人慧钥》与《易象元同》。从书名看，这些著作有解《易》的，有解佛经的，也有关乎音韵和医学的。就涉及领域之广而言，颇可以与其弟子相媲美。可惜的是，这些著作多已失传，只有少数文字因为其他文献引用而得以保存。《风姬易溯》在《周易时论》中保存了150余条，《物理所》在《物理小识》中偶有引用。诗歌方面，《龙眠风雅》收有王宣诗20首，《桐旧集》收有5首，《青原志略》收有1首，

① 方孔炤、方以智撰，郑万耕点校：《周易时论合编》(上)，北京：中华书局，2019年，第25页。

② 彭战果：《无执与圆融：方以智三教会通观研究》，北京：民族出版社，2012年，第41～43页。

③ 黄德宽、诸伟奇主编：《方以智全书》(第7册)，合肥：黄山书社，2019年，第96页。

④ 黄德宽、诸伟奇主编：《方以智全书》(第7册)，合肥：黄山书社，2019年，第97页。

《浮山志》收有2首,这些或许属于《龙舒诗集》的内容。《龙马言》在蔡上翔(1717—1810)《王荆公年谱考略》卷十中有引用,所引内容涉及"地气"问题,而"龙马"二字应当也是取自于《乾》《坤》二卦的[①]。

除了上述内容之外,保存王宣言论较多的就是《药地炮庄》一书。《炮庄》以"虚舟子曰""虚舟曰""舟曰"开头的话接近40条,内容涉及庄子学说、三教关系等。这些问题基本上也是方以智所关心的,分析其内容将有助于更全面地了解他们思想的承继关系。

王宣的生平情况,方以智在《虚舟先生传》中有一个大略的记载:

> 王虚舟先生讳宣,字化卿,金溪人,生于桐城。少负才不羁,与先叔祖玉峡公[讳大铉,癸丑进士]、赤城公[讳大任,丙辰进士]为友。迈志好古,为诗歌文词,凌轹晋唐,上轧周秦。一不第,遂弃举子业,傥然高蹈,自号虚舟子。桐自先曾王父讲学,先廷尉公倡之。先外祖吴观我先生好参究,合三教而一之。先生往来坛坫间,无不微言解颐也。米公友石,闻而交之。中年学道,屏绝室家,以《易》为终始之学,寝处其中。米公曾为序其《风姬易溯》行世。世尚功令,趣干时之业,未有好其书者,后老于桐。智十七八,即闻先生绪论。旷观千世,尝诗书歌咏间,引人闻道,深者征之象数。其所杂著,多言物理。是时先生年七十,益深于河洛,扬、京、关、邵,无有能出其宗者。智方溺于词章,得先生之秘传,心重之,自以为晚当发明,岂意一经世乱,遂与先生永诀哉?周农父言先生往来姑熟曹梁甫,惟目少眊耳,近百岁乃即世,有遗书在桐之下乡左氏处。一日翛然告众而化,自非深于环中,乌能倘佯此抢囊,而全其龙德乎?[②]

据此传,王宣祖籍江西,生于桐城。由方以智十七八从学、王宣时年七

---

① 蔡上翔《王荆公年谱考略》卷九称:"明季王化卿有言:'宋仁宗时,杜鹃鸣洛阳,地气自北而南,南人王介甫始当国。今杜鹃鸣吴楚达于闽,故天下声名文物萃东南,而西北中原若少逊,倘亦地气使然欤?邵子谓气南而世乱者,初当剥复之交,不无草昧不宁,非语其常也。'据其说,则又是地气自北而南,与《邵氏闻见录》异矣。要之,南北地气,互为盛衰,亦时有之,然以偏方一鸟之鸣,遂卜天下治乱盛衰之运,妄言之而姑妄听之,可矣。必求其说则非也。"见《王荆公年谱考略》,上海:上海人民出版社,1973年,第148页。

② 方以智著,张永义校注:《浮山文集》,北京:华夏出版社,2017年,第352～353页。

十，可以推得其生年当为嘉靖三十六年(1557)前后，较方大镇(1562—1631)、吴应宾(1564—1634)皆略长数岁。王宣哪一年去世的，此传没有给出具体年份，只是转述了周岐的话，称其"近百岁乃即世"。从《浮山文集后编》的编排来看，《虚舟先生传》作于闭关高座寺期间(1653—1655)。另据《浮山后集·建初集》所收《再见周农父》诗，闭关期间，周岐的确曾前往南京探望过老友[①]。他们关于王虚舟晚年情况的谈话，应该就是发生在这次见面中的事儿。文中说，"一经世乱，遂与先生永诀"，表明王宣辞世时间一定是在方以智由岭南返乡之前。

《抚州府志·儒林传》虽然给出了王宣去世的准确时间，但一些细节与方以智的《虚舟先生传》颇有出入。《抚志》称：

> 王宣字化卿，别字虚舟，金溪人。父客桐城而生宣，甫冠还籍，补郡庠生，犹家于桐。五十丧妻，不复娶。六十弃诸生，专事著述。与来复、左光斗、方孔炤、曹履吉以文行相镞砺。左光斗、方以智则皆北面受业。七十始去桐返故里。归十年，诸子皆亡，犹嗜学不倦。又四年而卒，实国朝顺治五年也。宣幼有异禀，而好为深湛之思，自经史以逮诸子百家，靡不覃精研虑，穷究原委，而尤邃于《易》。自谓无程、朱先入之言为拒，广搜博证，句比字栉，读之五十年，然后大明。故虽遭丧乱，食贫且笃老，犹披图指卦，食息与俱也。宣泊于声利，宽中有容，间一至京师，周延儒、冯铨招之，一见坚谢不往。家居时，当事诸贵人多旧交，争相延致，或屏车骑造访，然无一语及私。族恶少素摧辱宣，闻者皆为张目。桐城张秉文来守，群询之曰："向恶少何状？当立置之法。"宣跪(诡)词谢曰："登鬼录矣，不足溷公也。"识者闻而称之。[②]

按此传，王宣死于顺治五年，即1648年，享年84岁，则出生年份大约为1565年[③]。这与方以智所说的"近百岁乃即世"，差距颇大。另外，传中说王宣70

---

① 方以智：《浮山后集》卷四《建初集》，见黄德宽、诸伟奇主编：《方以智全书》(第10册)，合肥：黄山书社，2019年，第317页。

② 许应鑅修、谢煌纂：《抚州府志》卷五十七，清光绪二年(1876)刊本。

③ 《方以智全书》前言(第1册第8页)大概即据此传把王宣生卒年定为1565年至1648年。

岁离开桐城回金溪，而《虚舟先生传》却说在王宣70岁时方以智始来学。传中说王宣“六十弃诸生”，方以智却称“一不第，遂弃举子业”。这都是互相矛盾的地方。不过，此传也并非全无根据。文中说王宣与左光斗、方孔炤、曹履吉等人“以文行相镞砺”，可从左光斗等人唱和诗文中找到根据，而曹履吉即是《虚舟先生传》中提到的曹梁甫的父亲，王宣晚年诸子皆亡，曹梁甫很可能照料过他的生活。曹梁甫也是方以智的妹夫，传末提到的张秉文则是方以智的姑父。张秉文任抚州知府的时间是万历四十七年(1619)，说明至少这个时期王宣是住在江西老家的。把两篇传记结合起来考虑，《抚志》中的数字如“五十丧妻”“六十弃诸生”“七十始去桐返故里”“归十年”非常齐整，很可能都是虚指，而“顺治五年”则应当是实指。这样，王宣的生卒年就可以初步定在1557年至1648年，一共得年92岁，这就比较接近于“近百岁乃即世”了。

下面是《药地炮庄》中引用的王宣的文字。

二、辑录[①]

(一)《炮庄发凡》

皖桐方野同廷尉公，与吴观我宫谕公，激扬二十年。而潜夫中丞公，会之于《易》，晚径作《时论》焉。虚舟子曰：贞一用二，范围毕矣。至诚神明，无我备物。中和之极，惟此心传。欲忿蔽之，生于忧患。困通损益，习坎继明。以公因反因为深几，以秩序变化、寂历同时为统御，午会大集诚然哉。[②]

(二)《总论上》“司马谈愍学者不达而师悖”段眉批

虚舟曰：谈欲论著旧文久矣。古人无执见，所谓儒，指汉初之儒；所谓道，正指神明之圣。[③]

---

① 张永义、邢益海校点：《药地炮庄》(修订本)，北京：华夏出版社，2016年，第11页。
② 张永义、邢益海校点：《药地炮庄》(修订本)，北京：华夏出版社，2016年，第11页。
③ 张永义、邢益海校点：《药地炮庄》(修订本)，北京：华夏出版社，2016年，第17页。

(三)《总论中》"憨山老人曰"段眉批

虚舟曰:凡一切学,先苦法不成,后苦法不化。人无妙悟,徒执死法用,安能善耶? 不见轮扁曰:斫轮甘苦,父不能传之子。[①]

(四)《总论中》"黄林合录"正文

虚舟子曰:柱、漆无所不包,而意偏重于忘世。昙宗无所不摄,而言偏重于出世。圣道统天御天,百物不废,而语不离于经世。儒言公受用,多陈体用兼备之日用。二氏言自受用,尝指无体无用之至体。或以夜通昼夜,或以昼通昼夜,此其概也。言恬淡自然者,不废因应。言清净无为者,应无所住而生其心。归实于治世资生一乘不悖。通人一心会之,何不可化合时中者乎? 特彼自相推倒,疑愤炼人自得,层层翻剥,而后消其翻剥。东流神道设教,借小乘之饭碗,安得不护? 世士何能识之? 上根者少,任其分门攻玉可耳……虚舟子叹曰:不惑者几人哉! 惟以《易》为镜,以《庄》接机,则方内方外可通,而亦各安其分矣。[②]

(五)《总论下》"向子期与郭子玄书"眉批

虚舟曰:古人各有独至,不必雷同耳食。[③]

(六)《逍遥游》题解

虚舟子曰:圣人游于未始有无之中,故随万物之相待,各无相待,而即以击之、怒之、培之、徙之、笑之、悲之,即以游之、息之而化之矣,是随大小、长短、得失之代错而本无累也。仁智交圆,从容中道,是真逍遥。[④]

---

① 张永义、邢益海校点:《药地炮庄》(修订本),北京:华夏出版社,2016年,第47页。
② 张永义、邢益海校点:《药地炮庄》(修订本),北京:华夏出版社,2016年,第57~58页。
③ 张永义、邢益海校点:《药地炮庄》(修订本),北京:华夏出版社,2016年,第75页。
④ 张永义、邢益海校点:《药地炮庄》(修订本),北京:华夏出版社,2016年,第102页。

(七)《逍遥游》“故夫知效一官”段集评

虚舟曰：夫焉有倚，而万物皆备于我，此不落有无之真无己也。巍巍荡荡，此不落有无之真无功也。《摩诘》曰：欲使如来名声普闻，以名空不避名也。此不落有无之真无名也。至诚神明，尊于一切而不离一切，故曰乘正而游。[①]

(八)《逍遥游》“尧让天下于许由”段集评

虚舟子曰：虞宾在位，同其福庆，贻丹朱者至矣。使以傲资居上，安必其不早开南巢牧野乎哉？[②]

(九)《逍遥游》“肩吾问于连叔曰”段训辞

虚舟曰：肩吾，自度也。连叔，及物也。接舆，合载也。引此三者而上，共一藐姑射之山天而尧用其阳，以表法也。[③]

(十)《逍遥游》文末集评

李秃翁曰：贪生、怕死、好名，三圣人看破，用以设教。虚舟曰：幸此三者正互相救。不则，无惮、好利、好盗而已。[④]

(十一)《齐物论》“物无非彼，物无非是”段眉批

虚舟曰：四时五运，四方立极，《图》《书》表之，黄帝举之。五方如来，非示五种中道耶？此处奈何一番，方知因是。[⑤]

---

① 张永义、邢益海校点：《药地炮庄》(修订本)，北京：华夏出版社，2016 年，第 110 页。
② 张永义、邢益海校点：《药地炮庄》(修订本)，北京：华夏出版社，2016 年，第 113 页。
③ 张永义、邢益海校点：《药地炮庄》(修订本)，北京：华夏出版社，2016 年，第 115 页。
④ 张永义、邢益海校点：《药地炮庄》(修订本)，北京：华夏出版社，2016 年，第 119 页。
⑤ 张永义、邢益海校点：《药地炮庄》(修订本)，北京：华夏出版社，2016 年，第 131 页。

(十二)《齐物论》"以指喻指之非指"段集评

虚舟曰:无是非者如天,明是非者如日,此黄帝之喻两行一贯最切者也。诚如天,明如日;仁如天,智如日。曾知天即日、日即天乎?庄生遮日以别天耳。①

(十三)《养生主》题解

虚舟曰:《阴符》云:君子得之固穷,小人得之轻命。轻命灭裂,借口舍生,何如正告曰,养其生之主乎?天理不落生死,而安顺中节,教养之主,所以为万世造命者此也。②

(十四)《人间世》题解

虚舟曰:人间世将有天间世耶?将有不落天人间之世耶?《华严法界品》《化书》别构一天地,只溢言耶?法界量灭,乃可语禅。无禅可语,止有一实。正因、了因,藏于缘因,何世可出乎?因物付物,随分自尽而已。然非穷尽,安能不惑?③

(十五)《人间世》"心斋"段眉批

或问虚舟。舟曰:维摩一榻病未已,季札回途问其子。东坡与客月中题,照我泊然心不起。汝听得否?④

(十六)《德充符》题解

虚舟曰:孟子言扩充,言充实之美,《庄子》曰充实不可以已,此集虚

① 张永义、邢益海校点:《药地炮庄》(修订本),北京:华夏出版社,2016年,第133页。
② 张永义、邢益海校点:《药地炮庄》(修订本),北京:华夏出版社,2016年,第149页。
③ 张永义、邢益海校点:《药地炮庄》(修订本),北京:华夏出版社,2016年,第157～158页。
④ 张永义、邢益海校点:《药地炮庄》(修订本),北京:华夏出版社,2016年,第163页。

充实一贯之符也。忘形乃充践形之实,践形乃充忘形之虚。庄且以破相宗剔醒皮相一辈耳。[①]

(十七)《大宗师》"子舆与子桑友"段集评

虚舟子曰:各理掀尽,止此一实一真。曰命也夫,表其穷尽而至命也。天乎人乎,非衰飒语。求其至此极者不得,痴儿饭袋破矣。不生不死之法身,亦推倒矣。若歌若哭,寄其自得。[②]

(十八)《应帝王》"无为名尸"段集评

虚舟曰:体尽无穷者神,用心若镜者明。庄子贱明贵神,其实神明果二物乎?浑沌与倏忽果二物乎?[③]

(十九)《应帝王》"浑沌"章集评

虚舟曰:能出世,乃能入世;能入世,乃真出世。此无身有事之双化也。卓吾曰:用世、超世,不可骑两头马。此论其事与时位耳。折中曰:竭两用中,藏天下于天下,此圣人之镜也。然非两末背翻一遭,上下错综一周,安能明百家之长短,确然不惑,而随时随位,事所当事乎?有开必先,俱不得已。[④]

(二十)《骈拇》"余愧乎道德"段集评

虚舟子曰:缘熟则忘,自得则忘。能随境沉,智与理泯。心不见心,忘是本忘。[⑤]

---

① 张永义、邢益海校点:《药地炮庄》(修订本),北京:华夏出版社,2016年,第178~179页。
② 张永义、邢益海校点:《药地炮庄》(修订本),北京:华夏出版社,2016年,第224页。
③ 张永义、邢益海校点:《药地炮庄》(修订本),北京:华夏出版社,2016年,第235页。
④ 张永义、邢益海校点:《药地炮庄》(修订本),北京:华夏出版社,2016年,第237页。
⑤ 张永义、邢益海校点:《药地炮庄》(修订本),北京:华夏出版社,2016年,第250页。

（二十一）《胠箧》“圣人不死，大盗不止”章眉批

虚舟曰：庄生先用此棒，可为第一鐍箧手乎？不知转眼便有窃此棒，为总杀总赦之计，以空手固陋簧鼓者。庄生之鐍箧，毋乃太坚固资盗粮耶？①

（二十二）《天地》“天地虽大，其化均也”段集评

虚舟曰：曾知天地之兼技、事、德、义乎？《礼运》曰：礼本于大一，协于分艺。是无为有为之合也。通于一，万事毕，所谓玄也。通于万，一事毕，所谓重玄。重玄然后君臣道合，妙叶于兼。②

（二十三）《天地》“天地虽大，其化均也”段眉批

舟曰：正偏四破而兼中到矣，通宗通涂，毕未毕耶？观者啬者，玄果何在？窗外芭蕉窗里人，声声叶上心头滴。③

（二十四）《天地》“蒋闾葂见季彻”眉批

虚舟曰：笑岂止此？即举第一义，亦惟有局局然笑耳。④

（二十五）《天道》首段集评

舟曰：善贯动静。八卦惟《艮》表止，而子曰动静不失其时。《乐记》动静之间，邵子会焉。老庄从《坤》入，守中，非时中也。佛体圜中，而立处即真，乃时中也。⑤

---

① 张永义、邢益海校点：《药地炮庄》（修订本），北京：华夏出版社，2016年，第258页。
② 张永义、邢益海校点：《药地炮庄》（修订本），北京：华夏出版社，2016年，第275页。
③ 张永义、邢益海校点：《药地炮庄》（修订本），北京：华夏出版社，2016年，第275～276页。
④ 张永义、邢益海校点：《药地炮庄》（修订本），北京：华夏出版社，2016年，第282页。
⑤ 张永义、邢益海校点：《药地炮庄》（修订本），北京：华夏出版社，2016年，第289页。

(二十六)《缮性》首段集评

虚舟曰:世人俗于嗜欲,而讲学人之鄙吝相媚,护短忮懻,俗何如耶?以方内为拘,而逃之方外,今方外人之造险斗狠以争名高,俗何如耶?俗无首,便是无耻;俗忠恕,便是乡愿;俗刚毅,便是卤莽;俗出格,便是隐怪。雅俗对称,一步深一步,亦各以其所好而称之耳。道无真俗,而法有分别。庄子正欲为俗人而为此语耳,谁看破乎?①

(二十七)《知北游》首段眉批

虚舟曰:或言不落黑白,或言知白守黑,或言白即是黑。此亦一球三蹴否?②

(二十八)《知北游》"每下愈况"段集评

虚舟曰:邓潜谷标孔子不过乎物一句,此篇曰无乎逃物,合观之,妙于物际矣。③

(二十九)《知北游》"周遍咸三者异名同实"段集评

虚舟曰:物与无物,际与无际,皆《楞伽》之百八句,双扫者也。《金刚》三句,《法华》归实,尚有一着子在,何况庄生半提耶?刘孝标曰:藏舟潜往,交臂恒谢。一息不流,忽然生灭。故飞鸟之影,莫见其移;驰车之轮,曾不掩地。是以去不去矣,庸有至乎?至不至矣,庸有去乎?然则前至不异后至,此至之名所以生;前去不异后去,此去之名所以立。今天下无去矣,而去者非假哉?既为假矣,而至者岂实哉?乐广麈尾确几,与庞公会取未举托盘时,有以异乎?先言无常者,以破世之常执;后言常者,

① 张永义、邢益海校点:《药地炮庄》(修订本),北京:华夏出版社,2016年,第311页。
② 张永义、邢益海校点:《药地炮庄》(修订本),北京:华夏出版社,2016年,第360页。
③ 张永义、邢益海校点:《药地炮庄》(修订本),北京:华夏出版社,2016年,第363页。

以破顽空之断执也。公孙龙、惠施早窥一斑，而夸造为互换相夺之语耳。不过十玄门关，不征《易》准，此处定为人惑。[①]

（三十）《庚桑楚》"披然曰移是"段集评

虚舟曰：移是者，所是之理尝移也，立处皆真之佛也，时中也。不移者，万劫不变之佛也，大本之中也。尝巧移其言以乱人，则非所言也。若欲抹杀之，则不可知之理本如是也。一曰无，一曰有，一曰始无而既有，是三说也。披然曰：未始有物之全体，移而为有生之黬，亦不可知者也。戴，职任也。封，封邑也。三者虽异，譬昭、景、甲皆楚之公族，特或以职著，或以封著，而有不同耳。又如腊祭者，分膍与胲于俎上，是可散也，而总一牲之体，则不可散。又如观室者，周市寝庙，方谓之全室，然必视其偃息之所观之，盖言分之而合，合之而分也。[②]

（三十一）《外物》"静然可以补病"段眉批

虚舟曰：隐怪骇世，狂狷亦世。时中合时，乡愿亦合时。宁可不过而问？[③]

（三十二）《让王》"中山公子牟谓瞻子曰"段眉批

虚舟曰：理诱君子，情诱众人，直下翛然几个乎？紫菘炊黄粱，努力加飡饭。[④]

（三十三）《盗跖》"孔子与柳下季为友"段眉批

或曰：暴弃天命，先侮圣言，幸有大人治之，我何忧焉！虚舟曰：后世

① 张永义、邢益海校点：《药地炮庄》（修订本），北京：华夏出版社，2016年，第364页。
② 张永义、邢益海校点：《药地炮庄》（修订本），北京：华夏出版社，2016年，第379～380页。
③ 张永义、邢益海校点：《药地炮庄》（修订本），北京：华夏出版社，2016年，第415页。
④ 张永义、邢益海校点：《药地炮庄》（修订本），北京：华夏出版社，2016年，第428页。

大人铺肝更甚。曾知有借天命以扫圣言而自号大人者乎？曾知后世之天其跖、跖其天者，特命庄子为状魁耶？盗跖知之熟矣，又何所畏？久而招降，反是功名捷径。跖所畏者，妻妾耳。终毙于其手，夺其财宝而更适焉。[①]

(三十四)《盗跖》"无足问于知和曰"段集评

虚舟子曰：恨天下皆庸俗，则求一怪人、恶人不可得；恨天下之险谲机械，则求如禽兽而不可得。此愤中作快语耳，岂知帷窥壁听者认作锦囊耶？[②]

(三十五)《天下》"天下之治方术者多矣"段眉批

虚舟曰：孔子吐出学字，吞却悟字，挂教字于庭前，藏宗字于背后。《鲁论》逗得有若一句因不失亲，谁料子夏徒孙万言漫天泼出。弄到今日，扯西拽东，一切遮杀。遮杀亦遮，仔细简点将来，漆园窝赃难免。何以故？只为特地挂招牌，各铺真方卖假药。[③]

(三十六)《天下》"惠施多方"段眉批

司马太傅问谢车骑：惠子五车，何无一言入玄？谢曰：故当是其妙处不传。虚舟曰：五车言言是玄，人不知耳。[④]

另，《药地炮庄》提及王宣次：

《黄林合录》末段

吾桐方廷尉野同先生(大镇)，与吴宫谕观我先生(应宾)，激扬二十

① 张永义、邢益海校点：《药地炮庄》(修订本)，北京：华夏出版社，2016 年，第 434 页。
② 张永义、邢益海校点：《药地炮庄》(修订本)，北京：华夏出版社，2016 年，第 441 页。
③ 张永义、邢益海校点：《药地炮庄》(修订本)，北京：华夏出版社，2016 年，第 458 页。
④ 张永义、邢益海校点：《药地炮庄》(修订本)，北京：华夏出版社，2016 年，第 469 页。

年，而王虚舟先生（宣）合之。廷尉本诸本庵先生（学渐），传之中丞潜夫先生（方孔炤），三世研极，遍征百家，而愚者大师承之。[①]

《天运》首段集评

愚曰：黄帝表新洛、阴洛，即九洛也。虚舟子衍《河图》为《洛书》，足证《易》《范》皆用九洛。中一，旋四，倍八，而纲维具矣。此非人思虑所及也。[②]

三、分析

其一，《药地炮庄》引王宣语一共36处，提及王宣的有2处。所引文字，以“虚舟子曰”开头的有7处，以“虚舟曰”开头的有26处，以“舟曰”开头的有3处。与《通雅》标示书名不同[③]，《药地炮庄》引用他人言论多不提出处。方以智这样做，可能是认为两书性质不同，《通雅》属考证著作，标示出处是为了方便后人进一步征考；《药地炮庄》是格外微言，追求的是言外之意，文字出处反而不那么重要。但这样做的结果是，引文起讫殊难判定，在多数情况下只能以意取舍。这是在研求《药地炮庄》一书时颇无可奈何之事。

其二，《药地炮庄》所引的36处文字，分布在《发凡》1条，《总论》4条，《内篇》14条，《外篇》10条，《杂篇》7条，并无畸重畸轻之分。但勉强称得上解《庄》的只有第9条和第30条，其他均属借题发挥。第9条说：“肩吾，自度也。连叔，及物也。接舆，合载也。引此三者而上，共一藐姑射之山天而尧用其阳，以表法也。”这一条解释略近于王雱、吕惠卿的“以名制义”。王雱说：“肩吾者，任我也。连叔者，不通不行而非物之长者也。接舆者，绵绵若存而

① 张永义、邢益海校点：《药地炮庄》（修订本），北京：华夏出版社，2016年，第73页。

② 张永义、邢益海校点：《药地炮庄》（修订本），北京：华夏出版社，2016年，第298页。

③ 《通雅·凡例》称：“此书必引出何书，旧何训，何人辨之，今辨其所辨，或折衷谁是，或存疑俟考，便后者之因此加详也。士生古人之后，贵集众长，必载前人之名，不敢埋没。”见黄德宽、诸伟奇主编：《方以智全书》（第4册），合肥：黄山书社，2019年，第10页。

又有所容者也。"[①]吕惠卿说:"肩吾者,任我者也。连则属物之殊,而连之以为一体者也。"[②]二人都是从取名来推测其寓意的。王宣的解释从修己("自度")治人("及物")角度切入,并落实到"尧用其阳",背后仍是《周易》尊阳的影子。第30条是对《庚桑楚》篇"披然曰移是"一节的解释。在庄学史上,"移是"通常解作是非不定,如成疏说"夫道无彼我而物有是非,是非不定,故分散移徙而不常也"[③],林希逸说"既有分别,则各私其私。既私其私,则各是其是,而所谓是者移也"[④],因为如此解释的"移是"基本上是贬义,所以下文才把移是之人譬作蜩鸠同类。王宣的解释则迥然不同,他根据公族、腊祭、观室几个例子推导说,"移是者,所是之理常移也,立处皆真之佛也,时中也。不移者,万劫不变之佛也,大本之中也"。时中是变动之理,大本之中是不变之理,二者乃分合关系,变动之理事实上就是不变之理的表现,正如合言之,昭、景、甲皆楚之公族,膍、胲皆一牲之体,寝庙、偃息合为全室,但并不影响三姓或以职著、或以封著,膍是膍,胲是胲,寝庙是寝庙,偃息是偃息。王宣的解释很容易让人联想到《易》之变易、不易说,这和方孔炤的"全禾全种"说、方以智的"屋喻"大体上属于同一种思路。《庄子》的本义重在破对待、齐是非,而归于道通为一,但王宣的解释却引申到易学中体用不二、一在二中。就此而言,这一条的解释也仍然避免不了借题发挥的嫌疑。

其三,除上述两条外,关涉易学的还有数条。其中,第1条出自《发凡》,与《庄子》并无直接关系。所说"贞一用二",一指太极本体,二指阴阳二用。"范围毕矣",意指天地万物都可以用太极阴阳这对范畴来解释。第11条与《齐物论》"因是"相关,王宣的说法是:"四时五运,四方立极,《图》《书》表之,黄帝举之。五方如来,非示五种中道耶?此处奈何一番,方知因是。"大意是说,要理解庄子所谓"因是",可以借助于《河》《洛》中五四象说与佛家的五方如来说。中五无体,就在东南西北、春夏秋冬四象之中。五方如来,皆大日如

---

① 王雱:《南华真经新传》,见王水照主编:《王安石全集》(第9册),上海:复旦大学出版社,2017年,第201页。

② 吕惠卿撰,汤君集校:《庄子义集校》,北京:中华书局,2009年,第10页。

③ 郭庆藩辑,王孝鱼点校:《庄子集释》(第4册),北京:中华书局,1961年,第805页。

④ 林希逸著,周启成校注:《庄子鬳斋口义校注》,北京:中华书局,1997年,第366页。

来之化现。以此推之，“不落是非”应当就在“因是”“因非”的对待之中。第17条是对《大宗师》子桑所谓“天无私覆，地无私载，天地岂私贫我哉？求其为之者而不得也，然而至此极者，命也夫”的解释，子桑之感叹乃庄子安时处顺、知其无可奈何而安之若命思想的表达，王宣却联系到了《说卦》传的“穷理尽性以至于命”：“曰命也夫，表其穷尽而至命也。”结果子桑“若歌若哭”的无奈，反而成了“寄其自得”的表现。第25条是对《天道》篇首段“圣人之静也，非曰静也善，故静也。万物无足以绕心者，故静也”句的评论，王宣说：“善贯动静。八卦惟《艮》表止，而子曰‘动静不失其时’。《乐记》动静之间，邵子会焉。老庄从《坤》入守中，非时中也。佛体圆中，而立处即真，乃时中也。”意思是善应该贯穿于动静两端，老庄太偏于静的一面，没能做到《彖传》所谓“时止则止，时行则行，动静不失其时”的“时中”。

以上四条与其说是以《易》解《庄》，倒不如说是借《庄》这个话头证明易理的普适性。特别值得注意的是，王宣上述文字虽然引用了《周易》《河》《洛》的内容，但却没有任何“以《庄》继《易》”的迹象。后者恰恰是《药地炮庄》一书的核心观念之一。把《庄子》纳入儒家系统，并被看成孔门嫡传的是觉浪道盛禅师。他的《庄子提正》作于顺治五年(1648)，王宣刚好也于这一年辞世。王宣大概没有机会读到《庄子提正》一书，从他对老庄的评论来看，也未必会赞成觉浪道盛的“托孤说”。

其四，王宣的儒家立场还有许多条目可以证实，这提醒我们，过去习惯上把他当作道家代表(《象环寤记》“黄老人”、《易余》“何生”)的判断需要重新考虑。譬如第2条对司马谈《论六家要旨》的评论，王宣说：“谈欲论著旧文久矣。古人无执见，所谓儒，指汉初之儒；所谓道，正指神明之圣。”意思是司马谈口中“博而寡要，劳而无功，其事难尽从”的“儒”指的是汉儒，“动合无形，赡足万物。指约而易操，事少而功多”的“道”指的并非真正的道家，而是孔子。司马淡本人属黄老道家，故认为儒墨名法阴阳皆“有省有不省”，唯独道家兼采众家之长而无缺点。但是经过王宣的这种解读，孔子就重新获得了比道家更高的地位。

又如第7条对《逍遥游》“至人无己，神人无功，圣人无名”的解释，王宣说：“夫焉有倚，而万物皆备于我，此不落有无之真无己也。巍巍荡荡，此不落有无之真无功也。《摩诘》曰‘欲使如来名声普闻’,以名空不避名也,此不落有无之真无名也。”“夫焉有倚”出自《中庸》:“唯天下至诚,为能经纶天下之大经,立天下之大本,知天地之化育。夫焉有所倚?肫肫其仁,渊渊其渊,浩浩其天。”“万物皆备于我”出自《孟子·尽心上》。“巍巍荡荡”出自《论语·泰伯》:“大哉尧之为君也。巍巍乎,唯天为大,唯尧则之。荡荡乎,民无能名焉。”庄子提出无己、无功、无名始能逍遥,破除的正是儒家的仁义道德、功名利禄。《齐物论》称“自我观之,仁义之端,是非之涂,樊然淆乱,吾恶能知其辩”,《人间世》称“德荡乎名,知出乎争。名也者,相轧也;知也者,争之器也。二者凶器,非所以尽行也”,《大宗师》称“夫尧既已黥汝以仁义,而劓汝以是非矣,汝将何以游夫遥荡恣睢转徙之涂乎”,处处都是对仁义、功名的质疑和批判。颜子坐忘,首先忘掉的也是仁义礼乐。当王宣把“肫肫其仁”“万物皆备于我”定位为“真无己”,把尧定位为“真无功”,把如来名声普闻定位为“真无名”时,虽然动机可能是为了调和儒道,但个人崇儒的立场已经表露无遗了。

再如第16条对《德充符》的解题,王宣说:“孟子言‘扩充’,言‘充实之美’,《庄子》曰‘充实不可以已’,此集虚充实一贯之符也。‘忘形’乃充‘践形’之实,‘践形’乃充‘忘形’之虚。庄且以破相宗剔醒皮相一辈耳。”这段话是由《德充符》的篇名联想到了孟子之“践形”说。王宣十分推崇孟子的“践形”说,方大镇《宁淡语》曾引述过他的一段话:“王化卿先生曰:践形养气,自孟子以前未之闻也,孟子独创之。心之官则思,思之说犹是贤人之学。至于践形之说,则不思而得,即孔子从心不逾之境,圣人之学也。其上继前哲、下开后来者以此,奈何据其文词博辨,指为纵横之流哉?”[①]在这段话中,王宣不仅把践形养气看成孟子最具独创性的贡献,还把孟子“形色,天性也。惟圣人然后可以践形”的说法与《中庸》“诚者不勉而中,不思而得,从容中道,圣人也”结合起来解释,从而得出唯有“不思而得”的“践形”才属于圣人之学这样一种结论。就庄子而言,《德充符》的核心在于“德有所长而形有所忘”,所以篇中道全德备者多是支离破碎的兀者、恶人。经过王宣的解

① 方大镇:《宁淡语》(卷下),见方昌翰辑,彭君华校点:《桐城方氏七代遗书》,合肥:黄山书社,2019年,第249页。

释，虚实本为一体[1]，“忘形”与“践形”并无二致，在庄书中那些形、德背离的寓言就只是一种破执的手段，在终极意义上庄子并不反对形德一致、充实为美的“践形”说。

其五，与崇儒立场相伴随的，还有一些王宣对庄子的批评。具体表现在第 18 条、第 21 条、第 33 条和第 35 条。第 18 条说：“体尽无穷者神，用心若镜者明。庄子贱明贵神，其实神、明果二物乎？浑沌与倏忽果二物乎？”所谓“庄子贱明贵神”指的是《列御寇》这句话：“明者唯为之使，神者征之。夫明之不胜神也久矣，而愚者恃其所见入于人，其功外也，不亦悲乎！”大意是说，明者执其所见，故为物所役；神者顺应无穷，无往不应。而王宣认为，神、明并非二物，正如浑沌和倏忽并非二物一样，神为体，明为用，神就藏于明中，庄子贱明贵神，落入了有体无用的一偏之见。第 21 条和第 33 条都是批评庄子非圣无法的，《胠箧》篇有“圣人不死，大盗不止”之语，《盗跖》篇则直接攻击孔子为人，王宣评论说：“庄生先用此棒，可为第一镝箧手乎？不知转眼便有窃此棒，为总杀总赦之计，以空手固陋簧鼓者。庄生之镝箧，毋乃太坚固资盗粮耶”？“后世大人铺肝更甚，曾知有借天命以扫圣言而自号大人者乎？曾知后世之天其跖、跖其天者，特命庄子为状魁耶”，意思是说庄子这种呵佛骂祖的方式转眼便成了那些固陋簧鼓者、强盗巧窃的借口。第 35 条是批评庄子开启了重悟轻学之风，王宣说：“孔子吐出‘学’字，吞却‘悟’字，挂‘教’字于庭前，藏‘宗’字于背后。《鲁论》逗得有若一句‘因不失亲’，谁料子夏徒孙万言漫天泼出。弄到今日，扯西拽东，遮杀一切。遮杀亦遮，仔细简点将来，漆园窝赃难免。何以故？只为特地挂招牌，各铺真方卖假药。”王宣并不反对悟，第 3 条甚至有“人无妙悟，徒执死法用，安能善耶？不见轮扁曰：斫轮甘苦，父不能传之子”这样的说法，他只是反对离开了学的悟。在他看来，孔子言学不言悟，实际上是藏“悟”于“学”、藏“宗”于“教”。孔门后学不善体会，把“宗”理解为因袭（“因不失其亲，亦可宗也”），于是经学流行，弊端百出，批评者又走向另外一个极端，以经典为糟粕，推倒一切。王宣认为，庄子正是糟粕经典的先

---

① 《通雅》卷首二：“王虚舟师曰：‘用实者虚，用虚者实，虚实本一致也。当合汉宋及今，参集大成焉。’”见黄德宽，诸伟奇主编：《方以智全书》（第 4 册），合肥：黄山书社，2019 年，第 38 页。

驱,他的那些权说反而成了后世脱略经教、意见横行者的借口。正是在这个意义上,王宣说庄子“窝赃难免”。

其六,在《药地炮庄》所引王宣文字中,也有一些涉及佛学的内容。譬如第14条借佛果圆悟答张无尽“法界量灭,始好说禅”公案解释《人间世》:“人间世将有天间世耶?将有不落天人间之世耶?《华严法界品》《化书》别构一天地,只溢言耶?法界量灭,乃可语禅。无禅可语,止有一实。正因、了因,藏于缘因,何世可出乎?”第23条借曹洞宗正偏五位解释道与万物的关系:“正偏四破而兼中到矣,通宗通涂,毕未毕耶?观者畜者,玄果何在?”第19条借《楞严经》等经典解释“物物者与物无际”:“物与无物,际与无际,皆《楞伽》之百八句,双扫者也。《金刚》三句,《法华》归实,尚有一着子在,何况庄生半提耶?”这些例子说明,王宣对佛典并不陌生。如果没有一定的佛学修养,那么他不大可能写出《金刚经解》一书。

对三教关系,王宣也提出了自己的看法。第4条引文说:“柱、漆无所不包,而意偏重于忘世。昙宗无所不摄,而言偏重于出世。圣道统天御天,百物不废,而语不离于经世。儒言公受用,多陈体用兼备之日用。二氏言自受用,常指无体无用之至体。或以夜通昼夜,或以昼通昼夜,此其概也。言恬淡自然者,不废因应;言清净无为者,应无所住而生其心,归实于治世资生一乘不悖。通人一心会之,何不可化合时中者乎?特彼自相推倒,疑愤炼人自得,层层翻剥,而后消其翻剥。东流神道设教,借小乘之饭碗,安得不护?世士何能识之?上根者少,任其分门攻玉可耳。”忘世、出世、经世之分,近于憨山德清“不知《春秋》,不能涉世。不精老庄,不能忘世。不参禅,不能出世”①的说法。“公受用”与“自受用”的区别,也见于方大镇的文字:“圣人何尝不为我?但以公受用为自受用,仁智一也。何尝不兼爱?但即差等为平等,《易》《礼》一也。”②但二人的重心略有不同,王宣意在说明三家各有偏重,可以用儒统合二氏,而方大镇则认为儒家以公为私,已经体用兼备,并无假途于二氏的必

---

① 《憨山老人梦游集》卷三十九,见《大藏新纂卍续藏经》(第73册),第746页。

② 《青原志略》卷三《仁树楼别录》引方大镇《序阳明录抄》语。《炮庄·总论中》载有白瑜近似的话:“经世详于事物,即用以为泯心之薪火。出世巧于消心,故尝设此系解之项铃。圣人何尝不为我?但以公受用为自受用。何尝不兼爱?但即差等为平等。”

要。就此而言，王宣的三教观更接近于吴应宾，而方大镇受父亲的影响，对佛老则一直比较排斥。

在这段话中，王宣还提出了“体”“用”“至体”的三分模式。因为儒家明体达用，所以是体用兼备。二氏并不像通常所认为的有体无用，而是进到了更高一层的“至体”。这种区分颇近于方以智的圆伊三点说。另外，王宣用“或以夜通昼夜，或以昼通昼夜”来形容三教，也包含着殊途同归的意味。方以智经常用“昼夜”做譬，如“知止是以夜而通昼夜者，格物是以昼而通昼夜者也。三反昼夜，尚有疑乎”[①]，也许是受到过老师的启发。

其七，由于《药地炮庄》体例的限制，这些引文多属只言片语，我们很难获得它们的准确含义，上面的说明也只是一些初步的猜测。另外，《时论》中的内容，我们完全没有涉及。该书收录的王宣文字，除了解《易》之外，也有对晚明学风的批评和反省。把二书结合起来，或许能够对王宣的思想有更全面的了解。

就《药地炮庄》所引而言，至少可以得出以下几点结论：(1)王宣不是什么道家或隐士，他对《庄子》也并不十分推崇，《抚州郡志》把他的小传放在《儒林传》是对的；(2)易学是王宣思想的底色，他的一些说法如“贞一用二”，藏“宗”于“教”，体、用、至体三分等，或许对方以智思想有过重要的影响。之所以用“或许”二字，是因为王宣跟方孔炤属于同一个学术群体，分享着许多近似的观念，方以智思想中哪些来自家学，哪些来自师承，很难作出明确的区分；(3)王宣不排佛，但也不像吴观我那样佞佛。他主张以《易》为镜、以《庄》接机、以儒统合二氏，这基本上也是方以智出家后所采取的立场。

作者单位：中山大学哲学系

① 方以智著，邢益海校注：《冬灰录——外一种〈青原愚者智禅师语录〉》，北京：华夏出版社，2014年，第327页。

略论传统心学之主体性问题

——以方以智心学为中心[①]

沈顺福

提　要:方以智继承了传统心学的观点,认为心是万物存在的基础。这个基础包括两层内涵:一是气质基础,即在天人一体的视域下,气质之心便是这个生命体的核心或基础;二是形而上的基础,即心是理,且是宇宙万物存在的超越的终极性基础。这样,作为基础的心成为万物存在的基础并因此而决定了万物的生存。在人的生存中,心也是主宰者。这种主宰性,人们常常将其等同于意志自由,认为方以智具有了主体性意识。但方以智的主体性只是人类主体性,是大我,却缺少个体主体性。

关键词:方以智　心　主体性

以朱熹为代表的程朱理学,在确定以形而上之理为世界存在的终极性基础且为宇宙生存之终极性主宰的同时,过度强调了理在宇宙生存(包括人的生存)中的作用和地位,从而形成了重理轻气的现象。这种理决定气的关系,淡化了气质人心的作用和地位。这引起了后来哲学家的不满,并随之产生了心学。其主要代表便是陆九渊、王阳明等。随后的学术界几乎由心学一统天下,其中包括方以智。方以智等人的心学强调以心为主宰。这种以心为主的立场,看似重视人的主体性作用,其实不然。本文通过分析方以智的心的内涵,指出心学虽然强调以心为主、突出自信、强调我,但是这并不是个体主

① 本文得到安徽大学方以智研究中心资助。

体性。

一、“心即天地”的万物一体世界观

在世界观问题上，方以智接受了宋明理学的气质生存论立场，以为万物一体、贯通于气。中国传统的生命哲学认为，世间的一切存在物皆气化流行。方以智完全接受了这一立场，曰：“一切物皆气所为也。”[①]万物皆气质而成。方以智曰：“考其实际，天地间凡有形者皆坏，惟气不坏。人在气中，如鱼在水；地在天中，如豆在脬，吹气则豆正脬中，故不坠。泰西之推有气映差，今夏则见河汉，冬则收，气浊之也。由此征之，虚空之中皆气所充实也，明甚。人不之见，谓之‘太虚’。虚日生气，气贯两间之虚者实者，而贯直生之人独灵。生生者，气之几也，有所以然者主之。”[②]万物生生，无非气的活动。或者说，世间万物皆由气所构成。万物可变，唯气不变。比如天地，“生生之几皆气也，气者，天象而为𣱵也。气凝而成天地，天地之虚仍是未凝之气，相代而化，旋出入而橐籥焉。”[③]天地生于气。对于万物来说，方以智曰：“形本气也，言‘气’而气有清浊，恐人执之，不如言‘虚’；虚无所指，不如言‘理’；理求其切于人，则何如直言‘心宗’乎？”[④]有形的物体皆以气为本，即：“气凝为形，畜为光，发为声。声为气之用，出入相生，器世色笼，时时轮转。其曰总不坏者，通论也。质核凡物皆坏，惟声、气不坏，以虚不坏也。天地之生死也，地死而天不死。气且不死，而况所以为气者乎？”[⑤]由气而成形，形而有物。万物生于气、成于气。

作为万物之一员的人也生于气：“医以心藏神、肾藏精、肝藏魂、脾藏意、肺藏魄，而神为性、精为命，皆气贯人而生者也，此后天托形而分者也。生生而灵者，先天之心寓之矣。”[⑥]人也生于气。人因为气而有生机、生命。它包

---

① 黄德宽、诸伟奇主编：《方以智全书》(第7册)，合肥：黄山书社，2019年，第114页。
② 黄德宽、诸伟奇主编：《方以智全书》(第1册)，合肥：黄山书社，2019年，第343页。
③ 黄德宽、诸伟奇主编：《方以智全书》(第1册)，合肥：黄山书社，2019年，第314页。
④ 黄德宽、诸伟奇主编：《方以智全书》(第1册)，合肥：黄山书社，2019年，第343页。
⑤ 黄德宽、诸伟奇主编：《方以智全书》(第1册)，合肥：黄山书社，2019年，第346页。
⑥ 黄德宽、诸伟奇主编：《方以智全书》(第1册)，合肥：黄山书社，2019年，第292页。

括生命之气与材质之气。比如:“天地分而生,万物皆地所成,天止出气而已;男女之生,全是母育,父止精气而已。必曰万物本乎天、人本乎父,盖全是地,则全是地之承天,地何敢自有其分毫乎?”[①]天生万物以气、父母生子以精气。气产生生命。气是人的生命力。这种生命力便是“神”:“鬼神者,心也。神气出入,生生而灵,灵其所灵,往而中阴。”[②]生命的精灵便是鬼与神。鬼、神属于气。其中的神便是人的生命力。而鬼:“媱化妇,暴化虎,土瑀之飑,伯时之马也……皆心之所变、纯气之所为也……然气有时散,阴终归阳,其久暂也,五十步与百步耳。”[③]鬼是气质变化的形式。神亦是气。“孟子征端于情,表体于才,痛人之从小体而失其良也,又虑人之守冥漠而二橛也,辟天荒创为养气践形之说”[④]。人的生存无非养浩然之气。方以智曰:“以气几论之,人下地之日即属死气矣,安得任其动用而不恶乎?”[⑤]死亡便是气散,生存便是气动。

方以智曰:“天地同根,万物一体……”[⑥]宇宙万物和人类一起构成一个生命体。方以智用身体为喻:“倚一气乎?一气中有理焉,如主统仆。倚一身之外无余乎?官骸经络,秩序历然不紊也。天下犹一身也。”[⑦]自然界的山山水水和我是一个身体。这便是典型的万物一体观。气便是流通于一体之间的物体。方以智曰:“六合万古,一气而已!”[⑧]世界便是气的流通。“东起而西收,东生而西杀。东西之分,相合而交至;东西一气,尾衔而无首。以东西之轮,直南北之交,中五四破。”[⑨]东西是各种事物,都是气。“以质论之,气交凝形,而气籥栖灵,此生后之气质也;即未生前,亦缘气以为质也。辟天地一气质也,混天地一气质也,所以为气者,贯乎混、辟气中者也”[⑩]。气贯通天地

① 黄德宽、诸伟奇主编:《方以智全书》(第1册),合肥:黄山书社,2019年,第284页。
② 黄德宽、诸伟奇主编:《方以智全书》(第1册),合肥:黄山书社,2019年,第374页。
③ 黄德宽、诸伟奇主编:《方以智全书》(第1册),合肥:黄山书社,2019年,第374页。
④ 黄德宽、诸伟奇主编:《方以智全书》(第1册),合肥:黄山书社,2019年,第260页。
⑤ 黄德宽、诸伟奇主编:《方以智全书》(第1册),合肥:黄山书社,2019年,第291页。
⑥ 黄德宽、诸伟奇主编:《方以智全书》(第3册),合肥:黄山书社,2019年,第13页。
⑦ 黄德宽、诸伟奇主编:《方以智全书》(第10册),合肥:黄山书社,2019年,第22页。
⑧ 黄德宽、诸伟奇主编:《方以智全书》(第3册),合肥:黄山书社,2019年,第21页。
⑨ 黄德宽、诸伟奇主编:《方以智全书》(第1册),合肥:黄山书社,2019年,第244页。
⑩ 黄德宽、诸伟奇主编:《方以智全书》(第3册),合肥:黄山书社,2019年,第8页。

而为一体。

在万物一体视域下，外在的万物和人是一体的。这些生机之物或气质之物，和文字没有什么区别。方以智曰："阴阳相交，杂而成文；阴阳相生，孳生而字。指其面曰：此何字？指庭树曰：此何字？天之琅琅者何字？地之森森者何字？云汉山河乃字海也，穷之安能穷？避之安能避？天何以扫除乎？地何以扫除乎？气嗡声而附形，形必有象，象谓之文。作字者还其应有之形，以明告之、默识之耳……抑知天地万物先创此不立文字之宗，以表此至一至赜之文字耶？笔墨，迹也，书画家且不立笔墨，况读书闻道而迹之？"[①]自然界的一切存在，既是文字，又不是文字。尽管从真谛的角度来看，所谓字迹等也不真实。但是，从气的角度来看，这些自然之迹无不是字。这种观点和象山的"六经皆我注脚"高度近似。在这种世界观中，人类是主体，文字、山川等都是人类活动的产物。人类和文字、山川等通过气的贯通，最终形成一个有机的整体。这便是宋明理学万物一体的世界观。

万物因气而生生不息。那么，气从何来呢？方以智曰："人心以言出气。倏忽之间，生死之机。无实无虚，不落有无。直心直气，足塞天地。子舆之养也、知也，其真橐籥乎？"[②]言说体现了气质。这种气质活动，最终来源于人心。这种人心，作为气质的源头，显然指气质人心。也就是说，在方以智那里，心有气质人心的内涵。这种气质人心是生存之本。方以智曰："以死烧生，生本不生。当知生所以烧，烧所以生。何以有生？何以生心？其始生魄，其阳曰魂。气生血肉而有清浊，气息心灵而有性情。本一气耳，缘气生'生'；所以为气，呼之曰'心'……世无非物，物因心生。"[③]生存源自气质之心。心是本源。"天地生人，人有不以天地为征者乎？人本天地，地本乎天，以天为宗，此枢论也。天以心予人，人心即天，天以为宗，即心以为宗也"[④]。心即天，为万物存在或生存之本原。万物生于心。"医以心藏神、肾藏精、肝藏魂、脾藏意、肺藏魄，而神为性、精为命，皆气贯人而生者也，此后天托形而分者

---

① 黄德宽、诸伟奇主编：《方以智全书》（第1册），合肥：黄山书社，2019年，第328～329页。

② 黄德宽、诸伟奇主编：《方以智全书》（第1册），合肥：黄山书社，2019年，第347页。

③ 黄德宽、诸伟奇主编：《方以智全书》（第1册），合肥：黄山书社，2019年，第270页。

④ 黄德宽、诸伟奇主编：《方以智全书》（第1册），合肥：黄山书社，2019年，第342页。

也。生生而灵者,先天之心寓之矣”。先天之心寄托于生生的形气之中,并因此而成为“主”:“心主即心包络,不用心而用心包络。人生后,心附意识以为用,而不生灭心在生灭心中,此亦一证也。手足疡者,意之所到,痛即到焉,则意与觉知,分而合者也。”[①]心以包围、统摄的方式而成为气质活动,即意、识的主宰者。这种统摄或主宰的结果便是“灵”:“名之‘心’者,星之闭音、生之惢形也。心虚而神明栖之,故灵,名其灵曰知。‘灵’者,霝象窗棂,象云气之零零,而以巫神之者也。心之官则‘囟’(思),用其知也。囟主风,脑为风府,囟从囟门。‘想’则从相生矣。帅气而之焉曰‘志’,其起曰‘意’,物起于暗噫,而音其心也。”[②]因为其有灵,故而为帅即志。志确保了正确的生存。这便是“灵”。方以智曰:“国王出家,则家随之出;心王一转,则心数十弟子俱转。”[③]心如同国王,是生存的决定者。

这种气质人心又叫“生灭心”,类似于意识。方以智认为心可以分为三个结构,即心、意和识:“人有心而有知:意起矣,识藏矣,传送而分别矣。本一而岐(歧)出,其出百变,概谓之知。”[④]心而生意,意是活动,即心的发用,最终表现为识。这种心、意、识三层结构,极不符合现代心理学的观念。不过,方以智曰:“心主即心包络,不用心而用心包络。人生后,心附意识以为用,而不生灭心在生灭心中,此亦一证也。手足疡者,意之所到,痛即到焉,则意与觉知,分而合者也。医以心藏神、肾藏精、肝藏魂、脾藏意、肺藏魄,而神为性、精为命,皆气贯人而生者也,此后天托形而分者也。生生而灵者,先天之心寓之矣。”[⑤]生灭心即意和识。这种意与识,在现代哲学中,主要指脱离了物质的精神活动现象。但是,在方以智看来,这些心灵活动形式,即意与识,皆以气为主体,即意与识都是气的活动。

意是气质活动,因此意之所在便是物。方以智吸收了传统的气质生存论,将人类的语言和文字等理解为气质活动的产物,从而形成了完善的感应

---

① 黄德宽、诸伟奇主编:《方以智全书》(第1册),合肥:黄山书社,2019年,第292页。
② 黄德宽、诸伟奇主编:《方以智全书》(第1册),合肥:黄山书社,2019年,第314页。
③ 黄德宽、诸伟奇主编:《方以智全书》(第1册),合肥:黄山书社,2019年,第322~323页。
④ 黄德宽、诸伟奇主编:《方以智全书》(第1册),合肥:黄山书社,2019年,第271页。
⑤ 黄德宽、诸伟奇主编:《方以智全书》(第1册),合肥:黄山书社,2019年,第292页。

诠释学理论。方以智曰:“气发为声,形托为文,象即有数,数则可记。”[1]气化流行而为声音,最终为文字等语言。文字和语言等解释气质之物。方以智曰:“修词立其诚,曾养知否?气贯虚而为心,心吐气而为言,言为心苗,托于文字。圣人之文章即性道,非今人所溺之文章也。”[2]文字不仅是意识活动的结果,而且是人的气化流行的结果,即,属于气的一种活动方式。儒家的礼乐文明等皆气质产物。方以智曰:“言为心苗,动静归风,呼吸轮气,诗乐偈喝,其几也;等切,其一节之用也,犹《易》有四道,而制器亦在其中。”[3]诗歌、音乐等都是一种气质活动。即便是经典的诗教等,亦是如此:“雅言之教,兴于诗而成于乐。古者相见,歌诗谕志,闻乐知德,吹律协姓,微矣。操琴瑟,听新声,皆往往足以知得失、生死、成败、治乱……兴之必怨,犹元之必贞。贞而元,怨而兴,岂非最发人性情之真者乎?”[4]儒家礼乐文明本质上也是一种气的活动方式,表达了人们的气质性情感。对礼乐文明的理解,都是对其中蕴含的圣贤气质的感应。

这样,方以智以气质人心、气质,以及宇宙生物等为要素,建构了和传统儒家相符合的气质生存论,即人心是本源,通过气质的活动,让万物贯通而为一体。这种一体便是传统儒家所说的仁。方以智从字源的角度指出:“‘仁’,人心也,犹核中之仁,中央谓之心,未发之大荄也。全树汁其全仁,仁为生意,故有相通、相贯、相爱之义焉;古从千心,简为二人。两间无不二而一者,凡核之仁必有二坼,故初发者二芽,所以为人者亦犹是矣。”[5]作为儒家核心概念的仁,既是中心、核心,还直接指向贯通一体。人与人之间的相亲相爱便是仁。方以智曰:“用即是体,分即是合。知之所到,则性命交关。总贯此处;精神所聚,则天地、古今总归此眼。圆满周遍,觌体灵明。医言一身不觉处谓之不仁,总是一心,不必自解其非二也。”[6]仁最终来源于一心。因此,从宇宙论

---

① 黄德宽、诸伟奇主编:《方以智全书》(第 1 册),合肥:黄山书社,2019 年,第 334 页。
② 黄德宽、诸伟奇主编:《方以智全书》(第 1 册),合肥:黄山书社,2019 年,第 324 页。
③ 黄德宽、诸伟奇主编:《方以智全书》(第 1 册),合肥:黄山书社,2019 年,第 338 页。
④ 黄德宽、诸伟奇主编:《方以智全书》(第 1 册),合肥:黄山书社,2019 年,第 347 页。
⑤ 黄德宽、诸伟奇主编:《方以智全书》(第 1 册),合肥:黄山书社,2019 年,第 314 页。
⑥ 黄德宽、诸伟奇主编:《方以智全书》(第 3 册),合肥:黄山书社,2019 年,第 42 页。

的角度来说,万物的存在在于气的生生不息。而气的生生不息的最终根据在于心。心是宇宙万物生存的基础。“生死者,心而已矣”[①]。生存在于心动,心是生存之本。

二、“皆归一心”的形而上学

气,按照朱熹的观点,属于形而下的存在。由气所建构的世界,便是一种形而下的世界。这种自然的、形而下的气质生存或存在,由于其自身的自然性与偶然性,存在着一定的不确定性和风险。如何避免风险、确保存在或生存的合理性呢?合理性即符合理的要求。这便是传统理学家的主张:由形而上的理来主导气质活动,并成为其存在的终极性依据。这也是方以智所接受的哲学立场,即在气质存在的背后,应该存在着形而上的主宰之理。这个作为主宰者的、形而上的实体之理,在方以智那里,有若干种称号,如“气也、理也、太极也、自然也、心宗也,一也,皆不得已而立之名字也”[②]。理或太极等都是存在的终极性根据。

方以智将气分为两类。方以智曰:“无始、两间皆气也。以气清形浊论,则气为阳;以阴暗阳显论,则气为阴。”[③]世间万有无非是气。气既可以是阴,亦可以为阳。以清浊论,气是阳,以显现论,气是阴。这都是对气的不同视角的认识。或者说,气分为了两类,即阴阳二论:“则气者阴阳,无体之体,可有可无,而所以为气者,即此心此理也。气尚有质,故曰气为心、理之汁。”[④]气可以为有,可以为无,是无体之体。这种无体之体,便是理或心。在理气关系中,理是所以然者,气则是其汁液或表征。这种所以然之理也是一种气之体即无体之体。故,方以智曰:“然有有质之气,有无质之气;犹有可指之心,有无可指之心。故曰:所以为气,所以为理,所以为心,一也。知此即知天统天地、阳统阴阳、善统善恶、清统清浊、无统有无之故矣。”[⑤]气分为两类,即气质

---

① 黄德宽、诸伟奇主编:《方以智全书》(第1册),合肥:黄山书社,2019年,第89页。
② 黄德宽、诸伟奇主编:《方以智全书》(第1册),合肥:黄山书社,2019年,第341页。
③ 黄德宽、诸伟奇主编:《方以智全书》(第1册),合肥:黄山书社,2019年,第346页。
④ 黄德宽、诸伟奇主编:《方以智全书》(第1册),合肥:黄山书社,2019年,第346页。
⑤ 黄德宽、诸伟奇主编:《方以智全书》(第1册),合肥:黄山书社,2019年,第346页。

之气和太虚之气。太虚之气便是理。由此,方以智走向了气体实在论,即以为万物之理亦是气。这个太虚之气,方以智曰:"'一'者,'无'也。无者,天垂气之象也。无即生'有',用先右手,因以为谐;旁死、哉生,变化莫如月,故曰'月以为量'。是则有也者,有而无者也,从无之中壳而推之。"①天地万物的本源是一。这个一便是无。所谓无,繁体字是"無"。这是一个降气之形状。这样,万物产生于气。其中,真正的本源也是一种气。不过,这种气,不再是形而下的气质,而是一种虚气。"虚中之气,生生成轮。举有形无形,无不轮者"②。虚中之气,便是张载所说的太虚之气。太虚之气,伴之以气质,因而变化不已。其中,根本还是太虚之气。方以智曰:"考其实际,天地间凡有形者皆坏,惟气不坏……由此征之,虚空之中皆气所充实也,明甚。人不之见,谓之'太虚'。虚日生气,气贯两间之虚者实者,而贯直生之人独灵。生生者,气之几也,有所以然者主之。所以者,先天地万物,后天地万物,而与天地万物烟煴(氤氲)不分者也。"③万物生生不已,不仅由气化流行,而且有主宰者。这个主宰者也可以说是不坏的气,为绝对存在的实体。此时的气,与理没有区别。最终,方以智曰:"气也、理也、太极也、自然也、心宗也,一也,皆不得已而立之名字也。"④这便是理即气的实在论立场。

故,方以智将万物的生存分为两段,即源与流。方以智曰:"源一流二,二即善、恶。儒者谓'恶'乌可以训?心有善恶之嫌,而指当当然然者号之曰'理'。"⑤理是源,而善、恶为流。其中,理为形而上者,善与恶则是形而下的存在。善恶与理之间形成本末关系。方以智曰:"'理'者,通称也,里以田土始分而记之曰里;理者,玉之孚尹旁达、文理可以密察者也。"⑥理本为动词,即治玉:一种修治玉石的行为。玉石有纹路,修玉必然因循于纹路而治。因此,理即正确行为。人们将这种正确行为的根据叫作"理"。这种形而上之

① 黄德宽、诸伟奇主编:《方以智全书》(第1册),合肥:黄山书社,2019年,第314页。
② 黄德宽、诸伟奇主编:《方以智全书》(第1册),合肥:黄山书社,2019年,第264页。
③ 黄德宽、诸伟奇主编:《方以智全书》(第1册),合肥:黄山书社,2019年,第343页。
④ 黄德宽、诸伟奇主编:《方以智全书》(第1册),合肥:黄山书社,2019年,第341页。
⑤ 黄德宽、诸伟奇主编:《方以智全书》(第1册),合肥:黄山书社,2019年,第342页。
⑥ 黄德宽、诸伟奇主编:《方以智全书》(第1册),合肥:黄山书社,2019年,第315页。

理,在生存中,作为终极性根据,具有主宰性地位。方以智曰:“体其理曰‘礼’,神示之,从豊,豆始之也。以其理裁而宜之曰义,‘义’者,我也。仪,戟也。古义、我、俄通声。从戈,取其裁断有金刚之勇也。”[①]理具有制裁、衡量的作用。理是终极性标准。这便是“所以为理”,理,即所以然者。

方以智从三个视角(即象、事和欲)揭示了理的终极性地位。其一,从存在论的角度指出,理是显现之象的根据。方以智曰:“理与象,气与形,皆虚实、有无之两端而一者也。气发为声,形托为文,象即有数,数则可记。世有泥象数而不知通者,固矣;专言理而扫象数者,亦固也。”[②]象即形象,具体的事物。这些事物是具体形象之物,是形而下的存在。在其存在的背后隐含着形而上之理。其二,从人类实践或行为的角度来看,理是根据:“变变而化化也,事不必其事,理则其理矣。凡人心之所可及者,皆理所有也;且有不及者。”[③]任何行为都是变化的、不确定的。只有理才是确定而可靠的。只有确定之理才能够成为主导行为的根据。方以智曰:“因之果之,性之相之,理之事之,即体用也。”[④]理是行为(“事”)的终极性根据。方以智曰:“因事本理,而立贯理、事者,究不能离事;因天地推混沌,而立贯混沌、天地者,竟不能离天地。则历然之天地、人事,乃真贯也。”[⑤]事必须以理为根据,事循天理。这种理事关系,近似于华严宗。从实践的角度来说,人的任何行为都必须遵循理,具体到生存中来看,行为的动力是欲,事表现为欲。理因此成为欲的根据。方以智曰:“天而人,人而天,继续之初,微乎危乎,成之皆阴承阳,而性在情习中。下地之时,善在恶中,理在欲中,前喻素彩是也。”[⑥]理在欲中。欲分为善、恶。善、恶之欲,无不循理。“性馅(陷)乎情惔(焰),理混乎欲澜,犹火与薪,依之即烈”[⑦]。理在情欲之中。反过来说,情欲必须循理。这显然是理学立场。

---

① 黄德宽、诸伟奇主编:《方以智全书》(第1册),合肥:黄山书社,2019年,第314～315页。
② 黄德宽、诸伟奇主编:《方以智全书》(第1册),合肥:黄山书社,2019年,第334页。
③ 黄德宽、诸伟奇主编:《方以智全书》(第1册),合肥:黄山书社,2019年,第253页。
④ 黄德宽、诸伟奇主编:《方以智全书》(第1册),合肥:黄山书社,2019年,第292页。
⑤ 黄德宽、诸伟奇主编:《方以智全书》(第1册),合肥:黄山书社,2019年,第350页。
⑥ 黄德宽、诸伟奇主编:《方以智全书》(第1册),合肥:黄山书社,2019年,第285页。
⑦ 黄德宽、诸伟奇主编:《方以智全书》(第1册),合肥:黄山书社,2019年,第288页。

这种根据之理，方以智认为是形而上的实体。方以智曰："然其言所穷、理所不及之理，正吾可以象数寓之者，而彼扃扃不知也。"[①]理是不可认知、不可言说的实体。这种不可认知之理，便是超越的存在。如方以智曰："穷理者，穷此无是非、不生灭之理，适用其是统非之理。"[②]生死、是非皆是经验。超越是非与生死的理是超越经验的存在。这种超越经验的存在便是形而上的实体。方以智曰："天之所以为天，是天道也，因日月星之差错而知之；人心亦然。极大极小，岂有二哉？理属无，数属有，微显互征，即是不落有无。"[③]理属无，即不仅是无形体，还是无法被认知的实体。尽管理是无形而不可知的，却是实理。方以智曰："乃者吾以实事征实理，以后理征前理，有不爽然信者乎？信之矣，则此等之虚喻征虚理，又何不可信耶？"[④]理是实体之物，是实理。这种形而上学的立场将方以智排除在佛学之外，成为名副其实的儒家哲学家。

方以智并没有满足于以理为本、突出理气分离的朱子学理论。方以智指出："剔理于气外，犹之剔心于缘心，而无真、妄之真真即统理、气之至理。辟算器有一、万，又有大一，究竟大一即在算器中，绝待乃并待也。"[⑤]理气不仅分别，而且不可脱离。反过来说，气也是之所以存在的因素。因此，理气不二。这种理气不二的统一观，方以智认为，最终归于心："因言气理，而质论、通论之，皆归一心。若不知所以然，遂以神气为性命，而守之、炼之，则去以形骸为性命者，亦无几也。以性命为性命者，犹非大彻自在汉。故无死生者即无性命，则理也、气也、心也，俱可忘言，俱无不可言，又何拣择乎？婆心至此，不得不为析合。"[⑥]这种理气的分别与统一体便是心。这类似于心统性情说。"人所贵者心，而不离五官"[⑦]。心是人的生存中最重要的部分。由此，方以智转向心学。

① 黄德宽、诸伟奇主编：《方以智全书》（第1册），合肥：黄山书社，2019年，第334页。
② 黄德宽、诸伟奇主编：《方以智全书》（第1册），合肥：黄山书社，2019年，第344页。
③ 黄德宽、诸伟奇主编：《方以智全书》（第1册），合肥：黄山书社，2019年，第340页。
④ 黄德宽、诸伟奇主编：《方以智全书》（第1册），合肥：黄山书社，2019年，第254页。
⑤ 黄德宽、诸伟奇主编：《方以智全书》（第1册），合肥：黄山书社，2019年，第342～343页。
⑥ 黄德宽、诸伟奇主编：《方以智全书》（第1册），合肥：黄山书社，2019年，第347～348页
⑦ 黄德宽、诸伟奇主编：《方以智全书》（第4册），合肥：黄山书社，2019年，第16页。

在方以智看来,心分为两个部分或两层结构。方以智曰:“一切唯心而不能征天地,又谓征天地为向外驰求以阱其肉心者,此真所谓一往不反、迷于一指者矣……明心者,明此无善恶、不生灭之心,适用其善统恶之心;养气者,养此无清浊、不生灭之气,适用其清统浊之气;穷理者,穷此无是非、不生灭之理,适用其是统非之理……既知生即无生矣,心即无心,又何异于理即无理、气即无气也乎?”[①]人心分为血肉心(即生灭心)与不生灭心。前者为形而下的气质心,后者为形而上的天理心。理气归一而成心。此心既有气质心并与情相对应,也有天理心,即性。这便是心统性情。对于心学而言,重点则是天理之心。天理心,即所以然之心。方以智曰:“心本无心,无岂有二?人犹有胶扰者。谓之‘所以然’,所以然岂有二哉?老庄之指,以无知知,无为而无不为,归于自然,即因于自然。自然岂非所以然乎?所以然即阴阳、动静之不得不然,中而双表,概见于形气。形本气也,言‘气’而气有清浊,恐人执之,不如言‘虚’;虚无所指,不如言‘理’;理求其切于人,则何如直言‘心宗’乎?”[②]所以然之心,即所以然之理。理,即心。这便是以心为本(“心宗”)。“心即太极也”[③]。心,即终极太极。或者说,作为太极的心,是万物存在的终极根据。从表面上来看,方以智称“一切唯心”[④]说,类似于佛教的观念,但是其实它属于陆王心学。“心外无物,物外无心,道以法用,法以道用,全用全体,吾人本具者也”[⑤]。这显然和阳明心学的观念无异。

那么,方以智为什么要转为心学呢?方以智曰:“既曰‘理’,则亦哆哆和和而理之,此固无所回避者也,岂知胶柱之理成障乎?理之障理犹心之障心也,故又曰一真法性、涅槃妙心为实相心,余六凡、四圣之心,皆生灭心,岂得已于分乎?剔理于气外,犹之剔心于缘心,而无真、妄之真真即统理、气之至理。辟算器有一、万,又有大一,究竟大一即在算器中,绝待乃并待也。”[⑥]传

---

① 黄德宽、诸伟奇主编:《方以智全书》(第1册),合肥:黄山书社,2019年,第344页。
② 黄德宽、诸伟奇主编:《方以智全书》(第1册),合肥:黄山书社,2019年,第343页。
③ 黄德宽、诸伟奇主编:《方以智全书》(第1册),合肥:黄山书社,2019年,第54页。
④ 黄德宽、诸伟奇主编:《方以智全书》(第1册),合肥:黄山书社,2019年,第344页。
⑤ 黄德宽、诸伟奇主编:《方以智全书》(第4册),合肥:黄山书社,2019年,第92页。
⑥ 黄德宽、诸伟奇主编:《方以智全书》(第1册),合肥:黄山书社,2019年,第342~343页。

统理学家分别理气,如同依靠心却去除心,是无法做到的。因此,方以智反对以理为本的观点,主张"一切唯心"①观,即心才是万物的本源。这个本原或根据,不仅揭示了其形而上的指向,而且言明了其形而下的本质。只有形而上的实体与形而下的气质同时兼备的心,才能够成为万物生存的真正根据。从形而上学的角度来说,心是理,并是万物生存的终极性根据;从宇宙论的角度来说,心是气质之物,也是万物生存的本源。心同时兼备气质与天理的双重内涵。方以智甚至提出:"理不同于神、气、形,而在神、气、形之中,因心而知。心不生时,理何在乎? 此泯也。"②只有在心知的前提下,理才能存在。理依赖于心。气质心的地位一点也不低于天理。"因以心理其事,事理其心,灼然分即是合而离微之,使人格致,乃专而通,心物交泯,事理岂二……气无在无不在,理亦无在无不在"③。心理并存才是存在的真谛。这样,方以智从理本转向心本:"提心宗而百家之理皆归一矣。执心与理之二名相确,而不知可一、可二、可万者,此镌其方便之药语,而不肯参伍天地人之象数也。"④心才是万物生存的真正本源。"未有天地,先有此心;邈邈言之,则可曰太极,可曰太一,可曰太无,可曰妙有,可曰虚满,可曰实父,可曰时中,可曰环中,可曰神气,可曰烟煴(氤氲),可曰混成,可曰玄同。"⑤心才是万物存在的根据。心,即太极,又叫"太一、太无、玄同"等。一切唯心。方以智属于典型的心学家:"心学是方以智理学的第一个特征。"⑥

三、大我即人性

从现实的气质存在的角度来看,人心是生存之本,从形而上学的角度来看,作为理的心依然是人的终极性根据。因此,无论是从形而上学的角度来看,还是从现实生存的角度来看,心都是万物存在的根据。故,方以智明确提

① 黄德宽、诸伟奇主编:《方以智全书》(第1册),合肥:黄山书社,2019年,第344页。

② 黄德宽、诸伟奇主编:《方以智全书》(第3册),合肥:黄山书社,2019年,第22页。

③ 黄德宽、诸伟奇主编:《方以智全书》(第3册),合肥:黄山书社,2019年,第21~22页。

④ 黄德宽、诸伟奇主编:《方以智全书》(第1册),合肥:黄山书社,2019年,第334页。

⑤ 黄德宽、诸伟奇主编:《方以智全书》(第1册),合肥:黄山书社,2019年,第315~316页。

⑥ 张永堂整理:《方以智的生平思想及其著作整理》,见黄德宽、诸伟奇主编:《方以智全书》(第1册),合肥:黄山书社,2019年,第47页。

出:“总以征心,心即生死、不生死之原。”[①]心是本源。“道生物而与之同处,岂父子可喻、水盂可比哉?故蚩蚩而示其椗曰:有生来无非物也,离物无心,离心无物;费隐交格,如液入涪”[②]。万物以心为本原,或心是生存之本、生存之主:“心是主宰之帝。”[③]心是主宰者。这便是典型的心学观。

心,尤其是血肉心,内在于人身,为自己所固有。方以智曰:“公因之中,受中最灵,人独直生,异乎万物,是知天地贵人。此推理、质理,以象数征之益信者也。是则因有象数之人,而后推知未有天地前公心之理,则天地间之象数皆心也,外皆是内也。”[④]外在的世间万物皆以内在的人心为本。人心为本或做主的说法似乎可以转化为我做主。方以智曰:“心本无法,信法不如信心。自信实难,必先信法;能信可法之法,乃能疑法何以为法之法;能疑法何以为法,则可以自信本无一法之心,而随我立法。”[⑤]法,即现实存在,包括制度法则等。心作万物便转化为“我立法”。我似乎成为万法或万物生存的主宰。方以智曰:“太极也,精一也,时中也,混成也,环中也,真如也,圆相也,皆一心也,皆一宗也,因时设施异耳……何不信天地本无法,而可以自我凭空一画画出耶?”[⑥]万物存在在我。或者说,万物皆以我为根本。方以智曰:“天自信天,地自信地,我自信我。天自信天,不自知其天也;地自信地,不自知其地也;我自信我,不自知其我也:是谓正信。”[⑦]万物自在、自由天理而自己做主。我,作为万物之一员,当然由我的天理做主,因而我自信自己。这些论断、陈述、表达似乎是说:我自己做主。如果上述论断成立,那么这意味着,在方以智这里,体现了较为强烈而鲜明的个体主体性内涵。方以智甚至提出:“体其理之谓理,体其理者,最初之直心从天降、从中出者也,三百、三千亦是节文此直心处。心不直即不自由,不自由即非礼。”[⑧]这体现了方以智以“‘不自由即

---

① 黄德宽、诸伟奇主编:《方以智全书》(第1册),合肥:黄山书社,2019年,第297页。
② 黄德宽、诸伟奇主编:《方以智全书》(第1册),合肥:黄山书社,2019年,第259页。
③ 黄德宽、诸伟奇主编:《方以智全书》(第3册),合肥:黄山书社,2019年,第17页。
④ 黄德宽、诸伟奇主编:《方以智全书》(第1册),合肥:黄山书社,2019年,第336～337页。
⑤ 黄德宽、诸伟奇主编:《方以智全书》(第1册),合肥:黄山书社,2019年,第367页。
⑥ 黄德宽、诸伟奇主编:《方以智全书》(第1册),合肥:黄山书社,2019年,第254～255页。
⑦ 黄德宽、诸伟奇主编:《方以智全书》(第1册),合肥:黄山书社,2019年,第365页。
⑧ 黄德宽、诸伟奇主编:《方以智全书》(第3册),合肥:黄山书社,2019年,第47页。

非礼'为核心的自由观"[①]。

方以智曰:"我亦物也,天地亦物也,不过一彼一此而已,可曰彼备于此,亦可曰此备于彼;彼皆因此,此亦皆因彼,何能禁之但许归此,不许归彼乎?"[②]我是一物,作为一物,我与我们本无差异。"我自亿万劫来,皆姓曰天屈,名曰无火,小字里玉;每入劫即更姓为又月氏,出劫则还为天屈氏;及至中土,则呼我为太极,为自然;西域则呼我为质多耶,又呼纥利陀耶……自西入东,而名我更多,千万其号,吾请以一听之"[③]。这个我,中国人称为"太极"。我,即太极。这种太极之我,我们用朱熹的观念来转换,便是天理之我。或者说,此我便是天理、人性。这个我是人性我。同时,方以智曰:"东西公号我曰心,自此为博学者劳作掌记,雕虫者引入纤薄;时中者游我,从我之所欲,即实即虚,无所不可;无上者尊我,不使人加我之上,我遂无事。"[④]这个我则是欲望之我,或曰"气质我"。于是,我分为两种,即人性我和情欲我。无论是人性我还是情欲我,都可以换成心。我,即心。心,按照现代人的理解,主要是指意识、思维心,具有强烈的主体意识倾向。将我做主理解为心做主,似乎具有鲜明的主体性意识。

不过,在古代,至少在方以智这里,心的内涵与之有些不同。方以智所说的心,主要分为两种,即形而下的气质心和形而上的、作为理的心。方以智曰:"心兼形、神,性则虚而偏满矣。通言之,则偏满者性,即遍满者心。"[⑤]心中有性。"以其无所不禀,则谓之为命;以其无所不生,则谓之为心;以其无所不主,则谓之为天。天亦虚也,物物皆有天,勿泥苍苍也。故释之曰真我,曰法身,曰真常,曰正法眼藏,曰无位真人,曰空劫以前自己"[⑥]。这种自然人心,内含人性。这便是"遍满者":心统性和情。它是万物存在之本,故而先有心在。这种心,可以称为"太极""真我""自己"等。这种真我、自己,是气质人

---

① 刘元青:《方以智自由观探析——兼论如何实现儒家政治自由》,载《孔子研究》,2012年第4期,第69页。

② 黄德宽、诸伟奇主编:《方以智全书》(第1册),合肥:黄山书社,2019年,第335页。

③ 黄德宽、诸伟奇主编:《方以智全书》(第1册),合肥:黄山书社,2019年,第335～336页。

④ 黄德宽、诸伟奇主编:《方以智全书》(第1册),合肥:黄山书社,2019年,第336页。

⑤ 黄德宽、诸伟奇主编:《方以智全书》(第1册),合肥:黄山书社,2019年,第315页。

⑥ 黄德宽、诸伟奇主编:《方以智全书》(第1册),合肥:黄山书社,2019年,第316页。

心与人性的结合体。其中,绝对的天理主导了气质人心的活动性质,即符合“理”的气质活动便是合理的。因此,心的决定权最终交付于性或理。“心生曰‘性’。草木出土曰生,物之始得于天者,天命之矣。‘情’由性地发生,东方之色青,丹生于土,故因其声;性因情显,犹火附木生也”[①]。由心而产生性的概念。人们以性来解释或规定心的内涵。生存由心定转为性定,即情由性发、性由情显。性是决定者。在我的生存中,决定者便是性。故,方以智曰:“吾安知性命之先后哉?立其在我而已。我本无我,而皆备于我者也。我用性,性用命。夫无善恶而善恶依焉!不定而一定者,此性命之才也,知止至善者在我也。”[②]“立其在我”的表面意思是“由我创立”,但是随后的表述却指明:我,即性;我立法,即性立法。人性是人类的普遍本性。我转化为性。这种人性我,便是“大我”。

方以智将我分为两类,即“大我”和“小我”:“又有决几焉,动心以知不动,忍性以知不忍,无我以知大我,大我摄于小我。”[③]所谓“大我”,便是无我,即去除个人私欲、只剩本性的我。大我,即人性。因此,在“大我摄于小我”中,人性只能具体于一个个的具体的个体。这种个体我是小我。小我乃是情欲我、肉体我。这种我,在传统儒家看来,具有更多的消极性,因而遭到了否定,即“无”或“制裁”:“以其理裁而宜之曰义,‘义’者,我也;仪,戟也。古义、我、俄通声;从戈,取其裁断有金刚之勇也。”[④]以仁义来约束我,从而限制情欲我。“义即我加羊”[⑤]。义,即制裁私人之利。这便是涵养或熏陶:“我以十二折半为炉,七十二为鞴,三百六十五为课簿,环万八百为公案,金刚智为昆吾斧,劈众均以为薪,以毋自欺为空中之火,逢场烹饪,煮材适用,应供而化出,东西互济,反因对治,而坐收无为之治,无我、无无我,圜三化四,不居一名。”[⑥]气质的小我需要一定之术予以熏陶,从而实现超越。超越的目的便是

---

① 黄德宽、诸伟奇主编:《方以智全书》(第1册),合肥:黄山书社,2019年,第314页。
② 黄德宽、诸伟奇主编:《方以智全书》(第3册),合肥:黄山书社,2019年,第18页。
③ 黄德宽、诸伟奇主编:《方以智全书》(第1册),合肥:黄山书社,2019年,第267页。
④ 黄德宽、诸伟奇主编:《方以智全书》(第1册),合肥:黄山书社,2019年,第314~315页。
⑤ 黄德宽、诸伟奇主编:《方以智全书》(第4册),合肥:黄山书社,2019年,第104页。
⑥ 黄德宽、诸伟奇主编:《方以智全书》(第1册),合肥:黄山书社,2019年,第250页。

弘扬大我、呈现人性或发现本心。

不过，和传统理学偏重性理或大我不同的是，方以智采取了中道立场："无二分无断、无别，事理不二，即如如佛。有、无二无，无二亦灭，特玄其语耳。慈湖所守之'无知'，文成所标之'良知'，即真常、真我之易名也，随流见得，不落有无。吾何妨以贯虚于实、即有是无、遮照存泯，同时俱镕此一味之'中道法界'耶"[①]？真我不落有无，即真正的我，不仅是人性我，即大我，也离不开气质我、情欲我。真我是二者的结合："以无而空其有，以有而空其无，以不落而双空。"[②]真我如仁。方以智曰："克己即由己，无我之我皆备之我。天地间相反者常在一处，心是妙物，即是累物。克之言尽也，能也，为其克而能生也。仁藏己内，如果实之仁藏甲内，其根、干、花、叶皆具。"[③]大我，即无我，藏于具体之小我。这种无我之我便是真我、便是仁。真我即仁。方以智甚至曰："何以谓之我？何以问我而我遂我其我？何以为官天地、骑日月之我？天地何以有我？我何以即天地？何谓无我之真我？久而一觇，我还我，我不自知其我，又何容所谓'无我''真我'者哉？号为混沌，我不应也。"[④]我，作为天地万物之主宰者，不仅是真我，亦是小我。无真我便无小我、无小我亦无真我。我是情欲小我与真性真我的综合。

大我、小我和真我，虽然都有一个"我"字，但说到底，这个我或真我的主宰者——终极主宰者，还是性或理。作为中道观的真我，仅仅是说，我不仅守性、循理，也要顾及人的感性或情欲我。在情欲与人性的关系中，方以智虽然赋予气质情欲较高的地位，但是在包括方以智在内的几乎所有的传统儒家(从孔夫子到王阳明、王夫之等)思想体系中，人性或天理都一定占据着主导地位。人性或天理才是真正的决定者。我做主，其实是性做主。能够做主的人性，通常具备普遍性和自然性。这种自然的、普遍的人性，仅仅是普遍人有效，而无法体现每一个人的独特意志与想法。既然无法体现个体的意志，便不能说自己做主。事实上，它仅仅突出了人类的规定性，并无个体做主的实质。

---

① 黄德宽、诸伟奇主编:《方以智全书》(第1册)，合肥:黄山书社，2019年，第343页。
② 黄德宽、诸伟奇主编:《方以智全书》(第2册)，合肥:黄山书社，2019年，第118～119页。
③ 黄德宽、诸伟奇主编:《方以智全书》(第3册)，合肥:黄山书社，2019年，第47页。
④ 黄德宽、诸伟奇主编:《方以智全书》(第10册)，合肥:黄山书社，2019年，第15页。

四、结语"心宗"与个体我的缺席

从传统理学向陆王心学的转向,体现了理学家对人的生存之主体性的意识与关注,即理学家逐渐发现,决定世界存在与个体人生的主宰之理,与其说是外在于天地,不如说是内在于人心。这便是心中的人性或良知。主宰在人心。或者说,人心主宰世界和人生。这种心做主宰的观念,一方面体现了理学家对人的主体性的认识。这种观念与现代哲学中的个体主体性、自由意志、自由等观念十分相似。不少人因此断定王阳明、方以智等传统心学家具有现代主体性观念,倡导自由精神等。这一断言未必可靠。

现代哲学所讲的主体性,主要分为两种,即人类主体性和个体主体性。所谓人类主体性,从哲学人类学的角度来审视作为一个种类的人在宇宙中的地位。这个主体性是我们人类的主体性。在这一点上,传统儒家作出了杰出的贡献,并最终提出:人类才是宇宙万物生生不息的主宰。这便是"主持天地者,必中正之人也"[①]。即在宇宙万物生存体系(尤其是天人关系)中,人类不仅是由天地而生的生物,更是万物的主宰。人类不仅能够主宰自己的命运,而且能够进而主导宇宙万物的生存。人终于成为万物(包括天地)的主宰。这便是人主天地。这便是人,作为一个种类的主导性、主动性和主宰性。或者说,这便是人类主体性。牟宗三曰:"中国哲学特重'主体性'(Subjectivity)与'内在道德性'(Inner－morality)。"[②]准确地说,这种主体性应该是人类主体性,即鼓励人类自强不息、积极进取,而不是被动地接受命运的安排。

主体性还有一个种类,即个体主体性。这也是现代西方哲学最常说的种类。与人类主体性突出我们相比,个体主体性(简称"个体性")突出单个的自我。这个单个的自我,其最集中的表现便是自由意志。或者说,个体主体性表现为自由意志。自由意志的活动,是个体在自身个体性指导之下所产生的判断和选择。它包括自己认识、自己选择、自己决定、自己做主。总之,它是理性存在者,是从自身的个体性出发所产生的理性活动。理性、选择与个体

① 黄德宽、诸伟奇主编:《方以智全书》(第3册),合肥:黄山书社,2019年,第11页。

② 牟宗三撰,罗义俊编:《中国哲学的特质》,上海:上海古籍出版社,2008年,第4页。

性是自由意志活动的最重要因素。这便是我想到、我选择,然后我做主。这便是现代哲学所说的个体主体性。这种观念,在中国传统哲学(包括王阳明、方以智等在内)中,都是不存在的。这意味着所谓由我立法、我自信我、由我做主等提法,仅仅是形似。这里的我,与其说是自我,不如说是人性。所谓自信我、我立法等,其实是自信性、性立法。这种普遍的人性,代表了我们即人类。它仅仅表示人类做主。这便是人类主体性。张炤伟据方以智的理论分析,提出“中国哲学的主体既是生命主体,亦是道德主体,混融了形上的天道与形下的生命”[①]。此言前半部分十分准确,后者即“道德主体”判断,则有待商榷。道德主体是自由主体、个性主体,类似于自我。在方以智那里,并无这类观念。

作者单位:山东大学易学与中国古代哲学研究中心暨儒学高等研究院

① 张昭炜:《三冒以成“吾”——方以智论哲学主体的展开》,载《哲学动态》,2017年第4期,第59页。

方以智“融汇‘三教’归于‘易’”思想管窥

——以《东西均·兹燚黈》篇为中心

温祥国

摘　要:《东西均》是完整呈现方以智“融汇‘三教’归于‘易’”哲学思想的一部作品,而《兹燚黈》是《东西均》中的一篇。通过对《东西均》《兹燚黈》两个文题的含义分析及“棘栗蓬”说法渊源与寓意的考证,“窥一斑而知全豹”:“融汇三教”是他的表达方法,“归于《易》”是基本思想,“以孔为尊”“以儒为主”则是他的宗旨所在,构建一种新的理论体系以恢复“名教”的本来面目是其理论目标。

关键词:《东西均》　意象　“棘栗蓬”

方以智,字密之,1611年生于安庆府桐城县凤仪里。其先祖居池州,后迁居桐城:“方氏自逢辰公之后,由池迁桐,居凤仪里。”①明朝灭亡后,方以智流离岭南,在北返家乡途中曾停留江西,《东西均》即撰写于此,其落款有“五老峰颠”,即是指庐山五老峰。

方以智在明朝灭亡后以“明遗民”自居,拒绝出仕于清,以表明其“气节”。这一点在《东西均》的署名中即可以看出端倪:

> 魂魄相望,夜半瞻天,旁死中生,不必其圆。似者何人,无师自然,于此自知,古白相传。②

---

① 任道斌:《方以智年谱》,合肥:安徽教育出版社,1983年,第4页。

② 方以智著,庞朴注释:《东西均注释》,北京:中华书局,2001年,第24页。

据庞朴先生研究，这里“魂魄相望”指“明”，“夜半瞻天”指“人”，“旁死中生，不必其圆”指“方”，“似者何人”指“以”，“无师自然”复指“以”，“于此自知”指“智”，“古白相传”复指“智”[①]。即署名为“明人方以智”，也就是在明亡后进入清朝的时代里，方以智依然在自己的作品署名中强调自己是“明人方以智”而非“清人方以智”。

“署名”所表达的政治立场决定了他的作品在当时的社会氛围下表达方法不能太直白，而且《东西均》是表达“哲学思想”的作品，再加上其中“融汇三教”的思想特色，其表现出“内容丰富、思想深刻”，以及“用典多”“语义隐晦”的特点也就很自然了。《东西均》中一个词语常常有多重含义，如果用“猜字谜”来比喻他的这种特点也毫不为过。这使得后人要从他的作品中去了解他的思想颇为困难。同时，他用特定的意象来阐述自己的思想，如果能够准确理解意象的寓意将有助于我们正确把握方以智体现在其作品中的思想。

本文借助于对《东西均》《兹燚黈》文题含义的分析与对“棘栗蓬”说法的考证揭示其所欲表达的真实思想。

一、“东西均”

所谓“意象”，是现代人的一种说法，就是客观物象经过创做主体独特的情感活动而创造出来的一种艺术形象。简单地说，意象就是寓“意”之“象”，就是用来寄托主观情思的客观物象。以独有“意象”来表达思想，是方氏的特色，所谓“祖构家”。《东西均》一书的书名即是方氏所拟制的重要意象之一。先分析这一书名。

（一）“东、西”

“东、西”在《东西均》中有多重含义。蒋国保先生认为，《东西均》题意主要是指“日月运行”[②]。此结论应该说是符合《东西均》的“本义”的。不过，从整部著作而言，“东、西”的内涵很丰富，不仅指“日月”及其运行，还包括“日

① 方以智著，庞朴注释：《东西均注释》，北京：中华书局，2001 年，第 24～25 页。

② 蒋国保：《〈东西均〉题意辨析》，载《学术月刊》，1985 年 11 期，第 41 页。

月”及其运行所产生的世间万物,当然也就包括“孔孟”“老庄”“释禅”“濂、洛、关、闽”等各种理论。他们是“全均者”方以智的“均”的对象。“东西”既包括方位意义上的“东西”,与“南北”对举而言;也包括“对立、运行”之意;还包括东西各种学说之意。庞朴先生注:“唯《东西均》之‘东西’,尚有‘一切对立者’义,更含‘东土(中国)、西域(印度乃至西洋)’之义。”[①]这可以和蒋先生的观点互补。概括言之,“东西”从本源上说,有天地之道,而后有日月星辰之运行,而后有方位之“东西”,万物之“东西”、学说之“东西”,皆日月之“东西”之“均”的结果。

以下概举之:

1. 表示“方位”之“东西”。方以智说:“吾言无所不说(悦)者,亡矣;仅有鲁而唯者,有多识而知其不可闻者。斯则东老呼‘天知我’霹历一声之后也。”“东起而西收……以东西之轮,直南北之交,中五四破”[②]。此“东西”即方位之东、西,当然也可以理解为借指“日、月”。方氏以自创的“起、收,生、杀,分、合,交、至,轮、交”等语汇阐述《易》中所蕴含的“天道”运行思想:日、月运行“东起而西收”,“东生而西杀”,即由“天道”决定的万物终始与生灭。而“东西一气,尾衔而无首”则是表达“道”的循环与永恒。

又如:“东西圣人千百其法,不过欲人性其情而已。”[③]“日东而月西,东升而西降……”[④]“东方为帝出之雷门……西方为金声之……[⑤]“东土、西方之公议名者曰……使人好‘无可名言’之名,至矣”[⑥]。以上皆是“方位”之“东西”。

2. 表示“学说”之“东西”。方以智以“东西”指代孔、释或儒、佛两种思想,主张对两种思想融会贯通:“两间有两苦心法,而东、西合呼之为道。”[⑦]他认为儒学是“用形之义详于东”,佛学是“托形之声出于西。”他说:“请容东、西之

---

① 方以智著,庞朴注释:《东西均注释》,北京:中华书局,2001年,第2页。
② 方以智著,庞朴注释:《东西均注释》,北京:中华书局,2001年,第5页。
③ 方以智著,庞朴注释:《东西均注释》,北京:中华书局,2001年,第68页。
④ 方以智著,庞朴注释:《东西均注释》,北京:中华书局,2001年,第101页。
⑤ 方以智著,庞朴注释:《东西均注释》,北京:中华书局,2001年,第169页。
⑥ 方以智著,庞朴注释:《东西均注释》,北京:中华书局,2001年,第256页。
⑦ 方以智著,庞朴注释:《东西均注释》,北京:中华书局,2001年,第2页。

遮夺互辟，而即为东、西合拍解嗍曰……”[①]这里的“东西”指代孔、释或儒、佛两种学说思想。而后文如“愚故以天地信自然之公，以自心信东西之同……专者虽不肯同，而全者不可不以同异为任”[②]。“我以十二折半为炉，东西互济……造象无定，声饮归元”[③]，同样如此。

3. 表示“对立”“运行”之“东西”。《东西均》中有表示“对立、运行”之“东西”意义上的说法，如：“乃寻苍父，合其恩仇朋友五人，极乎南北，旋乎东西……而苍父竟不可得见。”[④]“何东西而东西之，何南北而南北之……”[⑤]

4. 表示“本义”之“东西”。《东西均》中有表示“东西”的本来含义的用法，即我们今日所说一件“东西”的“东西”：“三更日出，有大呼者曰：‘是何东西’？此即万世旦暮之霹雳也。”[⑥]《象环寤记》的“东西”一样是指一件“东西”，而此处即是指方以智的作品《东西均》。此即“东西”合成一个词项的本义。

（二）“均”

“均”也是《东西均》中的重要意象，它在整部作品中有多重含义。下文对“均”及其衍生概念作分析。

1. 本义。“均”的本义是一种工具：“均者，造瓦之具，旋转者也。”作为“造瓦之具”，是不可能有“合形、声”两种功能的，而方以智则特别强调“均”是“合形、声两端之物”。且注“古均、匀、韵、钧皆一字”。这和他要表达的学术观点是一致的，“声”“音韵”和文字一样，也是他表达思想的工具。为此，他引证“因之为均平，为均声”。“乐有均钟木，长七尺，系弦，以均钟大小、清浊者；七调十二均，八十四调因之”[⑦]。于是，“均”是“固合形、声两端之物也”。这是方以智赋予“均”的特定内涵，既要关注“形”，也要关注“声”。

---

① 方以智著，庞朴注释：《东西均注释》，北京：中华书局，2001年，第18页。
② 方以智著，庞朴注释：《东西均注释》，北京：中华书局，2001年，第12页。
③ 方以智著，庞朴注释：《东西均注释》，北京：中华书局，2001年，第20页。
④ 方以智著，庞朴注释：《东西均注释》，北京：中华书局，2001年，第281页。
⑤ 方以智著，庞朴注释：《东西均注释》，北京：中华书局，2001年，第293页。
⑥ 方以智著，庞朴注释：《东西均注释》，北京：中华书局，2001年，第21页。
⑦ 方以智著，庞朴注释：《东西均注释》，北京：中华书局，2001年，第1页。

2.引申义。引申义有三种。

一是“均”是“道”之本然——“天均”“大炉鞲”。方以智以“均”来指代“道”之本然,盖化用《庄子》之“天均”。《庄子》有“均”的说法:“夫明白于天地之德者……与天地和者也;所以均调天下,与人和者也。”[①]又有“大均”:“知大一……知大均,知大方……大均缘之……大定持之。”[②]《寓言》中有“天均”之说:“万物皆种也……是谓天均。天均者,天倪也。”[③]可见,方以智以“均”指代“道”盖渊源于此。由“天均”之“均”而引申出道与物的关系:方以智分别以“公均”“隐均”“费均”来表述。

“道”既是东西学说的根本出发点也是其归宿处,即落实于“物”或“人事”,而道与物的关系是“道亦物也,物亦道也。”以“均”统之,“物物而不物于物”的道理都是通过“变易、不易于均”表现出来的。这种“变易、不易”之“两端”由“均”中贯而“举一明三”:“道”之“本”是“公均”,是“所以为均者”,是“不落有无”的;“道”之“体”是“隐均”,是“何以均者”,是“以无摄有”;“道”之“用”是“费均”,是“即器是道”的“可以均者”,是“有藏无”。“相夺互通,止有一实,即费是隐,存泯同时”[④]。也就是“即器是道”“寂历同时”。

这种“均”由“天道”而及于“人道”,是包含在“易”中的,由日、月之“代而错”来表现的,而人则“观象会心,则显仁藏密而知大始矣”。从而显“昭昭本均如此”。而所谓“全均”“无均”“真均”的“均”亦是此义。

二是表示“学说”之“均”。由“天均”而引出人“均”,各种学说谓之“均”。方以智认为中国本有的一切修身养性、经世济民的学说皆源于《易》,“故中土以《易》为均,其道并包,而以卜筮之艺传于世”。人世间事理《易》无所不包,而常常不为人知,于是有孔子“不甚其苦心”,“均罕言于雅言,使人自兴、自鉴、自严、自乐而深自得之,以其可闻,闻不可闻”。然孔子之苦心也罕为人知,“仅有鲁而唯者,有多识而知其不可闻者”[⑤]。方以智借“天道”之变化比

---

① 钱穆:《庄子纂笺》,北京:生活·读书·新知三联书店,2010年,第118页。

② 钱穆:《庄子纂笺》,北京:生活·读书·新知三联书店,2010年,第224页。

③ 郭庆藩撰,王孝鱼点校:《庄子集释》,北京:中华书局,1961年,第950页。

④ 方以智著,庞朴注释:《东西均注释》,北京:中华书局,2001年,第2页。

⑤ 方以智著,庞朴注释:《东西均注释》,北京:中华书局,2001年,第3页。

喻“人事”的道理不可一成不变，他说：“步之积移，犹有岁差，望后人之均之；则可不均东西所以代错之故，听步东步西者之积移而差乎？东均者曰……西均者曰……此轮尊生物之公差也……”[①]意思是说“天道”运行犹有“岁差”，何况“人事”的道理怎么可以泥于古人呢[②]？“步之积移，犹有岁差”，而需要后人修正它，“望后人之均之”。“天道”如此，则“人道”也不可能一成不变，然“东均者、西均者”不能因“东西所以代错之故”而产生偏差，所以需要有“转均之人”对此加以修正。由此引出各种学说之“均”及其评价：孔子为“大成均”、老子是“混成均”、孟子是“邹均”、庄子是“蒙均”、释迦牟尼是“空均”、达摩是“别均”，而“濂、洛、关、闽”是“独均”，以及专注“义理之学”的“经论均”、专注“章句之学”的“传注均”。

方以智接受了道盛的“真孤”“别传”之说，认为庄子的“蒙均”是表面尊老子而实尊孔子。而方以智本人于诸“均”之中唯尊孔子的“大成均”：“惟大成明备，集允中之心均”——即认为孔子传承了“十六字”决。而孔门后学无论是“经论均”还是“传注均”及其后发展的“专门性命、专门事业、专门象数、专门考辨、专门文章”等，皆是不知孔子之大道的。因为孔门后学“皆小均，而非全均”，所以需要“全均者”，“全均者”认为：“名教者，寄声托形之场也。”方以智重视或者说欣赏邵雍的思想，称其“安乐先天均”。而他自己是“统均”——“旋形和声之统迹者……吾以统均立”。此处“全均者、安乐先天均、统均”皆学说之“均”。孔子之学即“竹中之均”。此上之“均”则陶铸、烹炮之意，皆是“学说”之谓。

三是作为动词，具有“调和”“烹炮”之意。“矜高傲卑，几时平泯？吾无以均之”[③]。“步之积移，犹有岁差，望后人之均之；则可不均东西所以代错之故……”“东均者、西均者，转均之人”[④]。此处之“均”皆“调和”“烹炮”之意。而

---

① 方以智著，庞朴注释：《东西均注释》，北京：中华书局，2001年，第6页。

② 岁差：“虞喜云：‘尧时冬至日短星昴，今二千七百余年，乃东壁中，则知每岁渐差之所至。’”脱脱等：《律历志》，见《宋史》卷六十八，清乾隆武英殿刻本。

③ 方以智著，庞朴注释：《东西均注释》，北京：中华书局，2001年，第12页。

④ 方以智著，庞朴注释：《东西均注释》，北京：中华书局，2001年，第6页。

所谓"以默均语,以语均默,汝其均之"①中的"均"则为"炮制诸家出新理论"之意。

二、"兹、燚、黈"

"兹、燚、黈"三字并非日常用字,选择其作为篇名显然又是方氏特色的体现。"转八十辘轳中者,兹、燚、黈也……象数以表不可言之理而至于无象数,声音以通不可象数之微而至于无声音;言语道断而未尝不言;色即是空,贞悔之反对也,专黑门,贵楋栗蓬,毋以交轮几为凿破乎?则兹燚黈仍是一楋栗蓬也"②。方以智要用"兹、燚、黈"去"凿破有、无"为"交、轮、几"。

这一段首先体现"融汇三教"的特点:"辘轳"是佛教用语,佛教有"辘轳劫"之说,谓"1680 万年为一辘轳劫"。而"色即是空"亦是佛教用语,意同"即器是道";"黑门"是指老子思想;"象数以表不可言之理而至于无象数,声音以通不可象数之微而至于无声音",体现其"溯其原同,则归于《易》的思想。而用"兹、燚、黈"去"凿破有、无"为"交、轮、几"则是方氏思想的特色。

这里的"兹、燚、黈"的寓意值得深究。以下作分析。

(一)"兹"

庞朴先生在注释本篇篇名时说:"兹,黑也;燚,火貌;黈,黄色。分别说来代表水、火、土,集合言之则为混沌。混沌早经凿破了,人们各自从中得到楋栗蓬(楋手的利器)。著者将用交、轮、几之凿,来遍破前人之凿,巧补前人之凿,使兹燚黈本身,便是一大楋栗蓬。"③此说以"兹""燚""黈"分别代表"水""火""土",综合而言指"混沌"。

笔者以为综合而言指"混沌"是有道理的,但是,以"兹""燚""黈"分别代表"水""火""土"则有探讨的必要。

方以智此句意在概括其说:以"交、轮、几"为天道运行,"兹""燚""黈"者,应该分别指"天""火""地",而非"水""火""土"。因为前面说"天、地一分",后

---

① 方以智著,庞朴注释:《东西均注释》,北京:中华书局,2001 年,第 23 页。
② 方以智著,庞朴注释:《东西均注释》,北京:中华书局,2001 年,第 283 页。
③ 方以智著,庞朴注释:《东西均注释》,北京:中华书局,2001 年,第 283 页。

面说“子思赞天、地之所以大”。显然谈“天、地之道”，与“水、土”无关。“玆”由两个“玄”组成，意在影射老子“玄之又玄，众妙之门”，指“道”。而在方以智看来，所谓“道”与“天”“性”“命”都是一个事。且“玄”本可以指“天”，《易·坤卦》：“天玄而地黄。”因此，方以智用“玆”既是指“道”与“天”，又影射其与老子思想的关系，以显示其“融汇三教”的态度。

（二）“燚”

“燚”本义是“火貌”，即是指“火”，强调的是“火燃烧的样子”，而“火”则实喻“心火”，这里主要是表达“学薪不厌而心神之火传焉”的思想。而重视“薪火相传”是方以智的主要思想，且方氏有“心火”思想。如《药地炮庄·养生主》是指“穷于为薪，火传也，不知其尽也”一句，方以智自注：“‘尽’从聿、火、皿。手续火于皿，俗别作‘烬’。《孟子尽心》可与合参。”他借焦（竑）评《庄》说：“佛典言火传于薪，犹神传于形。火之传异薪，犹神之传异形。人见形朽便谓神丧，终期都尽，可乎？然舍生趋生，犹未了之谈也。窃意以指计薪，薪多而指有穷，及火相传烧，不知其实时尽矣。”[①]而方以智自己则说：“有谓形为薪、神为火者，有谓事为薪、理为火者；有谓火离薪则灭者，有谓离薪则光灭，而无体之火不灭者，有谓火满空中而又用光在乎得薪者，但请善刀析烧而续之。若不知析烧，自不知缘经，又何能续哉？虚生浪死，误杀多少？”[②]

另外，道盛在《尊火为宗论》中说：“天地之德，莫大于二五之精。二五之精莫贵于阳明之火。盖火为五行之至神，非同木土金水之成形也。故《易》称阳为天，阴为地，以阳为火而至神无形，故能生生不息。”[③]方大镇的《野同录》则强调“物物生机皆火”“火能生物、化物、照物”，同时会有“焦焚之祸”，需要“灰斗养之，置灶与缸”才能有用。“伦物协艺”与“即用即藏”就是“灶缸”，所谓“灶缸”指“水火”，借指日常生活，也就是“百姓日用即是道”。

---

① 方以智著，张永义、邢益海校点：《药地炮庄》，北京：华夏出版社，2011年，第156页。

② 方以智著，张永义、邢益海校点：《药地炮庄》，北京：华夏出版社，2011年，第157～158页。

③ 觉浪道盛：《天界觉浪盛禅师全录》，见《嘉兴大藏经》（新文丰版第34册），No. B311，卷十九。

道盛、方大镇、吴应宾等人的思想皆是方以智学说的渊源。方以智显然深受他们的说法影响，特别是吴应宾的“学薪不厌而心神之火传焉。事究竟固，神明原亘古今”之说[①]。其“心神之火”一说更是将“心”与“火”相连。“心”即“火”。而方氏又有“象数乃破执之精法”“善表虚玄、以不变易贯变易者，莫妙于象数”“如此始可言《易》。易也，心也，天、地也”“不落有无又莫妙于《易》矣。太极者，先天、地、万物，后天、地、万物，终之始之，而实泯天、地、万物，不分先后、终始者也；生两而四、八，盖一时具足者也。自古及今，无时不存，无处不有，即天也，即性也，即命也，即心也”[②]。可以看出，于方氏而言“天、性、命、心”可视为“一”，则“火”即“阳”、即“天”、即“心”。

以“文章传薪火”是方氏的一贯做法。他在道盛《尊火为宗论》的跋语中曾说：“漆园之‘薪尽火传’与苏门之‘用光得薪’，贯之者谁?”[③]因此，“燚”指“火”“心火”，意在强调“学薪不厌而心神之火传焉。”以“文章传薪火”，而“火者，天地之道”也。

(三)“黈”

“黈”字本义指颜色，如果只是在“颜色”这个意义上使用这个字，方以智显然就没有必要如此大费周章，用这样的一个生僻字，一定有其寓意所在。古代作品中用到这一字的如《谷梁传・庄二十三年》：“礼，天子诸侯之楹黝垩，大夫仓，士黈。”[④]方以智此处也许有以之表明其“士”而“不仕”。同时，“黈”有“增益”之意。如《文选・马融〈长笛赋〉》中也有这一个字：“昔庖羲作琴，神农造瑟。若然，六器者，犹以二皇圣哲黈益。况笛生乎大汉，而学者不识其可以裨助盛美，忽而不赞，悲夫!”高诱：“黈犹演也。”[⑤]张铣注曰：“黈，犹增益也。”[⑥]

---

① 方以智著，张永义、邢益海校点：《药地炮庄》，华夏出版社，2011年，第157页。

② 方以智著，庞朴注释：《东西均注释》，北京：中华书局，2001年，第46～47页。

③ 觉浪道盛：《天界觉浪盛禅师全录》，见《嘉兴大藏经》(新文丰版第34册)，No. B311，卷十九。

④ 范宁：《春秋谷梁传》，庄公第三，四部丛刊景宋本。

⑤ 萧统：《文选》卷十八，胡刻本。

⑥ 李善等：《六臣注文选》卷十八，四部丛刊景宋本。

我们看一下马融的《长笛赋》表达了什么思想？马融描述了制笛的材料竹子的生存环境、同时强调竹子的天然材质、突出其自然之"性"等都与方以智思想相通。特别是马融描述制笛过程："夔襄比律，子野协吕。十二毕具，黄钟为主。""定名曰笛，以观贤士……食举雍彻，劝侑君子"[①]。而人们如果能善听，则笛之音效更是非同一般，"聆曲引"而"观法于节奏，察变于句投"以"知礼制之不可逾越焉"。"听篷弄"而"遥思于古昔，虞志于怛惕，以知长戚之不能闲居焉"。能"知礼制之不可逾越""知长戚之不能闲居"。还能从中听出"老庄之概""孔孟之方""随光之介""诸、贲之气""管商之制""申韩之察""范蔡之说""晰龙之惠"。而"上拟法于韶箾南籥，中取度于白雪渌水，下采制于延露巴人"[②]。其体现了"兼即雅俗"的"中和"思想。"韶箾"一说也出现在《兹燚黈》一文中，方以智盖以此影射他的思想与此处"兼即雅俗"的"中和"思想相通。

古人制作"六器"做工复杂，历时较久，而制笛则"因其天姿，不变其材"即"顺物自然"，体现了"简易之义，贤人之业"。马融感叹道："若然，六器者，犹以二皇、圣哲黈益。况笛生乎大汉，而学者不识其可以裨助盛美，忽而不赞，悲夫！"其有"怀才不遇"之感。此处"黈"以"增益"之意为贴切，以张铣《注》较优。

马融所表达的竹子虽然"生于恶劣环境"，但"高洁"是"天然才具"以及其"夔襄比律，子野协吕。十二毕具，黄钟为主"的说法是符合方以智强调"音律"通于"天道""人事"思想的。而"以观贤士""食举雍彻，劝侑君子""知礼制之不可逾越""知长戚之不能闲居"的劝化思想也是方以智所孜孜以求的。从笛子中能听出"老庄之概""孔孟之方""随光之介""诸、贲之气""管商之制""申韩之察""范蔡之说""晰龙之惠"的种种效果。正与方以智以"均"而"炮制诸家出新理论"思想一致，而"上拟法于韶箾南籥，中取度于白雪渌水，下采制于延露巴人"所体现的其兼即雅俗的"中和"思想。不是正符合方以智"东西均"的思想特色吗？而制笛"因其天姿，不变其材""伐而吹之，其声如此"所体

① 萧统：《文选》卷十八，胡刻本。

② 萧统：《文选》卷十八，胡刻本。

现的"因物付物""简易之义,贤人之业"等都是与方以智思想相通的,特别是"况笛生乎大汉,而学者不识其可以裨助盛美,忽而不赞,悲夫",无疑是感叹人主不识才、自己怀才不遇,更是能够引起方以智强烈共鸣的。

因此,方以智或许正是借此指引我们从马融的《长笛赋》中读出他想表达的思想也是不无可能的。这也许就是方以智想给后人的一个阅读"密码"。虽然我们不能十分确定方以智一定是在借"黈"字来引导我们去读《长笛赋》,从而读出马融所表达的思想也是方以智想表达的,但是至少马融所表达的思想与方以智想表达的思想有很多相通之处是毋庸置疑的。

可见,选择"兹、燚、黈"三字,方以智煞费苦心,其用"黈"而非"黄",不似前文说"玄黄句",以"玄黄"表天地,此处突出"以黄为主"之意,即"乾始坤成,无坤不成"之意。

三、"棘栗蓬"——渊源与含义小考

"棘栗蓬"是《兹燚黈》篇的关键词之一:"专黑门,贵棘栗蓬,毋以交、轮、几为凿破乎?则兹燚黈仍是一棘栗蓬也。"[①]此处"棘栗蓬",庞朴先生注释谓:"棘栗蓬,棘手之物;引申为利器。"《一贯问答》述孟子弟子桃应设问舜为天子、父亲杀人的难题时说:"桃应设此瞽叟(舜父)之棘栗蓬,塞入令师之口,逼得孟子借戏鸣锣,踢出一只破草鞋来(指'视弃天下犹弃敝屣也')。"[②]庞朴先生的说法似乎有待推敲之处。"棘栗蓬"应是"栗棘蓬"之讹,栗树之果实外壳多刺,称"栗棘蓬",而禅宗则有以"栗棘蓬"喻"佛法"的做法,如《五灯会元》中即称"栗棘蓬"。此说笔者以为当始于杨岐方会禅师。以下作个小考。

《五灯会元》卷十九载袁州杨岐方会禅师:"栗棘蓬你作么生吞?金刚圈你作么生透?"[③]同书卷二十载安吉正堂明辩禅师的问答,问曰:"如何是和尚栗棘蓬?"答:"不答此话。"曰:"为何不答?"师大笑曰:"吞不进,吐不出。"[④]同书卷二十载佛照德光禅师也有类似说法:"且道透金刚圈、吞栗棘蓬底是甚么

① 方以智著,庞朴注释:《东西均注释》,北京:中华书局,2001年,第283页。

② 方以智著,庞朴注释:《东西均注释》,北京:中华书局,2001年,第283～284页。

③ 释普济:《五灯会元》卷十九,宋刻本。

④ 释普济:《五灯会元》卷十九,宋刻本。

人？披蓑侧立千峰外，引水浇蔬五老前。"[①]释惠洪撰《石门文字禅》卷十九载《佛印玙禅师赞》曰："临济正宗，有杨岐会……玙也其后，斫额前辈。要识当年栗棘蓬，白藕火中香不改。"[②]李弥逊曰："金刚圈、栗棘蓬，不用闲家具。排圆悟、斥妙喜，不傍人门户。棱棱宝剑倚空寒，触着面门没回互，放行把住总由渠，不负杨岐亲嘱付。"又："不吃赵州茶，不打禾州鼓，击碎杨岐栗棘蓬，平地机关起佛祖。"[③]圆极居顶《续传灯录》卷三十三载云居悟禅师法嗣之南康军云居普云自圆禅师，有"外国言音不可穷，起云亭下一时通。口门广大无边际，吞尽杨岐栗棘蓬"[④]。

可见，"栗棘蓬"之说始于杨岐方会禅师而为其后世所传。而在明代"棘栗蓬"之说除出现在《东西均》中外，还见于袁宏道、王夫之、云栖袾宏的作品中。袁宏道说："大鉴曰：'本来无物，何用扫除?'是即祖师门下'金刚圈''棘栗蓬'之前麾也。"[⑤]而王夫之《读四书大全说》卷五《论语》《子罕篇》中有"在释氏说：'不得触，不得背，金刚圈，棘栗蓬，离钩三寸，十石油麻。'正是这话"[⑥]。云栖袾宏编的《云栖法汇》卷十四《禅关策进》一书所载"处州白云无量沧禅师普说"："二六时中……随话头而卧。心如棘栗蓬相似，不被一切人我无明五欲三毒等之所吞啖。"[⑦]但是，在清代性统编《续灯正统》卷二十九所载同样是"处州府白云无量沧禅师"，则谓："二六时中……随话头而卧。心如栗棘蓬相似，不被一切人我无明五欲三毒等之所吞啖。"[⑧]可见，"棘栗蓬"只是方以智那个时代某些人的说法。因此，"栗棘蓬"是正说，"棘栗蓬"是讹传。

而方以智的"棘栗蓬"说法，可能是受云栖袾宏的影响。而其使用这一说法是为了借禅宗话头以说法，而且笔者以为也是化用庄子"则夫子犹有蓬之

---

① 释普济：《五灯会元》卷十九，宋刻本。
② 释惠洪：《石门文字禅》卷十九，四部丛刊景明径山寺本。
③ 李弥逊：《筠溪集》卷二十二，清文渊阁四库全书本。
④ 圆极居顶：《续传灯录》卷三十三，大正新修大藏经本。
⑤ 袁宏道：《袁中郎全集》卷三，明崇祯刊本。
⑥ 王夫之：《读四书大全说》卷五，清船山遗书本。
⑦ 云栖袾宏：《禅关策进》，见《大正藏》(第48册)。
⑧ 性统编：《续灯正统》卷二十九，见《嘉兴藏》，B437。

心也夫”的说法,郭云:“蓬,生非直达者。”[①]向云:“蓬者短不畅,曲士之谓。”[②]此处指“法之所寄”,或者说,这是一种双关语、多义语。此篇论“悟道”“传道”之法,“棘栗蓬”即“传道之法”或“天道之所寄”,如“文以传道”之“文”一样。此说有进一步佐证。

“天地露泄之,马体变龟用,而人不悟,此天地之棘栗蓬也”。“天地之棘栗蓬”即寓天之“道”;“伏羲露泄之,以奇浑偶,而人不悟”,“此伏羲之棘栗蓬”,谓伏羲以先天八卦表天地之“道”;“文王露泄之,转东西为南北而轮回之,反对相续,而人不悟”,此“文王之棘栗蓬”,即文王后天八卦表天地之“道”;“孔子露泄之,杂上下经而交易之,取三互之《大过》而颠之,天何言而代错,而人不悟”,“此孔子之大棘栗蓬也”,是指孔子以《系辞》《论语》《中庸》等表达天地之“道”。至于佛法、老庄皆“棘栗蓬”:老子是“三生万之教父”;庄子以“北鲲变南鹏,倏忽凿混沌”,不明言天道,而以“寓言忽之。”邵雍以方圆图说《易》,是另一种“棘栗蓬”[③]。

以上是说明伏羲、文王、孔子,所传天地之道——“棘栗蓬”之一贯。虽然老庄之说也是“棘栗蓬”,但是老庄不同于伏羲、文王、孔子,“专黑门,贵棘栗蓬,毋以交、轮、几为凿破乎?则兹、燚、鼪仍是一棘栗蓬也。此并可以凿破黑门而补黑门矣”[④]。所谓“专黑门”,黑者,玄也,即指老子“玄之又玄,众妙之门”之说,说老子“贵棘栗蓬”,也就是指老子重“道”,即“棘栗蓬”,是指“道”。此段表明“棘栗蓬”乃化用《庄子》“蓬心”之说,喻传道之“寄”意。

此文又有“革囊即一棘栗蓬”“钟律一棘栗蓬”“为古今留此总棘栗蓬”“为古今留此偏至之棘栗蓬”云:“空空矣,何有象数……则革囊即一棘栗蓬也……则钟律一棘栗蓬也……大悟自非学习,而必言学习者,则为古今留此总棘栗蓬也。专门之偏精者……为古今留此偏至之棘栗蓬也。”[⑤]这都是指“道”之所寄。

---

① 郭庆藩撰,王孝鱼点校:《庄子集释》,北京:中华书局,1961年,第39页。
② 钱穆:《庄子纂笺》,北京:生活·读书·新知三联书店,2010年,第9页。
③ 方以智著,庞朴注释:《东西均注释》,北京:中华书局,2001年,第285页。
④ 方以智著,庞朴注释:《东西均注释》,北京:中华书局,2001年,第283页。
⑤ 方以智著,庞朴注释:《东西均注释》,北京:中华书局,2001年,第286页。

"聪明之士"认为孔子之学"中和平庸",而方以智认为这正是孔子"集大成"的伟大:孔子"能收古今之利器,以集成一大棘栗蓬也",从而"尽天下人时时衣而食之,故万劫为其所毒,而人不知也"。这里所说"所谓集大成者,能收古今之利器,以集成一大棘栗蓬也"[①]。再次表明所谓"棘栗蓬"乃是喻"天地之道"之载体。

综前述可知:方以智认为自天地一分,天道则由虚入实、以无寓于有,各种理论形式不同,所传之道则无二,皆是一种形式而已。所有文章、著述皆是"棘栗蓬"。

四、《东西均》——方以智的"棘栗蓬"

通过前述研究可以看出,通过《东西均》这个文题,方以智表达了他欲建立一种"全均"理论以解决前人理论各种弊病的思想。通过"究天人之际"即贯彻正确的"天道"与"人事"关系或者说"道器"关系观点以"图天下太平"。他的具体做法是融合东、西诸家理论去其"偏毒",以正其"孤"。在融会东、西诸家理论时他是以"尊孔"为其理论前提的,在"别传""真孤"思想影响下,认为"庄子表面尊老子而实质是尊孔子"的。

而《兹燚黈》的主题,首先是在于强调"天统天地""天道生万物"的思想。这种思想既强调"天"的主导性又同时强调"地"的承接作用。即"地为天余""坤为乾余"的思想,"必曰万物本乎天、人本乎父,盖全是地,则全是地之承天,地何敢自有其分毫乎"[②],强调尽"地道"以显"天道"、尽"臣道"以显"君道"也是他选择"黈"字的一个重要寓意。其次是以"燚"喻"火""心神""天地之道",表达了方以智重视"薪火相传"的一贯态度与以"文章传薪火"的抱负。

方以智用"棘栗蓬"这一意象是为了借禅宗话头以说法,同时兼指与庄子的关系。方以智认为,各种理论形式不同,所传之道则无二。所有文章、著述都是"棘栗蓬",其《东西均》亦是如此。

综合以上研究,结合《东西均》整体内容,可以看出如下特点。

---

① 方以智著,庞朴注释:《东西均注释》,北京:中华书局,2001年,第287页。

② 方以智著,庞朴注释:《东西均注释》,北京:中华书局,2001年,第101页。

1. 从表达方式上来看,以虚拟的人物形象即“意象”表达自己的思想,是方以智作品极具个性化的重要特点。其意象通常有喻“融汇三教”以归“一”的特点。

2. 从思想上来看,他主张“融汇三教”以归“一”,“一”是《易》之“道”亦即“尧孔之道”。在处理三教关系时“以孔为尊”“以儒为主”,在此基础上,他接受道盛的“尧孔之孤”“别传”的观点,结合其“一生好庄”的基础,体现出以《庄子》思想为载体进行阐发的特色,“《易》《庄》原通,象数取证”。而在处理“百家”关系时则遵循“互激”的原则,而其根本观点则是“溯其原同,则归于《易》耳”。

3. 方以智从“天人之际”出发表达他对“尧孔之道”的理解。从“天道”而“人事”,遵循“即器是道”“事理不二”的原则。同时,他认为这一“道”为《易》所包含。这是我们从“兹燚黈”中可以读出的内容。而他从“乾、坤,其‘易’之门耶”出发,突出对“天地”“乾坤”的重视,体现在前述“轮尊”“方老”所寄寓的深刻丰富的含义上。他的“地为天余”“坤为乾余”的思想,体现了他所理解的“天地”之道与“君臣关系”,即“天统、地余”“君统、臣余”。而以“贯、泯、随之征乎交、轮、几”的说法贯通“天人”,是方以智的“棘栗蓬”。方以智以“交、轮、几”来阐述“天道”,以“贯、泯、随”侧重阐述“人事”,“天道”以“人事”而显现,即所谓“道在器中”“事理不二”。这一“道理”贯彻或体现于《易》,进一步表现于《河图》《洛书》。它是儒家一脉相传的经世济民之“道”,即“尧孔之道”。方以智借《兹燚黈》表明他对《易》所包含的“天道、人事”之理的理解并借此以表明他的思想与伏羲、文王、周孔是一脉相传的。

方以智作品所表现出来的“融汇三教”的特色,使人对其学术所宗产生误会,他自己也有“今而后儒之、释之、老之,皆不任受也,皆不碍受也”的说法,好像他没有宗派,其实他自身的主观追求始终是以“正统儒家”自居并要求自己的,从前述分析即可以确定这一点。

作者单位:江苏经贸职业技术学院纪委

方以智的生死观

李　昕

摘　要:生死之争和忠孝之争缠绕在一起构成方以智生存境遇中最不可解的矛盾。对方以智来说,何为生死与如何面对"死"乃至于如何面对"生"变成了一个与自己的存在切实相关的本质性问题。方以智著作中多次出现的"一惧而四胜"的生死观也并非抽象的生死理论,而确实是明末之际影响世人作出生死选择的具体理念。方以智对种种生死观作出了非常彻底的反思,并提出要"真知生死",生死之"所以"则同为"于穆之生之主"。在此基础上,生者应当存身以养其生之主,死者亦以死大全其天,生和死都可以达至"不虚妄"的程度。当然方以智也不是主动鼓励死,而是主张生于"存存慎独",以慎独为真知生死之后一种持续性的生存方式。

关键词:生死　一惧四胜　于穆之主　慎独

明清之际,社会动荡,生死无常之感明显。在思想层面,晚明士人和理学家对生死问题的讨论尤为突出。吕妙芬指出,在明末诸儒的讲学中生死问题尤其突出[①]。何冠彪则集中考察了易代之际士大夫就殉国与否作出的选择与相关讨论,展现出士人群体在生死问题上复杂的心理状态[②]。就个人生死

---

① 吕妙芬:《儒释交融的圣人观——从晚明儒家圣人与菩萨形象相似处及对生死议题的关注谈起》,吕妙芬主编:《明清思想与文化》,北京:世界图书出版公司,2012年,第27～65页。

② 何冠彪:《生与死:明季士大夫的抉择》,桂林:广西师范大学出版社,1997年,第33～152页。

观来说，学界对王船山、黄宗羲、陈确等个例的生死观研究也颇为突出[①]。有关方以智生死观的研究，则多以其体用思想和“交、轮、几”“随、空(泯)、贯”的辩证结构为基础，来说明方以智对生死的无执与超越[②]。

方以智对生死的讨论有“大生死”与“小生死”的面向，前者包括天地两间一切存在物的成毁现象，甚至包括天地宇宙的更迭；后者则主要指个人的生死存亡问题。当然两个面向并非截然区分，毋宁说后者要在前者的基础上才能得出“生死小矣”的意义。本文的讨论偏重对个人生死问题的理解，从方以智本人的生死行迹出发，揭示生死问题于他而言乃是与其存在切身相关的问题。方以智对当时流行的种种生死观作出了非常彻底的反思，集中表现于对“一惧而四胜”的反驳，并最终提出要“真知生死”，认为生和死都可以达到“不虚妄”的程度。当然方以智也不主动鼓励死，而是主张生于“存存慎独”[③]。

一、方以智的生死抉择

死亡问题对于研究方以智其学其人似乎有更为特殊的意义。就其人而言，余英时先生的《方以智晚节考》最早以考证史料的方式说明方以智在惶恐滩死于自沉而非疾病，以此昭示明遗民及士大夫的价值观念和气节。自此以后，学界对于方以智的死因始终未能达成一致，如任道斌与冒怀辛两位先生均认为方以智死于疾病而非自沉。粤难一案具体如何，至今不知，而方以智

---

① 谷继明《王船山的气论与生死观》一文则表明王船山的生死关切与其宇宙论、存在论和修养论密切相关，且对宋以来张载、朱子等的生死观有继承和推进，见《中国儒学》(第8辑)，北京：中国社会科学出版社，2013年，第224～238页；张晖《丧乱之际的生与死——论黄宗羲对于死亡的态度》一文则考察了黄宗羲个人的生命历程和对时代生死抉择的反思评判，认为黄宗羲个人选择“不死”有其心学立场上的依据，见《古代文学理论研究》(第38辑)，上海：华东师范大学出版社，2014年，第6～17页；何冠彪《生与死：明季士大夫的抉择》最后的附录章节《明遗民对殉国与否的抉择与回应——陈确个案研究》则全面考察了陈确的生平行迹、陈确对当时生死观念的反思与陈确本人的生死观，见《生与死：明季士大夫的抉择》，桂林：广西师范大学出版社，第33～152页。

② 刘元青：《方以智“三教合一”思想探微——以生死观为例》，载《江汉大学学报(人文科学版)》，2011年第4期，第43～46页；杨自平：《方以智〈东西均〉的生死哲学》，载《兴大中文学报》，2013年第33期，第121～154页。

③ 方以智著，庞朴注释：《东西均注释》，北京：中华书局，2016年，第183页。

在逃禅20余年后依旧被牵涉，似乎于方以智而言属于不可抗之横祸。而病死或自沉之争也不仅仅是为了还原死因，其间有一重大差别在于，自沉乃是属于个人抉择，虽这一抉择发生在一个被迫的整体境遇中。当然疾病之说在方以智有关生死的论说中也颇有意义，“斋、战、疾”是方以智时常用来讨论生死问题的三种情景预设。

方以智最终死因如何，至今难有定论。但是，方以智一生中确有三次直面死亡或需要作出生死抉择[①]：第一次是甲申（1644）国变，方以智时任翰林院检讨，于君臣之义似乎当以身殉节，以死保全君臣伦理，但后被李自成军队所俘，遭受了“加刑毒，至两髁骨见”[②]之苦。结合方以智自述及其后奔赴南朝激烈主张北伐的所作所为，方以智忍死存生的原因是为了报国。换言之，此时君臣国家之义和存生之间的冲突还能被曲折地化解；第二次面临死亡之威胁是在南朝时，“值马、阮乱政，修怨，欲杀之，遂流离岭表”[③]。方以智此时面临的并非个人的生死抉择，而是直接面临死亡的威胁。但这种威胁来自内部党祸，这意味方以智既要在党祸中逃生，但此时此种逃生已经不在具备“存身报国”的可能性，这种进退失据的境遇真正从存在的意义上逼现出对生死问题的追问。当然，按刘浩洋论文的研究，方以智此时将存生的依据寄托于“能与家人再次团聚”[④]，这意味着“存生（身）”的依据从国家伦理转移到了家庭伦理，尤其是转移到了父子之孝，而方以智最早亦以孝闻名朝野[⑤]；然而，方以智在第三次面临生死抉择时，便是连“孝”也难以保存。清顺治七年（1650），方以智在广西平乐县被清军所俘，清帅马蛟麟欲令其归降：“尝曰：‘吾归则负君，出则有亲，吾其缁乎！’未几，就絷平乐，其帅欲降之，令冠服置

① 刘浩洋：《从明清之际的青原学风论方以智晚年思想中的遗民心志》，台湾“国立”政治大学博士学位论文，2004年，第195～203页。

② 马其昶：“俄京师陷，先生哭临殡宫东华门，被执，加刑毒，至两髁骨见，不屈。”见马其昶撰，彭君华校点：《桐城耆旧传》卷六，合肥：黄山书社，2013年，第161～162页。

③ 马其昶撰，彭君华校点：《桐城耆旧传》卷六，合肥：黄山书社，2013年，第162页。

④ 刘浩洋：《从明清之际的青原学风论方以智晚年思想中的遗民心志》，台湾“国立”政治大学博士学位论文，2004年，第198页。

⑤ 马其昶撰，彭君华校点：《桐城耆旧传》卷六，合肥：黄山书社，2013年，第162页。

左,白刃置右,惟所择。先生辞左受右,帅更加敬礼,解其缚,始听为僧。"[①]方以智被迫处于一种非左即右的境遇之中,且不得不作出抉择。左右之争,是生死之争,也是立身之节与家庭之孝之争,两种争端缠绕在一起构成方以智生存境遇中最不可解的矛盾:生便失节,死便失孝。换言之,这已经不是单纯选择个体存亡的问题,生或死都不能解决问题。当然,方以智也忍痛作出了"辞左受右"的选择,由此可知方以智在其一生之中确实选择过死亡。虽然最后的结局是马蛟麟为这种气节所感,但方以智也不得不披缁为僧。

对于数次面临死亡考验而最后生命勉强得以保全的方以智来说,何为生死与如何面对"死"乃至于如何面对"生"变成了一个与自己的存在切实相关的本质性问题:"不可以生而生者,妄生也;不可以死而死者,妄死也。"[②]方以智直面过"咽喉切痛之生死",既选择过生(甲申国变),也选择过死(平乐抉择)。在激烈变革、颇不正义的明清易代之际或许没有所谓正确的选择,但至少于方以智而言,生或死的选择是不是虚妄是需要去精思勘悟的,方以智极力反对"虚生浪死"。在方以智思想中,生死问题不是抽象思考,更非隐喻,而是其切身相关的问题。当然,方以智对生死的思考也并非仅仅是要为自己的生存寻找一个理由,无论如何艰险,这确实属于启发反思生死根本的外缘。但至此为止可知,至少此前为生死作出解答的诸多学说都为方以智所反思,方以智的处境让他能够剥落诸多关于生死问题的前见,而从最根本也最究竟的地步开始着手讨论生死问题,此为"生死故",或称"生死格"。"故"者,即讨论生死之究竟;"格"者,即以生死为格识的对象,结合方以智"践格不二"之说,也可以知道这种格识并非停留在智识层面,而是需要亲身参验。

二、驳"一惧而四胜"

无论是在《东西均·生死格》中还是在《易余·生死故》中,方以智都较早安排了驳斥"一惧而四胜"生死观的段落。这说明方以智对流俗常见的生死观和生死行迹都进行了较为彻底的反思,或许也意味着这些观念都不足以为

---

① 马其昶撰,彭君华校点:《桐城耆旧传》卷六,合肥:黄山书社,第162页。

② 方以智著,张永堂整理:《易余》,合肥:黄山书社,2019年,第88页。

方以智亲身面临的生死问题和生存处境给出合理的解释。而方以智亦经由驳“一惧而四胜”而提出要“真知生死”。

《东西均·生死故》开篇首先提出生死问题是一“大事”，而这并非意味着要执着于生死尤其是执着于生。方以智强调：“知生死，生死小矣。”[①]“知生死”，即以生死问题为相当重要之事，方以智亦称之为“醒世第一铎”，而真知生死之后的结果，则自然就是“生死小矣”。在《生死格》开篇，方以智指出不知生死之人的生存情况便是“营营相逐”[②]，即勉力于求生乃至于求利、求安乐。在一定程度上，“醒世”之醒也是为了对治此种情况。

随后，方以智即在《东西均》中举出世间常见的生死观，即“一惧而四胜”[③]。《易余·生死故》则将之表述为“四惧”“四胜”。惧，乃是世俗常见的惧怕死亡的情感；胜，即“克服”义，方以智常表述为“以理”胜之。“四胜”即四种对生死的理解，其目的是尝试克服对死亡的恐惧而能够安顿生命。先说“惧”。《易余》中的“四惧”主要是：“惧其屋漏以圣贤之衮钺，惧其行事以邦家之应违；愚不肖过耳而已！故阳惧之以帝王之刑赏，而阴惧之以鬼神之祸福。六道毗沙自绘变像而毛毅矣。”[④]屋漏之惧相当于祭祀之敬畏或慎独之敬畏，其原因则在圣贤之奖惩；行事之惧即行动之谨慎，其原因则在于公共刑罚制度；“阳惧”之说关系着可见之刑赏，“阴惧”之说则关系着不可见之祸福报应。《易余》之“四惧”最后可以归结为对“刑赏祸福”之惧，从根本上来说是惧刑与祸，是乐生。《东西均·生死格》中的表述更为精练，将“一惧”概括为“临之以罪福，耸之以六道”[⑤]，六道轮回亦是罪福说的一种表征。不过，值得注意的是，《易余》中的“四惧”更像对四种恐惧情绪存在样态的一种描摹与揭示，而《东西均》中“临之”“耸之”之语则表明这也是一种有关生死的理论劝导，可以有意为之。正因为以此为一种理论劝导，方以智在《东西均》中进一步认为此

---

① 方以智著，庞朴注释：《东西均注释》，北京：中华书局，2016 年，第 178 页。

② 方以智：“苟决华腴，营营相逐，如是乎忌讳生死，不闻生死之言，而日拖尸以趋死。”见方以智著，庞朴注释，《东西均注释》，北京：中华书局，2016 年，第 178 页。

③ 方以智著，庞朴注释：《东西均注释》，北京：中华书局，2016 年，第 179 页。

④ 方以智著，张永堂整理：《易余》，合肥：黄山书社，2019 年，第 87 页。

⑤ 方以智著，庞朴注释：《东西均注释》，北京：中华书局，2016 年，第 179 页。

种说法(而主要是佛教的学说)有其意义:“毗沙无间,犹以怖死阴救殉财、渔色、夸权、凭生之生死”[①]。“怖死”是理学传统中批判佛教的常见说法。如明道说:“释氏本怖死生为利,岂是公道?”以及“佛学只是以生死恐动人,可怪二千年来无一人觉此是被他恐动也。圣贤以生死为本分事,无可惧,故不论死生。佛之学为怕死生,故只管说不休”[②]。明道认为怖死生之说是佛教学说的特色与一大弊端,因为生死没有值得恐惧的地方。所谓“以生死为本分事”,便是在说一种接受和顺随生死的态度。当然,明道也会认为:“死生存亡皆知所从来,胸中莹然无疑,止此理尔。孔子言‘未知生,焉知死’,盖略言之。死之事即生是也,更无别理。”[③]生死有生死之理,知晓此理便不会再有恐惧死亡的情感。在强调“知所以”的意义上,方以智确与明道有相似之处。譬如《易余·目录》在解释“生死故”时便说:“所以者何?则故而已矣。知所以生,知所以死,随其生死,有何生死?”[④]方以智强调对生死要有一种真知,同样有对“所以”的追问。不过,与明道截然不同的是,方以智认为,此种“怖死”之说有其可取之处——能够“阴救殉财、渔色、夸权、凭生之生死”。所谓“殉财、渔色、夸权、凭生之生死”可对应开篇所讲“世人营营相逐之生”,这种态度忌讳或者说罔顾生死的意义。方以智认为,佛学等怖死之说恰恰能够在一定程度上救治此种生死观,死亡恰恰可以将营营相逐之利剥落迨尽,并凸显生死为大事的意义。所谓“阴救”,意味着此种意图在“怖死”的学说中并不明显,且“怖死”之说只可在特定情景和人群中作为一种警示生死意义的权说,并非一种究竟的生死观。

“一惧”是以恐惧的情感来教导生死,“四胜”则是从理的角度来讨论生

---

① 方以智著,庞朴注释:《东西均注释》,北京:中华书局,2016年,第179页。

② 程颢、程颐:《程氏遗书》,见朱杰人、严佐之、刘永翔主编:《朱子全书》(第17册),上海:华东师范大学出版社,2010年,第16～17页。

③ 程颢、程颐:《程氏遗书》,见朱杰人、严佐之、刘永翔主编:《朱子全书》(第17册),上海:华东师范大学出版社,2010年,第33页。

④ 方以智著,张永堂整理:《易余》,合肥:黄山书社,2019年,第23页。

死。方以智在《易余》[①]《东西均》《药地炮庄》[②]中均举出过“四胜”的说法，其文字大致相同，兹以《东西均》中的文字为例：

其胜之以理者曰：存亦乐，亡亦乐，是齐生死也；聚则有，散则无，是泯生死也；名立不朽，没而愈光，是轻生死也；安时俟命，力不可为，是任生死也。齐、泯、轻、任，谓之“四胜”。知其莫可谁何而立言广意以胜之，然终为生死所囿，非真知生死者也。百姓日用不知，圣人通昼夜而知，“朝闻道，夕死可矣”，知其故矣。[③]

“四胜”之说出自宋人刘子翚的《圣传论》第六首《孔子》。刘子翚的《圣传论》十首呈现的是道统谱系，首之以尧舜，继之为禹、汤、文王、周公、孔子、颜子、曾子、子思、孟子。其中，每一首都对先圣所传之道的说明都有一个重心，譬如于《周公》言《易》与谦德，于《曾子》言孝，于《孔子》则言生死之道：

望室而知四隅者，必超室表，举舆而知轻重者，必在舆外；游生死而知其终始者，必践形理也。魂魄之变，茫昧莫测，岂可以情识猜揣哉，知之必有道也。畏生死者未达也，达者不畏焉；不畏者犹未能践形也，常流乎四胜之间。何谓四胜？或曰存亦乐，亡亦乐，是齐生死也；或曰聚则有，散则无，是泯生死也；或曰名立不朽，没而愈光，是轻生死也；或曰安时俟命，力不可为，是任生死也。齐、泯、轻、任，是四胜也。帘窥壁听，仿佛未真，姑立言广意以胜之，终为生死所囿。昔夫子读《易》，三绝韦编，于是原始要终，知生死之说。[④]

---

① 方以智：“贤智则以理胜之。存亦乐，亡亦乐，是纵之以齐生死也。聚则有，散则无，是以气而凭生死也。立而不朽，没则愈光，是以名而轻生死也。安时俟命，力不可为，是以数而任生死也。知其莫可谁何而为此以自广，非真知生死者也。”见方以智著，张永堂整理：《易余》，合肥：黄山书社，2019 年，第 87 页。

② 方以智：“屋漏之衮钺，邦家之应违，阳有刑赏，阴有鬼神，此四惧也。存亦乐，亡亦乐，以放而委生死也；聚则有，散则无，以气而凭生死也；立而不朽，没则愈光，以名而轻生死也；安时俟命，力不可为，以数而任生死也：此四胜也。”见赵锋整理：《药地炮庄》，合肥：黄山书社，2019 年，第 110 页。

③ 方以智著，庞朴注释：《东西均注释》，北京：中华书局，2016 年，第 179 页。

④ 曾枣庄、刘琳主编：《全宋文》（第 193 册），上海：上海辞书出版社，安徽：安徽教育出版社，2006 年，第 167 页。

值得注意的是,方以智的写作思路也与刘子翚相似,先谈畏惧生死,再谈“四胜”。就对生死的态度而言,刘子翚显然认为,不同态度有高下之分,最下者畏生死,其次为“四胜”,最高乃是“践形”。“践形”语出《孟子·尽心上》:“惟圣人然后可以践形。”方以智亦十分重视“践形”,以“践形”为“不落有无者”[①]。“践形”最终为何种应对生死问题的存在方式,此处未明。但需要注意的是,刘子翚认为“四胜”不足以“践形”,唯有明白《易》道生死观的圣人才能“践形”,而方以智同样认为《易》是“第一生死之道”[②]。“四胜”乃是四种典型的生死学说。所谓“齐生死者”,乃是以死为乐,认为死之乐与生之乐没有区别。在刘子翚处此或暗指庄子思想,譬如《庄子·至乐》中有“死:无君于上,无臣于下,亦无四时之事;从然以天地为春秋,虽南面王乐不能过也”的说法。而方以智则时常为庄子辩护,此说或当视为当时存在的对庄子思想的某种误解[③]。或有学者认为,“齐生死”之说类似于佛教中的“往生极乐净土”的思想,可略备一说。这种“齐生死”之说本质上还是避苦趋乐思想在生死问题上的一种变形,并没有真正回答生死问题,而是在巧言立论上顺从常人避苦趋乐的生物性本能。

“泯生死者”则指向气论生死观,即以生死为气之聚散,聚则生,散则死。《易余》则明确表述为“以气而凭生死”。以气之聚散论生死亦是理学中的传统论题,譬如二程便认为“凡物参和交感则生,不和分散则死”[④],而比气之聚散更重要的则是气之所以聚散的理。张载同样以气之聚散论生死,当强调气散而还入于太虚:“太虚不能无气,气不能不聚而为万物,万物不能不散而为太虚。循是出入,是皆不得已而然也。”[⑤]当然在这一问题上二程乃至朱子都

---

① 见《东西均·三证》等。

② 方以智著,庞朴注释:《东西均注释》,北京:中华书局,2016年,第185页。

③ 譬如王夫之在解释“至乐”篇名时称:“庄子曰:‘奚暇至于悦生而恶死’,言无暇也,非以生不可悦,死不可恶为宗,尤非以悦死恶生为宗;哀乐不入其中,彼固有所存者在也。”见王孝鱼点校:《庄子解》,北京:中华书局,2009年,第223页。可见,以庄子思想为“悦死”之说或为一种常见的误解。

④ 程颢、程颐:《程氏遗书》,见朱杰人、严佐之、刘永翔主编:《朱子全书》(第17册),上海:华东师范大学出版社,2010年,第112页。

⑤ 张载著,章锡琛点校:《张载集》,北京:中华书局,1978年,第7页。

对张载有所批评，其批评的重点在张载太虚气论有偏于佛教轮回说的倾向。但总的来说，以气之聚散论生死乃是他们共同接受的主张。这种观念往上可以溯源至先秦的诸多文本，而《庄子》亦是一典型代表[①]；往下则为晚明学者所接受并发扬，而王夫之为一典型代表。于方以智而言，以气之聚散解释生死现象的发生并不能称之为错，方以智也不否认气之聚散："气聚则生、气散而死者，命根也；不待生而存、不随死而亡者，性体也：此性命之不可一者也。"[②]方以智有时候还会将气论与尊阳说结合在一起解释生死现象的发生："阳来则生，阳去则死。天地万物，生死主于阳。"[③]甚至可以说，气聚的原因在于"阳来"，气散的原因在于"阳去"。但无论是聚散说还是阳主生死说，本质上都是在气的层面解释生死现象的发生，甚至可以说，我们在这里理解的乃是气之聚散问题而非生死尤其是人的生死问题。接受气论生死观的人对待生死的态度是"泯生死"，这意味着在气的意义上泯除生死分别，但对于多次面临咽喉切痛之死亡威胁和必须作出生死抉择的方以智而言，生和死的界限并不是气之聚散之理可以泯除的。换言之，这种气论生死观在方以智看来并不彻底："'原始'者原其无始而有始，非止原其气聚而生也；'反终'者反其有终而无终，非止反其气散而死也。"[④]"非止"即表明对生死问题的反思与探讨不可止步于气之聚散。与刘子翚一致的是，方以智在生死问题上也重视对《易传》"原始反终"的阐释。

"轻生死者"对生死问题的轻视与前文所说"营营相逐者"避讳生死的态度不同，"轻生死者"主要指"轻死"[⑤]。"轻死"看似超脱了对死亡的恐惧，而方以智认为这不过是"求名"的一种体现，即求名之永存以作为对身死的代偿。需要注意的是，明清易代之际出现了很多以死来获得名节的行为。例如，黄宗羲就在给友人陈确的墓志铭中写道：

---

① 譬如《庄子・知北游》："人之生，气之聚也。聚则为生，散则为死。若死生为徒，吾又何患。"

② 方以智著，张永堂整理：《易余》，合肥：黄山书社，2019 年，第 222 页。

③ 方以智著，张永堂整理：《易余》，合肥：黄山书社，2019 年，第 52 页。

④ 方以智著，张永堂整理：《易余》，合肥：黄山书社，2019 年，第 87 页。

⑤ 汉语表达在这类问题上尤有精妙之处，譬如日常口语中并无"轻死"一词，而是表达为"轻生"。

> 甲申以后,士之好名者强与国事,死者先后相望,乾初曰:“非义之义,大人弗为。人之贤不肖,生平具在。故孔子谓‘未知生,焉知死’。今人动称末后一着,遂使奸盗优倡同登节义,浊乱无纪。死节一案,真可痛也。”乾初之论,未有不补名教者。①

针对此种现象,陈确指出这种以死获得名节的现象本身亦是对纲纪的败坏,对名节的评定亦当考其生平所作所为。黄宗羲尤其指出,陈确的说法可以补救名教。但亦须知,以死殉节的泛滥亦是名教发展的一种不良后果,且明清之际士人在生死抉择中亦是时时在经受忠孝名教的压力。方以智在援引刘子翚此段文字时,必然对“以名轻生死者”的存在乃至泛滥有切实的体会。在《东西均·名教》一篇中,方以智也将名教与死亡的问题放在一起讨论:“好名而畏死,人诚无奈其情何。然圣人之所以补救天地,使万世安生,正惟恐天下之不好名而畏死也。”②好名与畏死原是人之常情,《名教》亦是讨论圣人何以利用好名与畏死之常情建立教化。方以智承认存在一种以名轻死的情况:“究竟能以名敌死者,千百中之一二,则名字终不能胜死字明矣。若论劝世止恶,兼用死字、名字;欲歇名心,专须死字。死字是亘古亘今大恩人、大宝贝,切莫错过。”③“以名敌死”者即所谓“轻生死者”,但方以智认为此种情况并不多见,人虽好名,但就程度轻重而言则畏死更胜一筹。但也需注意,明清易代之际殉节人数为历代之冠④。在这个意义上,好名虽可以作为一种施教的手段,但即便在施教之权法的意义上好名依旧不足以对治畏死的问题。相反,方以智指出,对“死”的强调有助于“歇名心”,这便是《东西均·生死格》开篇所说生死问题为“醒世第一铎”。

“任生死者”则指一种命数论或者说命定论的生死观,《易余》表述为“以数而任生死”⑤。方以智论之未详,但命数论生死观又可以进一步分为两种,

---

① 陈确:《陈确集》,北京:中华书局,1979年,第8页。

② 方以智著,庞朴注释:《东西均注释》,北京:中华书局,2016年,第349页。

③ 方以智著,庞朴注释:《东西均注释》,北京:中华书局,2016年,第359~360页。

④ 弘历在《题〈胜朝殉节诸臣录〉》中称:“以明季死事诸臣多至如许,迥非汉、唐、宋所可及。”转引自何冠彪:《生与死:明季士大夫的抉择》,台北:联经出版事业公司,1997年,第17页。

⑤ 方以智著,张永堂整理:《易余》,合肥:黄山书社,2019年,第87页。

一种是以先天所禀命数论定个体生死，此种生死观较早可见于《太平经》："星有度数，照察是非，人有贵贱，寿命有长短，各禀命六甲。"[①]《抱朴子》亦言："凡人之受命得寿，自有本数，数本多者，则纪算难尽而迟死，若所禀本少，而所犯者多，则纪算速尽而早死。"[②]但《抱朴子》中的命数观还留有人行善改命的可能性，可以劝人向善。此种以善行或修行"造命""改命"的观念在中晚明亦大为流行，譬如袁了凡《立命说》与类似"功过格"的出现便是如此[③]。方以智对这种现象应当是了解的，但他是否直接对此进行评述还有待考证。但从理上说，此种"造命""改命"论亦是以罪福心理为依据而对命数论进行改造，在劝人向善的权法意义上方以智或许能予以部分的认可，但究竟不是真知生死的一种生存方式。不过，方以智此处所说"任生死者"之"任"，乃是以命数为定论而无所作为。另一种命数论生死观则涉及推运之术，即通过推算可以知晓时代之运数而个人身处其中则无可作为。此种时代运数论时常被溯源至邵雍，明清之际很多士大夫都对此较为关心[④]。方以智对邵雍的皇极经世之学颇有继承，但他同样认为人即便身处糟糕之世也不能放弃自身的努力而委任于所谓造化："生此一元之午会，当偏讹巧窃之纷纆，欲明即感是寂、开物成务之易，可但借口曰委化也而听之哉？"[⑤]所谓"委化也而听之"便是此处的"任生死者"。从中也可以反推，方以智承认甚至会强调人"力有可为"，而在何种意义上人力有可为与人应当如何作为，则是真知生死之后才能回答的问题，此亦与方以智的功夫修养论密切相关。

方以智对"四胜"的总体评价是"然终为生死所囿，非真知生死者也"。所谓"为生死所囿"，即意味着四胜对生死问题的讨论依旧接受了"有生死"的大前提，并局限于此而探索一种面对生死的态度，尤其是要克服对死亡恐惧。"齐生死者"本质上是乐生；"泯生死者"仅仅能在理上说生死没有分别而化除

---

① 俞理明：《〈太平经〉正读》，四川：巴蜀书社，2001 年，第 419 页。

② 葛洪著，王明校释：《抱朴子内篇校释》，北京：中华书局，1985 年，第 53 页。

③ 王汎森：《日谱与明末清初思想家——以颜李学派为主的讨论》，见王汎森：《晚明清初思想十论》，上海：复旦大学出版社，2004 年，第 117～186 页。

④ 谷继明：《明清之际邵雍数学的影响——以方以智等为例》，见《现代儒学》(第 8 辑)，北京：商务印书馆，2021 年，第 145～155 页。

⑤ 方以智著，张永堂整理：《易余》，合肥：黄山书社，2019 年，第 28 页。

对死亡神秘主义般的恐惧,但不足以给出行动的依据;“轻生死者”本质上是好名或者说以名存代替身存;“任生死者”放弃了自己的选择而将生死问题交还给命数,但对于直面生死抉择的方以智而言,这种放弃选择式的消极委任是不存在的,人必须作出抉择。由此可见,“四胜”都不同程度地在生死问题上具有自欺性或不彻底性,四者都不是所谓“真知生死者”。方以智在生死问题上追求一种极致而彻底的探索,如果不能真知生死,不论生或死都是虚妄的行为,这是方以智不能接受的。

三、死生全天与慎独

在对“一惧而四胜”进行批驳之后,《生死格》和《生死故》都进入了对庄子“养生”观念的说明。方以智认为,庄子既不是乐死,也不是畏死,而是“惟以逃生死之说为敌生死之势,以平其养生之怀耳”[①]。《庄子》中流露出来的逃避生死或厌弃生死的倾向,不过是一种善巧之言,目的是“诱人养生”[②]尤其是“诱人养其生之主”[③]。“养生”还难以与世俗贪生畏死的意愿相区别,而“养其生之主”则明确要与丹道养生长生之术相区别,“生之主”乃是“于穆之生生”[④]。这已不再局限于个体生死存亡的问题,而涉及方以智的存有论。更重要的是,此种“养生之主”的观念又恰恰对“养生”与“存身”形成一种回护,使之与畏死之养生术区别开来。

与《易余·生死故》不同的是,《生死格》在评述完庄子的生死观之后紧跟着的是对汉老父之语的引征和对龙、比、孤竹之死的评述:

> 汉老父曰:“兰以熏自烧,膏以明自灭。”此溺于曳尾、臃肿者,夫乌知龙、比、孤竹之大全其天乎?大过灭顶,不可咎也。亢龙两圣人,此其一乎?薰者烧,不薰者亦烧;明者灭,不明者亦灭。生死一昼夜,将贵昼而贱夜邪?方齐寿夭而叹大全天者,则陋巷不及东陵之盗,而况彭祖八百乎?蜗牛暮死,即彭祖矣。种柏作祠堂者,余文焉尔矣。必以死为名,则

① 方以智著,庞朴注释:《东西均注释》,北京:中华书局,2016年,第180页。

② 方以智著,张永堂整理:《易余》,合肥:黄山书社,2019年,第87页。

③ 方以智著,张永堂整理:《易余》,合肥:黄山书社,2019年,第87页。

④ 方以智著,张永堂整理:《易余》,合肥:黄山书社,2019年,第87页。

老父叹之，岂以全天为必不饿乎？[1]

如果说上述为庄子辩护的一段意在承认生的意义，此段则意在承认死的意义。此段尤为重要的乃是“全天”之论。一般来说，全天意味着“全其天年”，强调保全生命与肢体的重要意义，此说又经常与孝道联系在一起。方以智则反对以寿命之长短来判定全天与否：“养生为全天，则颜不如彭矣。”[2]养生不以一般意义上的全天为目的，而方以智提出的全天之说，所全之天便不是寿命而是上文所谓“生之主”，即全其于穆不已之天。而龙、比、孤竹的事迹，则是以死全天的例证。兹以孤竹（伯夷叔齐）为例。伯夷叔齐的事例对明清易代之际的士人而言有相当特殊的意义，无论是易代的背景、还是逃周的选择乃至（饿）死的结局，似乎都使得伯夷叔齐成为时人效仿的精神对象。相关讨论亦层出不穷[3]。对于伯夷叔齐之死，方以智的评价为“大过灭顶，不可咎也”，这是遵循了其祖父方大镇的思想。《野同录》解《大过》“上六，过涉灭顶，凶，无咎”称：“安石、了翁尝言伯夷无首阳之事，屈平未投汨罗，此自爱惜其死以埋没古人耳。漆园激口，以跖辱夷，遂有以杀身成仁为非闻道者，故圣人断断曰‘不可咎’也。其曰‘死事易、成事难’者，论事宜审，论人则苛。”[4]伯夷叔齐与逢龙比干都是身处极其艰难危险的境遇中，人力不能拯救之。无论是逢龙比干之直言深谏，还是伯夷叔齐之不食周粟，最后都导向了身死的结局。就个体生存结局而言，这绝不能被称为“无咎”，而方大镇则认为“无咎”是对其人的评价，认为此种杀身成仁之举的意义是可以被认可的。方以智的肯定则更进一步，认为这种死乃是“大全其天”。这关系到对“亢龙两圣人，此其一乎”一句的理解。“亢”与“过”在意涵上有相当接近之处，都表示一种过度。但“亢”指向个体之亢进，“过”则指向整体境遇之过。方以智尤其重视

---

① 方以智著，庞朴注释：《东西均注释》，北京：中华书局，2016 年，第 181 页。

② 方以智著，庞朴注释：《东西均注释》，北京：中华书局，2016 年，第 221 页。

③ 何冠彪：《生与死：明季士大夫的抉择》，台北：联经出版事业公司，1997 年，第 112～116 页。

④ 方孔炤、方以智撰，郑万耕点校：《周易时论合编》卷四，北京：中华书局，2019 年，第 746 页。

《乾・文言》在解释"亢龙有悔"时两言圣人[①]的重要意义:"孔子独于亢龙称两圣人,而子思举遁世以赞圣者之能,正唤醒人于体处见用,而后知全用是体也。"[②]《文言》极力言人作出"亢"的行动所会招致的危害之甚,强调"退"的意义,方以智亦于此发挥"潜藏"与"知体"的意义。仅以此观之似乎龙、比、孤竹恰恰不足以称道。但正如庞朴先生所言;"龙逢等乃知进退存亡、全用是体的圣人之一例。"[③]综观《生死格》与《一贯问答・问一贯》便知,龙、比、孤竹之死恰恰是真知生死且知进退存亡之道后的死,这种死亦是"全用是体"的体现。龙、比、孤竹之死满足了这样三个条件:真知进退存亡之道、身处大过灭顶之极端处境、生前为其所当为(如直谏等)。方以智反对畏死、轻死、以死为名,但也肯定一种"大全其天"之死。

所谓"薰者烧,不薰者亦烧;明者灭,不明者亦灭",烧与灭喻指死亡的必然性,然而在烧与灭的生命历程中并非所有人都是熏者或明者,即真知生死而不虚生浪死者。方以智肯定了不虚生之生与不妄死之死,二者共同具有正当性的原因都在于"于穆不已之生之主"。前文已经说道,方以智并不认为气之聚散的生死说是错的,但他认为这种生死观并不彻底。《易余・生死故》称:"所以生即其所以死,如是而无生死矣。生生死死,皆有此无生死者贯其中而缘其间焉,然而无生死者,终不能废此生死死生之缘贯也。"[④]所以生与所以死者,就其现象发生之原理而言可以说是气之聚散,就其生死现象的呈现而言可以说是生死相代。并且,在方以智的叙述中,相代义比聚散义更加重要。方以智认可《周易》"通乎昼夜之道"便能通生死之道的基本精神,认为生死更迭如同日月之代明。一方面,既然生死死生能够循环,从大处着眼便无生死可言;另一方面,方以智更关心这种"相代"得以发生的可能性。在理解生死相代的过程中,方以智提出了"几""贯""缘"的概念,尝试以此说明生死何以更迭且这种更迭何以能够被把握为一种连续性。"几"是相代发生的

---

① 《乾・文言》:"亢之为言也,知进而不知退,知存而不知亡,知得而不知丧。其唯圣人乎?知进退存亡,而不失其正者,其唯圣人乎!"

② 方以智著,庞朴注释:《一贯问答注释》,北京:中华书局,2016年,第431页。

③ 方以智著,庞朴注释:《东西均注释》,北京:中会书局,2016年,第182页。

④ 方以智著,张永堂整理:《易余》,合肥:黄山书社,2019年,第89页。

极其微妙的时几，“缘”指生死之先后相续不间断，“贯”则指彻底将生死贯穿起来而实现生死相代之无生死者，《东西均·三徵》亦表述为“由前生后，穆无前后；生生几几，变变不变”①者，便是前文所说的于穆不已的生之主。唯有在此意义上，生者以存身养其生之主，死者亦以死大全其天。生之所倚、死之所以与生死之所以同为此“于穆之主”，便可知生与死没有区别，即“无生死矣”。

当然，哪怕是一种正当之死，其成立也是有条件的，方以智并不鼓励主动去死。如何“生”便是更为要紧的问题。在《易余·生死故》最后，方以智引用石塘子的说法分析了“斋、战、疾”三种生存处境，三者皆与死亡发生关系且要求人保持“慎独”。相关说法不见于《东西均·生死格》，但在《一贯问答·慎独》中又再次出现。《易余·生死故》称：

> 石塘子曰：“记者之记斋、战、疾也，盖孔门空空慎独之心法也。”昵常而戏渝矣，斋明承祭，何如漆漆也，心有不空者乎？然犹有懈也。战则轮刀突阵、肝脑涂地之时矣，心有不空者乎？然犹可逃也。疾则生死之介，终身缘饰揣摩，内键外韄，皆无所用之矣，心有不空者乎？无妄之疾喜也，空室之榻卧也，老子之病病也，皆乘此日乾乾而夕惕若之人龙者也。夕乃所以终其日也，夕可者知人生之皆此惕海也，飞跃于惕海矣。②

“斋，战，疾”之说出自《论语·述而》：“子之所慎：斋，战，疾。”此说似是以斋、战、疾为“慎”的对象。而在方以智的解释中，此三者乃三种处境，与之相应的则是三种慎的状态。“斋”即人当斋祀之事，自然会敬慎，但仍旧会有所懈怠，此种情况与《生死故》中“四惧”之屋漏之惧、鬼神之惧同。“战”即另一种生死斗争的情景，要求全副身心集中于当下，但方以智认为战犹可逃。且在《一贯问答·慎独》中补充称战时的谨慎状态为“此或趁一时血气之勇”③，未能长久保持。因此，“斋、战、疾”中最重要的是疾。就生死而言，斋是面对他人的死亡，疾则直接与个体自身的死亡相关，这种不可替代性才真正能够

---

① 方以智著，庞朴注释：《东西均注释》，北京：中华书局，2016 年，第 96 页。

② 方以智著，张永堂整理：《易余》，合肥：黄山书社，第 90～91 页。

③ 方以智著，庞朴注释：《一贯问答注释》，北京：中华书局，2016 年，第 506 页。

逼显出生的意义,故方以智说:“疾则生死关头,非身外之法所能代。”[①]与战相比,战可逃而疾不可逃;战为一时之血气所鼓动而常出现不畏死的情景,但不具有持续性,而疾则“非血气精神知见道理所能持者”[②],因为疾病是持续地与死发生关系。以疾病状态论人的生存处境,便意味着时刻能在感知死的状态中生,且一切外在之物如功利、得失等在此种处境中“皆无所用之矣”,由此能达到一种“空心”的状态,即心中无外物的挂累。但空心是否径直就可等同于慎独,还有讨论的余地[③]。而从此段文字可知,经由疾喻,方以智提出人“生”的一个状态应当是“人生之皆此惕海也”。“惕海”之喻,典出《乾·九三》“君子终日乾乾,夕惕若厉,无咎”,方以智亦在《时论》中解释称:“辅嗣以纯修下道则上德废,纯修上道则下礼旷,故乾乾。此谓滞下则不可为龙,偏上则不可为人,两不得中,是慎独之心法。”[④]从此一诠释面向可知,方以智所谓慎独不仅仅是一种为了有所上达而采取的功夫修养手段,慎独应当被理解为一种持续的“生”的状态。正如前文所说,方以智承认存在杀身成仁之死的正当性,但对“死”也设置了严格的界限,不主动鼓励“死”。而至于“生”,一种不虚生的状态当以生为惕海,对生死之事有彻底的自觉并以慎独为生存方式本身。

四、结语

方以智的生死观是一个很复杂的问题,本文的讨论也仅能触及其一隅。而方以智对“生死”一词的使用也存在多重面向,甚至凡是相对望之两端皆可以表述为生死。但个人的生死问题在方以智思想中依旧有十分重要的意义:

① 方以智著,庞朴注释:《一贯问答注释》,北京:中华书局,2016年,第506页。

② 方以智著,庞朴注释:《一贯问答注释》,北京:中华书局,2016年,第506页。

③ 在《一贯问答·慎独》中,方以智以维摩诘卧疾比喻慎独:“《维摩经》曰:‘居士以神力空其室内,除去所有,及诸侍者,惟置一床,以疾而卧。’”空室宛如空心,意味消除外物之累,而空心之后留床卧疾,空心之后的卧疾,即能够持续保持“惕”才能叫作慎独。以疾为喻,则说明慎独中保有一向死的面向。或许,如果没有这一“慎独”和“惕海”的面向,空心之后人亦极有可能轻生死或任生死。

④ 方孔炤、方以智撰,郑万耕点校:《周易时论合编》卷一,北京:中华书局,2019年,第409页。

“故虚浪以生死为小事者，必使以生死为大事而后可入道；至执生死为大事者，又必至以生死为小事而后可言大道。”[①]但是，在何种程度上才能判断一个人能够将生死领会为大事，是值得思考的。对方以智来说，以生死为大事者至少能意识到世俗之富贵安乐贫贱等事物的非本质性，更甚者，忠义等价值与现行生死理论对于生死抉择所能发挥的作用也有待重新评估。换言之，以生死为大事带来的是对现存价值（世间法）的悬搁。这是“入道”的重要契机，但不是究竟。

从知晓“生死为大事”到“无执生死”“以生死为小事”之间其实存在一个功夫修养的过程，而其中最重要的就是心与生死的关系问题。方以智称：“总以征心，心即生死、不生死之原。”[②]前文已明，所以生死之故乃是“于穆不已之生之主”，此说的意义是解释生死现象的根本原因，并在此基础上对生和死分别作出肯认，而最终指向一种“存存慎独”的生存方式。但以心为“原”其实是在主体的意义上解释“生死”与“不生死”两种对生死理解的来源。就个人而言，对生死的理解尤其是当畏死情绪的出现时都是以生死有别为前提的。而方以智认为这种分别正是来源于心：“分别即生死……生死者，虚妄心也。”[③]在此基础上，人若是要做到无执生死，其功夫就有了下手处。如廖肇亨指出：“‘心’既然是充分感受生死一事焦虑的根源，对治之道当然也应该自‘心’着手。”[④]因此，只要个人主体的灵明与作用充分发挥，就能够超越生死分别。而杨自平则指出，要真知生死之无别则需要悟、学兼行与尽（烬）心的功夫。与廖肇亨相似，杨自平最后总结道：方以智是要“在死亡面前通过灵明的主体性，积极安排生命的意义”[⑤]。至此，对于方以智的“真知生死”说，我们至少要兼顾两个方面的意义：一是要彻底阐明生死之所以，方以智将之推至于穆之主；一是个体要实然感知到生死无分别，这需要一定的功夫。当然，

① 方以智著，庞朴注释：《东西均注释》，北京：中华书局，2016年，第186页。

② 方以智著，庞朴注释：《东西均注释》，北京：中华书局，2016年，第183页。

③ 方以智著，庞朴注释：《东西均注释》，北京：中华书局，2016年，第187页。

④ 廖肇亨：《药地生死观论析——以〈东西均〉和〈药地炮庄〉为讨论中心》，见邢益海编：《冬炼三时传旧火——港台学人论方以智》，北京：华夏出版社，2012年，第237页。

⑤ 杨自平：《方以智〈东西均〉的生死哲学》，载《兴大中文学报》，2013年第33期，第151页。

问题在于慎独与心究竟是一种什么样的关系?从生死观的角度而言,尽心是为了达到不执着于生死的一种功夫手段,而慎独不是这种手段意义上的功夫,慎独是真知生死之后一种持续性的生存方式。如果要说慎独是一种功夫,那也不是作为手段的功夫。慎独作为一种“生”的实践,不再具有外在于自身的目的。

作者单位:清华大学哲学系

方以智的鬼神观

付子轩

摘　要:方以智认为鬼神是存在的,但这种存在并非以往气论所认为的偏向物质性的客观存在,而是与人心认识关系密切,是受人心影响也可以对人造成影响,因为智者能认清鬼神的实质、视生死为一体,所以就可以不再为鬼神所困扰。方以智的鬼神观是其独特思想体系的一部分,与其礼乐观、生死观紧密相连,可以为儒家鬼神观提供一种新的解释思路。

关键词:方以智　鬼神观　生死　心　礼乐

对于儒家的鬼神观,历来有两种相反的观点,即认为在儒家看来鬼神为实有,或认为儒家仅仅以鬼神作为礼乐教化的保障而虚设。而儒家的鬼神观又扎根于民间小传统鬼神观,与更久远的鬼神崇拜和民间迷信活动有密不可分的联系,历来儒者既要保障礼乐的神圣性,又要将鬼神理性化,摆脱巫鬼之俗对现实生活的妨碍。在这样的背景下,方以智以其独特的思想体系,提出了一种对鬼神的理解,在保障诚敬与理性祛魅之间提供一条“以理胜之”的学问路径。以往对鬼神观的研究较少涉及方以智的鬼神观,或是简单地将方以智归入无神论一派,本文则认为,方以智坚持鬼神存在,只是从人心认知的角度对鬼神作了独特的解释,其鬼神观不仅是其对立统一思想体系的组成部分,也具有明显的现实面向。

一、方以智论“鬼神”之实有

对于儒家是否认为“鬼神”实际存在,历来有不同的理解,早在《墨子》中就有“儒以天为不明,以鬼为不神”[①]的批评,由于儒家“敬鬼神而远之”“子不语怪力乱神”的态度,致使即便在后世儒家内部也有许多对是否有鬼神之说的怀疑。例如,荀子的态度近乎否定鬼神,认为世人所谓鬼神不过是恍惚之际的疑神疑鬼[②],只是依旧保留作为祭祀前提的“鬼神”。然而,正如墨子的质疑:“执无鬼而学祭礼,是犹无客而学客礼也,是犹无鱼而为鱼罟也。”[③]如果认为没有鬼神实存,那么祭祀这种行为从根源上就站不住脚,这也导致后世许多儒者为鬼神之说辩护,如朱熹批评将“祭如在”理解为鬼神只是“如在”而非实存的观念,指出:“又来喻言‘如其神之在焉,非真有在者也’,此言尤害理。若如此说,则是伪而已矣,又岂所谓诚之不可掩乎!”[④]进而,朱熹以气之聚散论证子孙祭祀可使祖宗魂魄“来格”的可能性,以此作为祭祀合理性的基础。

从围绕儒家鬼神观争论的思想史角度来说,方以智的鬼神观也可视作捍卫鬼神实存、以此作为礼乐设教的合理性前提这一派的观点,其特殊之处在于,方以智对鬼神有更加丰富的论述,不仅限于对于享受祭祀的魂魄的理气之辨,并且将鬼神观纳入其“心知”的观念体系之下,与其生死观紧密结合起来。同时,从人生经历的角度来说,方以智后期逃禅生涯中多要面向教徒讲论,与作为民间信仰的鬼神观直接打交道,这使得方以智也要应对普通民众中间的“怪力乱神”,将对鬼神的迷信畏惧引向学者更为理性的认知中。

因此,方以智的鬼神观比较复杂,首先就鬼神是否实有的问题来说,从字面上讲,方以智多次明确提出鬼神并非虚构,而是实际存在并且有知有能的。

---

① 墨子著,方勇译注:《墨子》,北京:中华书局,2011 年,第 434 页。

② 《荀子》中《解蔽》篇谓“夏首之南有人焉;曰涓蜀梁。其为人也,愚而善畏。明月而宵行,俯见其影,以为伏鬼也;仰视其发,以为立魅也。背而走,比至其家,失气而死。岂不哀哉!凡人之有鬼也,必以其感忽之间,疑玄之时定之。此人之所以无有而有无之时也,而己以定事。故伤于湿而痹,痹而击鼓烹豚,则必有敝鼓丧豚之费矣,而未有俞疾之福也。故虽不在夏首之南,则无以异矣。”这表明荀子认为所谓鬼多是恍惚之际所见,不足置信,《天论》则有“故君子以为文,而百姓以为神”之说,对鬼神持祛魅的态度。见方勇、李波译注:《荀子》,北京:中华书局,2011 年,第 351、273 页。

③ 墨子著,方勇译注:《墨子》,北京:中华书局,2011 年,第 434 页。

④ 朱杰人、严佐之、刘永翔主编:《朱子全书》(第 23 册),上海:上海古籍出版社,合肥:安徽教育出版社,2002 年,第 2960 页。

方以智引用儒家经典来说明鬼神真实存在而非臆设：

> 《观物篇》曰："人畏鬼，鬼畏人。人积善而阳多，鬼益畏之矣。积恶而阴多，鬼不畏之矣。大人与鬼神合其吉凶，何畏之有？"惠从影响，质而无疑，果何疑乎？宰我问鬼神之义，子曰："气者，神之盛也。魄者，鬼之盛也。合鬼与神，教之至也。阳主气，阴主魄。祭以阴从阳，以气摄魄。燔燎萧光以报气，郁鬯汤焗以报魄。"合鬼与神者也，果示民有知无知而疑乎？曾子曰："古之人胡为而死其亲乎？"延陵之言"无不之也"，子产之言"精物也"，昭明者言乎与天为徒也，焄蒿者言乎与阳为徒也，凄怆者言乎与阴为徒也，皆示民有知者也。神道设教者因物之精，致为之极，明命鬼神，以为黯(黔)首则，岂忆设乎？[1]

在方以智看来，鬼神不仅存在，并且"有知有能"，而非祛魅的、"不神"的鬼，他引用张载和朱熹的说法："张子曰：'鬼神者二气之良能也。'朱子曰：'神者阳之灵，鬼者阴之灵。'灵之能之矣！且得谓之无知乎哉？"[2]甚至与儒家"子不语怪力乱神"的一贯态度相比，方以智明确认为："有体物之鬼神，即有成能之鬼神，即有作怪之鬼神，皆相因一有俱有者也。"[3]他肯定了鬼神的种种能力，也进一步认为传说中的鬼神之事也有迹可循："形不灵而气灵，语不灵而声灵，觉不灵而梦灵，生不灵而死灵。嫠化妇，暴化虎，士瑀之虺，伯时之马也，令升之征狐鼠也，公明之言五酉也，淮南之言狡濡娆漠也，关尹之言豆鬼画门也，谭子之言巫魍孕怪也：皆心之所变、纯气之所为也。拘拘不信此者，未达耳。"[4]

可以说，方以智的鬼神观就其肯定鬼神存在的一面来说，与朱熹相似，朱熹也肯定鬼神之说："皆是气之杂揉乖戾所生，亦非理之所无也，专以为无则不可。"[5]二者都声称不可以认为鬼神之说为无。但不同于朱熹将鬼神自然

① 黄德宽、诸伟奇主编：《方以智全书》(第 1 册)，合肥：黄山书社，2019 年，第 107 页。
② 黄德宽、诸伟奇主编：《方以智全书》(第 1 册)，合肥：黄山书社，2019 年，第 108 页。
③ 黄德宽、诸伟奇主编：《方以智全书》(第 1 册)，合肥：黄山书社，2019 年，第 109 页。
④ 黄德宽、诸伟奇主编：《方以智全书》(第 1 册)，合肥：黄山书社，2019 年，第 374 页。
⑤ 朱杰人、严佐之、刘永翔主编：《朱子全书》(第 14 册)，上海：上海古籍出版社，合肥：安徽教育出版社，2002 年，第 158～159 页。

化的倾向,在方以智看来,鬼神仍承担小传统中的“赏罚”之能,并且这种赏罚、祸福,使人惧怕,也是教导世人向善的重要方式之一:“屋漏之衮钺,邦家之应违,阳有刑赏,阴有鬼神,此四惧也。”①

面对以往存在的对鬼神祛魅的态度,方以智则认为,祛魅鬼神只是让人的心神不为鬼神所扰,而并非等同于“无鬼神”的立场,如谓:“孔子屡称鬼神,而黄帝曰‘道无鬼神’。盖体道者,鬼神无如之何。”②这种“无如之何”并不能视同于认为鬼神不存在,方以智又进一步解释为:“盖谓无入不自得,谓之不落祸福,鬼神无如我何,非曰无鬼神也。”③

在方以智看来,不受鬼神影响是这些“体道者”才能达到的境界,是个人能够超越自身的祸福得失而达到的心境,鬼神的影响自然也就不足为惧。与这些“体道者”相反,如果不能勘破世俗祸福,则不可避免被鬼神所慑。方以智认为,二者区别中最关键的一环就是对于死亡的畏惧,生死是祸福的极端,也是牵涉人心的关键,“情至生死而尽”④,所以不能克服对生死的恐惧,或没有真正看透生死的真谛,则不能不为鬼神祸福所牵动,即所谓“若不能彻生死根,即为鬼神所制”⑤,二者界限分明,中间容不得自欺欺人:“生死勿自欺,欺则不能逃乎鬼神。”⑥反之,真正得道的圣贤,能够看清“生死本一”“本无生死”,则可以将鬼神等闲视之,既然可以认识到生与死的统一,也可以认识到活人与鬼神不二,所以在方以智看来,鬼神与活人中的匹夫匹妇是辩证统一的,“造端之教成夫妇,即是教成鬼神”⑦。

而认识到有鬼神也不难,在方以智辩证的世界观中,如生死昼夜般相对立的事物都有统一的一面,鬼神魂魄这样的无形之物,即可“以有形者象无形

① 黄德宽、诸伟奇主编:《方以智全书》(第2册),合肥:黄山书社,2019年,第110页。
② 黄德宽、诸伟奇主编:《方以智全书》(第4册),合肥:黄山书社,2019年,第40~41页。
③ 黄德宽、诸伟奇主编:《方以智全书》(第7册),合肥:黄山书社,2019年,第108页。
④ 黄德宽、诸伟奇主编:《方以智全书》(第1册),合肥:黄山书社,2019年,第270页。
⑤ 黄德宽、诸伟奇主编:《方以智全书》(第1册),合肥:黄山书社,2019年,第109页。
⑥ 黄德宽、诸伟奇主编:《方以智全书》(第1册),合肥:黄山书社,2019年,第377页。
⑦ 黄德宽、诸伟奇主编:《方以智全书》(第1册),合肥:黄山书社,2019年,第109页。

者而定矣”[①]，所以“魂魄、夫妇之错，鬼神可知矣”[②]。反过来说，方以智正是在他辩证统一的框架下，认为生与死相对，有生即有死，而“死者生之影”[③]，鬼神也是作为与活人相对的影而存在的，这恰可看作方以智相信鬼神实存的一种理论根源。方以智讲“一有无”，即将有与无统一起来，这种统一也就赋予了常被视作“无”的鬼神“有”的一面：“天地之大也，民物之赜也，以有诠之而不得也；鬼神之幽也，名言之假也，以无诠之而不得也。”[④]鬼神之实有是方以智对立统一思想框架下固有的组成部分，从这个角度来说，也可以将方以智与其他具有无神论倾向而权且“神道设教”的观点区分开。

二、方以智对“鬼神”的解释

中国文化中的鬼神观有两个源头：一是倾向于“神”的自然神崇拜，如山川之神；二是倾向于“鬼”的人之死灵，包括降福之祖考和作祟之鬼魂。参考朱熹对鬼神的归纳，在《朱子语类门目》中，朱熹的弟子将其所论之鬼神归为三类：“在天之鬼神，阴阳造化是也；在人之鬼神，人死为鬼是也；祭祀之鬼神，神示、祖考是也。”[⑤]后两种都是由人死后所化。天神之类在后世一部分逐渐并入“天”的概念，不再与鬼神一并而论，另一部分则作为山精鬼怪，这里所讲的鬼神观主要着眼于后者与人鬼。

在历来对于鬼神的解释中，大传统中的儒家鬼神观主要代表着对鬼神的理性化，除干脆认为鬼神不存在或至少质疑鬼神存在的唯物主义倾向外，在坚持鬼神存在的一派中，也主要是将鬼神现象还原为气的变化，从而对鬼神祛魅，如《易传》中“精气为物，游魂为变，是故知鬼神之情状”[⑥]。对人死后为鬼最早的解释如子产提出，鬼是生前魂魄所化：“人生始化曰魄，既生魄，阳曰

---

① 黄德宽、诸伟奇主编：《方以智全书》（第2册），合肥：黄山书社，2019年，第276页。

② 黄德宽、诸伟奇主编：《方以智全书》（第1册），合肥：黄山书社，2019年，第93页。

③ 黄德宽、诸伟奇主编：《方以智全书》（第1册），合肥：黄山书社，2019年，第107页。

④ 黄德宽、诸伟奇主编：《方以智全书》（第1册），合肥：黄山书社，2019年，第82页。

⑤ 朱杰人、严佐之、刘永翔主编：《朱子全书》（第14册），上海：上海古籍出版社，合肥：安徽教育出版社，2002年，第107页。

⑥ 崔波译注：《周易》，郑州：中州古籍出版社，2007年，第360页。

魂。"颖达注疏中即解释为"魂魄,神灵之名,本从形气而有"①,可以说本就与气论相联系。后世如张载进一步发展了气论,也更明确地以气来解释鬼神,"鬼神,往来屈伸之义"②,更进一步解释为:"物之初生,气日至而滋息;物生既盈,气日反而游散。至之谓神,以其伸也;反之为鬼,以其归也。"③这已经是将鬼神之说完全自然化、常态化了。朱熹也将鬼神解释为气化之变,生聚死散为常态,魂气未散则可能为鬼神,无论如何,说到底,"鬼神只是气"④。可以说,这种以"气"来解释鬼神的方式,代表了中国哲学中鬼神理性化的主流观点,是对小传统中迷信鬼神的一种纠正。方以智继承前人的思想,也以气化讲鬼神,但方以智的鬼神观不止于气,在气之外,方以智更强调"心"的作用。

从"气"的角度来讲,方以智认为一切皆气:"尝试量之,两间皆气,凝为形;然有凝形之气,仍有未凝之气,与形为偶;而贯气于形者则大气也,所以为气者也。"⑤但方以智所讲的气,并非等同于区别于心或理的物质之气,而是将心与理等概念包含在内的"大气",以"气"来称呼之,仅仅是一种"不得已而呼之"的称谓,在方以智看来,气、心、性、命、天、道、理等概念,其实质都是一个统一的形而上本体:"推论所以始,以一卵苍苍为太极壳,充虚贯实,皆气也。所以为气者,不得已而呼之。因其为造化之原,非强造者,而曰自然。因为天地人物之公心,而呼之为心;因其生之所本,呼之为性;无所不禀,呼之为命;无所不主,呼之为天。共由,曰道。谓与事别而可密察,曰理。"⑥各种称呼只是强调其不同的方面。在方以智看来,在这种意义上,可以说鬼神是气

---

① 郭丹、程小青、李彬源译注:《左传》,北京:中华书局,2012年,下册,第1691页。

② 王夫之撰:《船山全书(单行本之十一)张子正蒙注·思问录·俟解·黄书·噩梦·识小录·搔首问·龙源夜话》,长沙:岳麓书社,2011年,第78页。

③ 王夫之撰:《船山全书(单行本之十一)张子正蒙注·思问录·俟解·黄书·噩梦·识小录·搔首问·龙源夜话》,长沙:岳麓书社,2011年,第102页。

④ 朱杰人、严佐之、刘永翔主编:《朱子全书》(第14册),上海:上海古籍出版社,合肥:安徽教育出版社,2002年,第154页。关于朱熹的鬼神观,前人已多有详论,可参见冯兵、李亚东:《朱子论生死与鬼神》,载《中州学刊》,2020年第7期,第107~112页;赵法生:《幽明之故与死生之说——朱熹鬼神观辨证》,载《世界宗教研究》,2022年第8期,第22~28页。

⑤ 黄德宽、诸伟奇主编:《方以智全书》(第1册),合肥:黄山书社,2019年,第136页。

⑥ 黄德宽、诸伟奇主编:《方以智全书》(第1册),合肥:黄山书社,2019年,第29页。

的现象，但这时所说的气，与心是统一的，仅就鬼神而言，方以智更愿意强调“心”：“鬼神者，心也。神气出入，生生而灵，灵其所灵，往而中阴。因体物之鬼神，而有作怪之鬼神……皆心之所变、纯气之所为也。拘拘不信此者，未达耳。”①

以“心”讲鬼神，与以往以气讲鬼神，最大的区别在于赋予鬼神一种主观性，联系前文对方以智鬼神实存的辨析，这种主观性并不等同于说鬼神不存在，但也不像气化论中那样作为外在于人心且不以人的意志为转移的存在，最能体现方以智这种态度的是这段话：

> 神本灵也，而凭物触几，实以心显。或独以通之，或众以聚之。造一像焉，专祀之，众祷之，其效归此则自灵矣。彼瘗像放光而后兴修，香灰撮药而多服验者，谁灼其故耶？神不可知，在可知中，固非人之所知也；可知之灵，以不可知而灵，尤人之所不知者也。有以信致专者，即有以疑致畏者，即有以不信致勇者。此其机，一何神乎？积想不已，能生胜气，人心无形，其力最大，是也。故曰：有体物之鬼神，即有成能之鬼神，即有作怪之鬼神。权在自己，正己毕矣，彼如我何？圣人知之，故能转物。②

在这里，方以智讲到的是民间信仰中的鬼神，如塑像、香灰这类的宗教活动之所以能够发挥作用，与人心密切相关，放在现代唯物主义的观念下，甚至可以说主要依靠的是心理作用，方以智观察到这种现象，而将之解释为“积想不已，能生胜气，人心无形，其力最大”。例如，他在《物理小识·神鬼方术类》中解释“召魔”一则，认为是“盖缘月主人脑，其光浸盈，则性情之感，脑受其动，人畜物像于脑，于时扰乱其人，动其蓄像，作诸恶想”③。方以智在讲鬼神的影响时，也没有提及外在的呼风唤雨、降福致祸，而是主要强调内在对人心的作用，譬如使相信的人专一虔诚，使多疑者疑心生暗鬼，甚至是使不信鬼神者更加大胆，至于那些能够真知生死的圣人，则根本不受鬼神影响了。

荀子注意到世人谈鬼神多是于恍惚之际见之，因此倾向于无鬼神，方以

---

① 黄德宽、诸伟奇主编：《方以智全书》（第1册），合肥：黄山书社，2019年，第374页。
② 黄德宽、诸伟奇主编：《方以智全书》（第7册），合肥：黄山书社，2019年，第503页。
③ 黄德宽、诸伟奇主编：《方以智全书》（第7册），合肥：黄山书社，2019年，第512页。

智同样注意到所谓鬼神,与人的心理状态联系紧密,但他并不是由此得出鬼神只是虚构的,而是在相信有鬼神存在的基础上,认为鬼神与人心的这种联系正是其神秘莫测之处。他提到:“人情闻怪即骇,骇则肝发而气上舒,或以恐伏之,或以喜引之,此治神之医方也。有则俱有,达者造名,以鬼从类耳。奇在有名而鬼即因之,心几自神,不可思议。惟圣人能知其故而不惑。”①之所以有这样的区别,是因为在方以智的思想体系中,“心”是关键的枢纽,心的认知、思想能力是万物的根源,他说:“本一气也,所以为气者心也。气几旋转,消息不已;变变化化,大小一致。《句法经》曰:‘阴中无色,但缘气耳。’凡为理所不至,皆思之所可至;凡为思之所可至,即理之所必有。精入穷尽,即能知之,六通岂欺人哉?”②在方以智看来,就连气也是心之所为,鬼神因心而灵当然也是顺理成章的。

因为方以智是以这样一种辩证统一的思想框架来理解鬼神的,所以像方以智笔下的其他概念一样,皆可以泛化之,而方以智借这种泛化来表现概念背后统一的实质:“大成之畴大矣!物之,皆物也;心之,皆心也;道之,皆道也。从而理之,皆理也;事之,皆事也;性之,皆性也;夫之妇之,皆夫妇也;鸢之鱼之,皆鸢鱼也;鬼之神之,皆鬼神也;卦之爻之,皆卦爻也;文之字之,皆文字也。”③当在这样泛化的意义上讲鬼神时,当然就不能狭隘地用魂魄气化来理解,而是要关注这种泛化得以成立的根源——心的认知功能。方以智认为,所有这些称谓都是人心认知的方式,所以用物的方式来认识,可以说一切都是物,用心的方式来解释,也可以说一切都是心,鬼神亦在人的认知中。但我们不能就此认为,方以智是在以主观唯心主义的方式讲鬼神,因为在方以智讲心时,区别了“独心”与“公心”,后者与前者相比占据更原始的地位,方以智认为:“独心则人身之兼形、神者,公心则先天之心而寓于独心者也。”④公心是独心之所以者:“人生有心,有所以为心者。”⑤只有在公心的意义上讲

---

① 黄德宽、诸伟奇主编:《方以智全书》(第 2 册),合肥:黄山书社,2019 年,第 461 页。

② 黄德宽、诸伟奇主编:《方以智全书》(第 1 册),合肥:黄山书社,2019 年,第 108 页。

③ 黄德宽、诸伟奇主编:《方以智全书》(第 1 册),合肥:黄山书社,2019 年,第 32 页。

④ 方以智著,庞朴注释:《东西均注释》,北京:中华书局,2001 年,第 167 页。

⑤ 方以智著,庞朴注释:《东西均注释》,北京:中华书局,2001 年,第 218 页。

心，才是作为不生灭的本体、气背后的“所以”。因此，不能由鬼神在心的认知中，而推出人若不信有鬼神就没有鬼神，即使对于不为鬼神所影响的圣人，也只是“鬼神无如我何，非曰无鬼神也”①。

方以智既以此种方式解释鬼神，自然认为鬼神是可以认知的，这在一定程度上也和以气讲鬼神一样，是对鬼神的一种祛魅。方以智反对迷信畏惧鬼神，并不认同装神弄鬼的神秘主义，他认为各种宗教性的观念，最终都可以用理性来认知：“因有专言生死鬼神者，因有废世事以专言仙定者，因有专言养生者，因分忘世之言、出世之言，因有别传善巧若奇兵者。要不出于质论、通论，考测天地之家，象数、律历、声音、医药之说，皆质之通者也，皆物理也。”②很多人将未知的、难以把握的事物通归于鬼神，方以智则讽刺其不明智：“实不能明伦物，乃曰：吾惟质鬼神耳！”③

三、方以智鬼神观的现实意义

正如前文所说，儒家鬼神观的争议向来就与祭祀关系密切，对于很多抱有“神道设教”观念的儒者而言，坚持鬼神存在既可以维护祭礼的正当性和神圣性，也可以让人有所忌惮心存诚敬。方以智讲鬼神，则不仅强调其与礼乐的联系，也将其作为生死观的组成部分，能够起到引导民众的作用。

就鬼神观与礼乐的联系来说，方以智主要以“诚”来讲祭礼与鬼神的关系，他认为：“卦变礼乐皆示鬼神者也，祭祀为尤显耳。绝地天通，而因二以一。务民安生即以安心，心安则无心，无心则诚之至矣。天地以生为德，人物以知为德，鬼神以诚为德。生也，知也，诚也，相禅为一而愈盛者也。”④相比于前人讲祭祀多着眼于以“诚敬”致鬼神“来格”，方以智则主讲“安心”，这是着眼于人内心的认知与感情，安心要达到的则是“无心”，在方以智看来，既然生死鬼神种种，都关乎心的认知，则心能够达到“心心无心”，进而“知即无

① 黄德宽、诸伟奇主编：《方以智全书》（第7册），合肥：黄山书社，2019年，第108页。
② 黄德宽、诸伟奇主编：《方以智全书》（第4册），合肥：黄山书社，2019年，第71页。
③ 黄德宽、诸伟奇主编：《方以智全书》（第1册），合肥：黄山书社，2019年，第103页。
④ 黄德宽、诸伟奇主编：《方以智全书》（第1册），合肥：黄山书社，2019年，第112页。

知”,那么就可以“不为一切所惑,乃享其神,是曰大定”[①],这时就可以从认知上达到圣贤的境界,从而不再为生死鬼神所困扰。因此,方以智讲:“自今而质之,生死者,心而已矣。心心无心,并无无心可得之心,又有何处为容受生死之地乎?”[②]既能看透生死,也就能达到前文所说的“鬼神无如我何”的境界了。因此,方以智甚至可以说:“生死鬼神,皆此心也;安心、无心,尚何有哉?”[③]这并非否定鬼神存在,恰如方以智一再提及“无生死”,并非否定死亡而以为人可以长生,这里只是一再强调心在其中扮演的重要作用。

除了祭祀之外,方以智也重视鬼神之说对民众的教化作用,将之与礼乐相对举:“明则有礼乐,幽则有鬼神。”[④]在方以智看来,礼乐与鬼神都对民众起到教化约束的作用,他认为普通民众没有太高的道德自主性,从不讳言这些外在约束发挥的作用,甚至提出“好名畏死”这样向来被视为贬义的欲望,也可以为圣人教化所用:“圣人之所以补救天地,使万世安生,正惟恐天下之不好名而畏死也。”[⑤]鬼神祸福的威慑当然也可以发挥教化作用,方以智甚至认为这是最容易为底层民众所接受的方式:“民之信道不如信德,信德不如信法,信法不如信物,故多方征之,以不如利害之本自信也。反复申表其所以为利害之因,而果已具矣。利害之不容欺者,莫如鬼神;鬼神不掩,即心受命。”[⑥]让民众都去领会至高的道德是不切实际的,而关乎他们切身的利害则很容易被民众接受。由此我们也可以理解,为何方以智没有顺着以往儒家对鬼神的祛魅方式,否定鬼神的赏罚功能。

但是也不可否认,方以智依旧以他自己的方式对鬼神进行了祛魅,由于方以智将鬼神与心知紧密联系在一起,对于无知的民众而言,鬼神依旧有巨大的影响力,方以智不去否定这种赏罚祸福之鬼神,而是为学者找到了另一条路,即通过真知来摆脱鬼神的影响,最终走向“鬼神无如我何”的境界。方

① 黄德宽、诸伟奇主编:《方以智全书》(第7册),合肥:黄山书社,2019年,第114页。
② 黄德宽、诸伟奇主编:《方以智全书》(第1册),合肥:黄山书社,2019年,第89页。
③ 黄德宽、诸伟奇主编:《方以智全书》(第1册),合肥:黄山书社,2019年,第29页。
④ 黄德宽、诸伟奇主编:《方以智全书》(第1册),合肥:黄山书社,2019年,第158页。
⑤ 方以智著,庞朴注释:《东西均注释》,北京:中华书局,2001年,第250页。
⑥ 黄德宽、诸伟奇主编:《方以智全书》(第1册),合肥:黄山书社,2019年,第111页。

以智明确说出了这种民众与贤智二分的鬼神影响力:“故阳惧之以帝王之刑赏,而阴惧之以鬼神之祸福。六道毗沙自绘变像而毛毅矣,贤智则以理胜之。”[①]也就在“有鬼神”和“不为鬼神所困扰”并存中找到了既有益于教化民众,又不至于使学者迷信于鬼神的路径。方以智认为,无须否定鬼神存在,只要真正明白了鬼神是什么,也就无可惧怕了:“生死一蛇也,知生死之无生死,则举火见藤矣。鬼神一金鼓也,知夫妇之即鬼神,则郊人无不可甲兵矣。”[②]这些威慑就像天黑时误将树藤看作毒蛇,只要最终认清其本质,就自然可以消除其困扰。

方以智强调心的认知能力的重要性,对鬼神的态度也是用认清的方式“以理胜之”,他反对那种一味避免谈论生死鬼神,而拿孔子“务民之义,敬鬼神而远之”作为挡箭牌的言论,认为很多人之所以避而不谈,不过是因为自己也不懂,即使避开生死鬼神,也并不能为民众提供更多的帮助:“无非生死、无非鬼神者,智不足以知之,而曰‘务民之义’,将务泥车瓦狗之义耶?无非生死,而且与民言咽喉痛切之生死;无非鬼神,而必明洋洋成能之鬼神;智不足以知之,则‘民之义’直为巫贩罔两之义矣!”[③]或许是源于颠沛流离中的见闻所思,或许是因为逃禅后与众多教徒的交往,方以智重视解决民众中最迫切的生死鬼神问题,他也身体力行地用大量篇幅讨论生死鬼神,将之视为警醒人心的重要内容。

同时,方以智的鬼神观与礼乐的关系,不仅是作为赏罚教化的补充手段,方以智还认为,对生死鬼神的种种思考,最终还是要回到礼乐上。方以智推崇礼乐,认为圣人的教化根本在礼乐,如果能够明白礼乐中的真义,则自然可以知晓生死鬼神之事。他说:“深于礼乐而欲恶自理,生死自知,魂魄自安,鬼神不违矣。知圣人之以礼乐言生死、魂魄、鬼神乎?知圣人之藏生死、魂魄、鬼神于礼乐乎?几在欲恶耳!无欲恶则无生死矣。果可无乎?果不可无乎?过此者吾许之知礼乐矣。”[④]这是因为,在方以智看来,生死鬼神等都关乎心,

---

① 黄德宽、诸伟奇主编:《方以智全书》(第1册),合肥:黄山书社,2019年,第87页。
② 黄德宽、诸伟奇主编:《方以智全书》(第1册),合肥:黄山书社,2019年,第114页。
③ 黄德宽、诸伟奇主编:《方以智全书》(第1册),合肥:黄山书社,2019年,第88页。
④ 黄德宽、诸伟奇主编:《方以智全书》(第1册),合肥:黄山书社,2019年,第160页。

因为人心有欲望、有利害关系，所以为生死鬼神所制约，他认为之所以谈生死鬼神，归根结底是因为要使人情不为种种欲望所困扰："东西圣人千百其法，不过欲人性其情而已。性其情者，不为情所累而已。情至生死而尽，故言生死。"①而人能够真知生死、真知鬼神之后，最终能够达到圣贤"从心所欲不逾矩"的境界，也就是不为生死鬼神所累的合乎礼乐的生活，回到"弦歌则弦歌，删述则删述"②的日常状态。因此，方以智提出："生死鬼神，圣人皆以礼乐藏之。"③与之相应的，方以智反对许多宗教为了使人战胜对生死的恐惧，而选择出家避世或持有玩世不恭的态度，他讽刺地说："唾先王之成宪为沟中之断木，视君亲如土偶，委礼乐于粪壤，岂惟必然？且禁其不如此者矣。不过欲以敌生死，而流弊至此，况籍轻身以恣生死者乎？"④

可以说，方以智的鬼神观也与其生死观的联系紧密，从前文所引文献中可以发现，方以智多次将"生死鬼神"连用。首先，二者都与心的认知关系紧密，方以智讲："呼吸之缘、日夜之候、生死之根、幽明之故、鬼神之情状，皆此前后、虚实间。以几橐籥于人心，心尽自知之。"⑤正是因为人有情、有欲、有分别心，所以"造成生死"，方以智用一段浪漫、形象的话来形容人心："嗟乎！人心幽而烈，谡而充，诇而谲，窖而缦，骈而骛，俄顷而腾九霄极九野，上下千年，其旋无休……日日造成生死"⑥而点破其根源，就是"分别即生死"⑦。这里指的是因分别心有好生恶死之情，故为其所累，不能视生死本一，鬼神祸福也是同样的道理，都是因为人有情欲好恶掺杂其中，不能认识到对立事物背后的统一，所以方以智强调"无心"，即不生分别："不生分别者，非黑雾横流也，再三劳漉，万顷琉璃也。"⑧意为这种不生分别心，不是蒙昧无知的状态，而是将认知推到极致，认识到事物背后的辩证统一，由此达到"知而无知"的

① 方以智著，庞朴注释：《东西均注释》，北京：中华书局，2001年，第68页。
② 方以智著，庞朴注释：《东西均注释》，北京：中华书局，2001年，第277页。
③ 黄德宽、诸伟奇主编：《方以智全书》（第1册），合肥：黄山书社，2019年，第26页。
④ 黄德宽、诸伟奇主编：《方以智全书》（第1册），合肥：黄山书社，2019年，第147页。
⑤ 黄德宽、诸伟奇主编：《方以智全书》（第1册），合肥：黄山书社，2019年，第266页。
⑥ 方以智著，庞朴注释：《东西均注释》，北京：中华书局，2001年，第74页。
⑦ 方以智著，庞朴注释：《东西均注释》，北京：中华书局，2001年，第127页。
⑧ 方以智著，庞朴注释：《东西均注释》，北京：中华书局，2001年，第128页。

“真知”境界，这有别于“绝圣弃智”的佛老思想，而贯彻了方以智的“重学”观念[①]。

其次，在方以智的思想体系中，生死占据比鬼神更重要、更原始的地位，如前文所述，正是因为对于生死的畏惧，才“为鬼神所制”，勘破生死也就可以达到“鬼神无如我何”，因此讲方以智的鬼神观，最终还是服务于其生死观的。在方以智看来，鬼神观除了上述对于礼乐的补充作用之外，也是以使人恐惧的方式提醒人重视生死问题，是方以智所谓“生死之技”有“一惧而四胜”中的那“一惧”，他提出：“大端一惧而四胜，临之以罪福，耸之以六道；故小民闻雷则颤，见神则祷。毗沙无间，犹以怖死，阴救殉财、渔色、夸权、凭生之生死。”[②]不过，这在方以智看来只是警醒俗人的权宜之计，最终要达到的还是“真知生死”之道。

可以说，方以智的鬼神观是从其对立统一的思想体系中推出的应有之义，非徒为教化民众而设，但这一鬼神观也有很现实的面向，这与方以智个人经历密切相关。方以智在逃禅之后，面对佛教教众讲法，主要就是要帮助人认清生死问题，摆脱困扰，他对教众说：“出家儿将世间割不断底恩爱都割断了，所为何事？若又于生死大事不明，既为生死所迷惑，又为谈生死者搅乱，不能自决，不能做主，反去揣摩影子，粉饰欺人，与流俗一般躭滞扰攘，岂不可悲可痛哉？”[③]他认为宗教最重要的意义就是解决生死困惑，这符合当时与儒家相比，佛、道更关注生死问题的印象。方以智甚至认为，民众投身宗教，最主要的动机就是要解决这一生死大事：“不远千里，寻师问道，是为生死大事求一决择。”[④]这些都无疑让方以智更加关注死亡问题的现实意义。因此，方以智要面对教众开释生死问题，更要以生死问题警醒大多数“苟决华腴，营营相逐，如是乎忌讳生死，不闻生死之言，而日拖尸以趋死”[⑤]的普通民众，而鬼

---

① 关于方以智对儒家“重学”思想的重视，可参见吴根友：《试论〈东西均〉一书的“三教归儒”思想》，载《哲学分析》，2011 年第 1 期，第 90 页。

② 方以智著，庞朴注释：《东西均注释》，北京：中华书局，2001 年，第 121 页。

③ 黄德宽、诸伟奇主编：《方以智全书》（第 3 册），合肥：黄山书社，2019 年，第 112～113 页。

④ 黄德宽、诸伟奇主编：《方以智全书》（第 3 册），合肥：黄山书社，2019 年，第 114 页。

⑤ 黄德宽、诸伟奇主编：《方以智全书》（第 1 册），合肥：黄山书社，2019 年，第 295 页。

神正是警示普通民众的利器。

但正如以往儒者对于鬼神问题采取的理性化态度，方以智也绝不是要让人迷信于求神拜佛，更反对装神弄鬼。一方面，他已指明了一条通过“真知”来达到“鬼神无如我何”的求学修养之路；另一方面，方以智本身也以豁达的态度面对生死：“生时生，漉巾噀墨双眼青；死时死，荷锸行殡不作鬼。生死本来一，庄子不消开一尺。”①

四、结语

通过以上分析，笔者归纳方以智的鬼神观：首先，方以智持以鬼神为有的态度，而这种鬼神观是涵盖在方以智以公心之知为核心、以对立统一的眼光看待各种事物的思想框架下的，既不能当作如气论般客观物质性的存在，也不能当做主观臆设的虚构；其次，方以智对鬼神的认识是由现实推知，以有形象无形，以夫妇知鬼神，把握对立事物中的统一以作为认清其实质的方式；再次，方以智的鬼神观也具有现实意义，一方面起到教化民众、对于礼乐的补充作用；另一方面具有警醒人心，服务于其生死观的意义。

统观方以智的鬼神观，其独特之处是在承认有鬼神和不为鬼神所困扰之间找到一条凸显理性认知的路径，下可使普通民众怀有诚敬之心，上可使圣贤智者不困于巫鬼之谈，使上智下愚两端能够并行于一条重学求真知的途径，吸收佛道的经验，为儒家鬼神观的争议提供了一种新方案。

作者单位：武汉大学哲学学院

① 黄德宽、诸伟奇主编：《方以智全书》（第10册），合肥：黄山书社，2019年，第145页。

桐川会馆与桐城方氏学派

陶善才

摘　要:桐川会馆自方学渐创立,影响几乎比肩于无锡东林会馆。方学渐殁后,方大镇绍承家学,接武会讲,使得桐川会馆兼有书院性质。明季世乱,仍有方氏学人坚守,直至遭遇战争破坏。清初形势趋稳后,方以智的子孙又重整旗鼓,重兴会馆,意欲再现其先辈的会讲盛况。综观桐川会馆从初创到重建,历经方氏六代学人经营,时间跨越了130余年,几乎与桐城方氏学派相始终。但由于距今久远,有关桐川会馆的具体情况已经鲜为人知,很有必要进行梳理,以便于我们了解其与桐城方氏学派形成、方氏学人行迹乃至桐城文化兴盛的关系。

关键词:桐川会馆　桐城方氏学派　方学渐　方大镇　方以智

桐城方氏学派奠基人方学渐(1540—1615),字达卿,号本庵,以布衣振风教而闻名。他讲学敦行,曾创立桐川会馆,影响几乎比肩于无锡东林会馆,时人赞曰:"维时东林、桐社,若岱宗、华岳,相望于千里之外。"[①]方学渐殁后,方大镇绍承家学,接武会讲,使得桐川会馆兼有书院性质。因明季世乱,桐城亦发生民变,方氏及桐城诸多大族被迫流寓金陵,桐川会馆讲会难以持续,唯坚守桐城的部分学人仍在维持。清初形势趋稳后,方以智的子孙又重整旗鼓,重兴会馆,意欲再现其先辈的会讲盛况。综观桐川会馆从初创到重建,历经方氏六代学人经营,时间跨越了130余年,几乎与桐城方氏学派相始终,其重

① 陈嘉猷:《东游纪序》,见方昌翰辑,彭君华校点:《桐城方氏七代遗书》,合肥:黄山书社,2019年,第69页。

要意义自不待言。但由于距今久远,有关桐川会馆的具体情况已经鲜为人知,很有必要进行梳理,以便于我们了解其与桐城方氏学派形成、方氏学人行迹乃至桐城文化兴盛的关系。

一、前辈风范:明代正嘉时期桐城结社讲学风尚对方学渐的深刻影响

明代文人士子崇尚结社讲学,尤其是阳明心学流行后,各地结社讲学之风盛行。桐城作为南畿之地,向称七省通衢,亦得风气之先。正德、嘉靖时期,首开桐城讲学之风的是何唐,被称为"桐城儒宗";赵锐、赵钍兄弟,以及戴完、胡效才、方效等接踵其后。他们不仅是深刻影响方学渐的前辈,也为桐城文化的兴盛作了继往开来的重要铺垫。

(一)乡里大师何唐:勇毅任道、克变习俗

何唐是桐城北乡芦塘何氏,世居洪涛山,字宗尧,因慕曾子"三省"而以"省"名斋,学者称其为"省斋先生"。正德十六年(1521)进士,曾官给事中、南兵部主事、郎中,后因不满政弊,称疾辞归,讲学以终。马其昶谓何唐:"论学日精,徒众甚盛,遂为乡里大师。"称赞何唐"勇毅任道,不顾众嘲,风声流播,竟亦克变习俗。吾乡讲学之绪由此起"。在何唐弟子中,尤以赵锐、彭宝、张夔、江鲸、朱杲等人最为知名[①]。

方学渐在《理学何省斋先生传》里说,何唐年少时就有自觉的圣贤意识。"十三四岁,便以道自任,其期待一以圣贤为归"。及长,更追求"严气正,性厉行,讲德耻",认为"人,生而不圣贤,非人也"。他讲学"以主敬为要,名节为基",要求弟子做到"立志、知学、居仁、由义、守礼、秉智、尽信",强调"学则行,根于心","学以善其行也"。邑中学者从游者甚众。方学渐高度赞赏何唐,表彰其"论敬、论恕、论志、论学、论中,悉迥出乎常情,而洞达乎至理……卓然不

① 马其昶著,毛伯舟点注:《桐城耆旧传》卷二,合肥:黄山书社,1990年,第53页。

愧于圣人之徒”[1]。

（二）圣门之狷赵锐：学宗新建，聚徒颜乐巷

姚永朴在《旧闻随笔》中指出：“何唐布衣蔬食，而讲道日精。赵都宪钦及其弟知均州锐继之，吾邑学风盖肇如此。”[2]均州锐，即桐陂赵氏第十世赵锐，字子恒，号恒庵。据《桐陂赵氏宗谱》记载，赵锐实为赵钦的堂兄，年龄比赵钦大12岁，在堂兄弟11人中排行第四。嘉靖十九年庚子（1540），赵锐与堂弟赵钦同榜中举，赵钦为解元，轰动一时。赵锐的外孙方大镇后来撰文记此盛事：“嘉靖庚子，吾桐举于乡者二，则吾外祖均州守恒庵先生及大中丞柱野先生昆弟云。”[3]

赵锐“甫弱冠，即知名当世”。出为建宁令、擢均州知州，但他不苟于利禄而辞归讲学。曾于东郭辟颜乐巷筑室贮书授徒，“学宗新建，倡道桐川”。其为学“论孟子告子、朱陆之学，论颜子尤为意所独得大旨”，主张“去明归鲁、掩文归朴”，所谓“明而慧、文而华，不如渊深静默者之为笃至也”[4]。

方学渐13岁丧母，17岁丧父，赵锐“老无嗣，有一女，卜所为快婿者，索先生文，加称赏，遂为馆甥”[5]。因此，方学渐不仅是赵锐的女婿和嫡传弟子，也是何唐的再传弟子。关于赵锐的生平与讲学盛况，方学渐命其子方大镇撰文作记：“里中及支郡北面先生者，踵相藉。先生俨然皋比，津津理窟，语不局注脚，听者欢赞，得未曾有。”文中还指出，赵锐“尝师事驾部何省斋先生。省斋自许以圣门之狂，而许先生以圣门之狷……退而辟颜乐巷，研道敬群，訢訢

---

① 方学渐：《理学何省斋先生传》，见李雅、何永绍辑：《龙眠古文一集》卷二十一，清道光五年（1825）刻本。

② 姚永朴著，张仁寿校点：《旧闻随笔》，合肥：黄山书社，2011年，第162页。

③ 方大镇：《恒庵公神道碑》，见赵立芳等纂修：《桐陂赵氏宗谱》卷二十五，赵氏明宗堂木活字印刷本，清光绪九年（1883）修。

④ 赵钦：《恒庵公六十寿序》，见赵立芳等纂修：《桐陂赵氏宗谱》卷二十四，赵氏明宗堂木活字印刷本，清光绪九年（1883）修。

⑤ 叶灿：《方明善先生行状》，见方昌翰辑，彭君华校点：《桐城方氏七代遗书》，合肥：黄山书社，2019年，第1页。

如也。一时群贤如副臬戴公完辈多出其门"[①]。

(三)邦国典型赵钍:主良知之说,会讲宜秘洞

乾隆年间,浙江藏书家孙仰曾,得到赵钍《无闻堂稿》,于书后跋曰:"钍学出姚江,主良知之说。文颇磊落自喜,而亦微近七子之派。"[②]这个评价可谓公允。赵钍,字鼎卿,号杜野,明嘉靖十九年(1540)应天府中举解元,嘉靖二十三年(1544)二甲进士,曾官至南太仆寺卿、都察院右佥都御史、巡抚贵州兼理军务。在居官南太仆寺时,赵钍大张旗鼓扩修了阳明书院,"每朔望辄率诸士阐良知之学。"在贵州任上,赵钍以阳明"龙场悟道"为激励,讨平叛乱,完备政令,访贫问苦,教会百姓耕种水田,贵州因此得到大治[③]。

赵钍辞官归里后,结"宜秘洞会",讲学其中,颇有影响。每日从游者,不仅有邑内外士子,还引起了当时著名学者如耿天台、史惺堂、罗近溪、焦弱侯、张甑山等人的关注。江西著名学者史惺堂曾不期而至,与邑中乡绅士子会讲于"宜秘洞天",此即"宜秘洞天公案"[④]。宜秘洞在县北杜鹃山麓,与正学书院、辅仁会所相邻。赵钍于此处置义田一区,"租岁可三百二十斛,一以供洞中宾客之费;一以供祠堂二祭之需,余则以济族人之贫乏者。"[⑤]

方学渐在为赵氏撰《义田碑记》中提及,"学渐于公为从子婿,曾从游宜秘洞。"称赞赵钍"岂非达人之旷举,邦国之视为典型者乎"[⑥]。

(四)未老投闲戴完:独宗新建,结社东林会

赵钍的好友戴完,字仲修,号浑庵,又号东林,年龄比赵钍小 7 岁,也出自

---

① 方大镇:《恒庵公神道碑》,见赵立芳等纂修:《桐陂赵氏宗谱》卷二十五,赵氏明宗堂木活字印刷本,清光绪九年(1883)修。

② 赵钍:《无闻堂稿》,明穆宗六年(1572 年),玄对楼刻本。

③ 盛汝谦:《中丞公行状》,见赵立芳等纂修:《桐陂赵氏宗谱》卷二十五,赵氏明宗堂木活字印刷本,清光绪九年(1883)修。

④ 赵钍:《宜秘洞纪事》,见赵钍撰:《无闻堂稿》卷六,玄对楼刻本,明隆庆六年(1572)。

⑤ 盛汝谦:《中丞公行状》,见赵立芳等纂修:《桐陂赵氏宗谱》卷二十五,赵氏明宗堂木活字印刷本,清光绪九年(1883)修。

⑥ 方学渐:《义田碑记》,见赵立芳等纂修:《桐陂赵氏宗谱》卷二十五,赵氏明宗堂木活字印刷本,清光绪九年(1883)修。

赵锐门下。方学渐在《桐川会馆先正编序》中说:“浑庵受之赵恒庵先生,而恒庵,省斋之高弟也。学渐师事赵、戴,得闻省斋绪论。”[①]可见,方学渐也曾游学于戴完。

嘉靖二十三年(1544),戴完与同里赵钎、阮鹗为同榜进士,可谓年少得志。戴完历官户部主事、刑部郎中、江西提学、贵州佥事。在权臣严嵩柄国时,戴完称疾辞归,年才四十。后来张居正执掌内阁,也屡召不应。戴完悠游林泉,结社“东林会”讲学,四方学者多归之。金陵诸生王元善,见桐城讲会兴起,士风大振,因慕“桐城有人”,乃定居桐城并置田数亩,以便及时参加戴完的“东林会”[②]。

当赵钎辞官归来,发现戴完讲学于东门龙眠河边“东林馆”,此处可谓幽绝:“河水东徙,积沙成堤。因外衣以石,环城以棘,实以柽柳,间以花竹,不三四年遂蓊郁如幄。中构草棚,甚朴而敝日,弦诵其间,名曰东林,盖去市不数武,即车马不喧,杳然如在洲渚间也。”[③]于是,赵钎与好友胡沙墅、胡泽庵、林未轩等也经常参与其中,并撰《东林歌》五首以纪盛况。

戴完悠游林泉近40年,不仅主盟“东林会”,还积极参加各类讲会。其“论学独宗新建,与张甑山、罗近溪、王龙溪论难往复”[④]。嘉靖三十三年(1554),内阁大学士徐阶等于北京灵济宫内举行讲会,罗汝芳、欧阳德等名卿巨公数百人参与,联讲两个月,戴完也联讲其中,一时“人心翕然,称盛会也”[⑤]。

正嘉时期的桐城学者,形成了独特的地域讲学模式。需要指出的是,同时期以讲学授徒闻名的,还有胡效才、方效等多人。东门胡氏胡效才,字用甫,号泽庵,嘉靖四十四年(1565)进士,学者称其为“文孝先生”,他“怀高识,

---

① 方学渐:《桐川会馆先正编序》,见李雅何永绍辑:《龙眠古文一集》卷十二,清道光五年(1825)刻本。

② 方学渐:《迩训》卷四,见《四库全书存目丛书(子部)》(第241册),济南:齐鲁书社,1995年,第594页。

③ 赵钎:《东林歌》,见赵钎撰:《无闻堂稿》卷十七,玄对楼刻本,明隆庆六年(1572)。

④ 马其昶著,毛伯舟点注:《桐城耆旧传》卷三,合肥:黄山书社,1990年,第77页。

⑤ 罗汝芳:《吁坛直诠》(卷下),见吴震:《明代知识界讲学活动系年:1522—1602》,上海:学林出版社,2003年,第185页。

厉希圣之志。四方从学者众,而同里方明善尤著称焉”[①]。方学渐一生排斥佛老,可能也是由于受到胡氏影响。方效,字去病,号石州,嘉靖四年(1525)举人。在何唐讲学乡里时,方效与赵锐是同学;何唐去世后,方效与赵锐“屹然为士林典型”。方学渐自称“年十六受业于石洲先生”[②]。

二、躬行为本:方学渐其人及其创建桐川会馆始末

正嘉前辈的风范,激励着方学渐毅然以道自任,于万历时代走向桐城学术前台,接武先辈、躬行为本,一直是他的自觉;而创建桐川会馆,也成为他后来最迫切的使命。

(一)沉毅颖敏,毅然有为圣贤之志

方学渐父母早逝,他与伯兄方学恒相依为命。但他自幼聪颖过人,笃志好学。叶灿在《方明善先生行状》中指出:“先生生而沉毅颖敏,善读书,甫十岁,语特惊人。”父亲去世时,他“括父所遗,可百金,悉以奉伯兄,第教授以赡饔食而已”。方学渐年轻时家贫,好在赵锐给女儿的嫁妆甚厚。“当均州公之归孺人也,仅卜市一廛、田十数亩为奁,而资产悉散诸从子”[③]。史孟麟在撰写的《明封侍御明善先生本庵方翁墓表》中也指出:“至月山公而遗箸仅可百金许,先生悉推以与伯兄,而以一廛依均州公居。”[④]因此,方学渐仍能专心于学问,“日惟键户,下帷,孺人亦躬织纴佐读。久之,名益噪”[⑤]。

方学渐素有圣贤之志,也与桐城教谕张甑山的影响有很大关系。叶灿在《方明善先生行状》中指出:“是时,汉阳张甑山先生署桐之教谕,倡道作人,先生首称弟子,毅然有为圣贤之志。”张甑山,即张绪(1520—1593),字无意,湖

---

① 马其昶著,毛伯舟点注:《桐城耆旧传》卷三,合肥:黄山书社,1990年,第91页。

② 方学渐:《方效列传》,见方传理纂修:《桐城桂林方氏家谱》卷五十一,安徽省图书馆藏:清光绪六年(1880)刻本。

③ 叶灿:《方明善先生行状》,见方昌翰辑,彭君华校点:《桐城方氏七代遗书》,合肥:黄山书社,2019年,第1页。

④ 据史孟麟撰《明封侍御明善先生本庵方翁墓表》拓本。

⑤ 叶灿:《方明善先生行状》,见方昌翰辑,彭君华校点:《桐城方氏七代遗书》,合肥:黄山书社,2019年,第1页。

北汉阳人，学者称其为“甑山先生”。

叶灿还特别讲了一件事：“耿天台先生督南畿学，下白衣应举令，甑山即属先生于邑侯包公。先生走匿深山，包公索之不得。甑山让之，先生曰：‘功名有命，因人诡遇，吾不为也。’甑山避席以谢。”[①]关于这件事，何如宠在《方本庵先生家史·序》里也有提及：“自其弱冠时即不肯以荐应白衣举，耻诡遇功名之会，有道长者逊席矣。”这件事被反复提起，证明方学渐确有强烈的“圣贤之志”。故何如宠在序中称赞“先生生平饥餐渴饮，惟是贤圣为徒”[②]。

(二)效法先辈，实心实事地躬行

方学渐为赵氏撰《义田碑记》，详述赵钛修谱建祠以及置义田、救贫弱诸多义举，赞叹：“桐亦士国也，仅一中丞(指赵钛)之祠若田，犹有希文遗风。”[③]方学渐也花费很多功夫续修宗谱、编订家训，创建祠堂、制定祠规，要求子孙世守；四处修缮祖墓，为大宗之子导之以习礼，帮其娶室延后，助宗党婚丧不举者；置办义田义山，收郊外髊瘗之；同时，还取乡梓人物行宜可法者撰成《迩训》、取忠孝义烈可风世者撰成《桐彝》，以教化乡里。凡此等等，都不遗余力，以实际行动践行阳明“良知”之旨。故叶灿叹曰：“吾观先生，生平尊祖、敬宗、睦族、敦兄弟、笃朋友，根于天性，底于至诚，实心实事，里中无少长皆能传诵称道。此岂以谈说为学者哉？灿为状，愧不足以揄扬名德之万一，聊为述其梗概如此。”[④]

方学渐平素“与同志讲习，日有孜孜诸所阐发，一自躬行心得者”[⑤]。他

---

① 叶灿：《方明善先生行状》，见方昌翰辑，彭君华校点：《桐城方氏七代遗书》，合肥：黄山书社，2019年，第1～2页。

② 何如宠：《方本庵先生家史·序》，见李雅、何永绍辑：《龙眠古文一集》卷十三，清道光五年(1825)刻本。

③ 方学渐：《义田碑记》，见赵立芳等纂修：《桐陂赵氏宗谱》卷二十五，赵氏明宗堂木活字印刷本，清光绪九年(1883)修。

④ 叶灿：《方明善先生行状》，见方昌翰辑，彭君华校点：《桐城方氏七代遗书》，合肥：黄山书社，2019年，第4页。

⑤ 周鼎：《桐川语续编序》，见武新立：《明清稀见史籍叙录》，南京：江苏古籍出版社，2000年，第169页。

与同志的讲习，都来自活泼泼的实践心得，而对“佞禅”之风、“虚寂”之说，往往“斥而远之，如衣白行泽畔，惟恐濡足而浼躬[①]。弟子周鼎曾以所谓“铿戛”进规，方学渐回答说：“吾愧不铿戛尔！昔人贼乡愿，禽兽杨墨，糠秕俗学，不以铿戛乎？”[②]这与何唐的观点如出一辙。

(三)狎主齐盟，四方长者推为牛耳

万历初，禁毁书院，士人讲学一度处于低潮。但张居正殁后，结社讲学风气再兴。以桐城为例，据叶灿在《方明善先生行状》中道：“时张大参淳、任大参可容、吴都谏岳秀、颜大理素皆与先生结社论文，里中弟子十五出门下，庐、舒、英、六学文者重趼来。”[③]当时有诸多名流与方学渐结社论文，里中弟子半出门下，周边学者也纷至沓来：“四方长者悦其风，竞为社、会，会必推牛耳先生，先生狎主齐盟。西有斗冈，东有孔川，南有枞川，北有金山，旁郡则有九华、齐山、祁阊、龙舒、庐江，如期往赴。”[④]

需要指出的是，何如宠在《方本庵先生家史·序》里说，方学渐“居恒以崇本名堂、崇实名会”。这说明方学渐所居宅第称“崇本堂”，所结社会叫“崇实会”[⑤]。因崇实会就在桐川之上，故习称“桐川会”。焦竑在《桐川会馆记》里指出，“桐川之学，倡于何公省斋，耿恭简(耿定向)、张甑山(张绪)两公于此益倡明之。方本庵(方学渐)先生为两公门人，经明行修，不以汉儒所诣自安，而毅然以倡道做人为任。”同时，焦竑也指出了方学渐的学术渊源：“先生之乡先

① 周鼎:《桐川语续编序》，见武新立:《明清稀见史籍叙录》，南京:江苏古籍出版社，2000年，第169页。

② 周鼎:《桐川语续编序》，见武新立:《明清稀见史籍叙录》，南京:江苏古籍出版社，2000年，第169页。

③ 叶灿:《方明善先生行状》，见方昌翰辑，彭君华校点:《桐城方氏七代遗书》，合肥:黄山书社，2019年，第2页。

④ 叶灿:《方明善先生行状》，见方昌翰辑，彭君华校点:《桐城方氏七代遗书》，合肥:黄山书社，2019年，第2页。

⑤ 何如宠:《方本庵先生家史·序》，见李雅、何永绍辑:《龙眠古文一集》卷十二，清道光五年(1825)刻本。

辈，辈望尊而学术美，亦无待余言。”[①]

（四）因念乐群无所，乃建馆桐川之上，以会同志

随着门徒的扩大，方学渐觉得有创建会馆的必要：“正德、嘉靖之间，何省斋先生崛起而谈理学，省斋殁三十余年，张甑山先生为桐城谕，树赤帜而鼓之，由是桐人始知学。戴浑庵（戴完）先生之东林馆，赵柱野（赵钎）先生之宜秘洞，皆有会，继此而会骎多。浑庵受之赵恒庵先生，而恒庵，省斋之高弟也，学渐师事赵、戴，得闻省斋绪论，又受业于甑山，窃闻其流润，敢负渊源？乃建馆桐川之上，以会同志。”[②]这是方学渐对创建桐川会馆的解释，且明确宣示接武正嘉前辈。于是，“癸巳（万历二十一年，1593），先生应岁升廷试毕，过大名……归后构桐川会馆。”[③]

所谓桐川，也即县城边的龙眠河，又称“桐溪”。《明清稀见史籍叙录》根据方学渐著述《桐川语》，谓方学渐“晚年专力儒学，筑馆桐溪之滨”[④]，明确指出是，“筑馆桐溪之滨”，这与“建馆桐川之上”意思相同。龙眠河原本就是山溪汇聚而成的，方氏迁桐始祖方德益筑桥龙眠河上，就称桐溪桥，今城区仍有桐溪埇。方大镇（方学渐之子）《荷新韵》《荷新义》记录了在主持桐川会馆活动时，亦常有“溪上”“桐溪”之语，他还曾在《和归去来辞韵》中高咏：“永桐溪乎茕轴，踵彭泽其焉疑！”[⑤]这是表达慕往哲、归园田之思。

万历三十年（1602），方学渐的同里学友赵鸿赐前往金陵，拜会焦竑。焦竑与方学渐、赵鸿赐属于同门关系，都曾受教于耿定向和张绪。赵鸿赐，是赵钎长子，字承元。康熙和道光两版桐城县志都将赵鸿赐列入理学卷，称其“好

---

① 焦竑：《桐川会馆记》，见焦竑撰，李剑雄点校：《澹园集》续集卷四，北京：中华书局，1999年，第829页。

② 方学渐：《桐川会馆先正编序》，见李雅、何永绍辑：《龙眠古文一集》卷十二，清道光五年（1825）刻本。

③ 叶灿：《方明善先生行状》，见方昌翰辑，彭君华校点：《桐城方氏七代遗书》，合肥：黄山书社，2019年，第2页。

④ 周鼎：《桐川语续编序》，见武新立：《明清稀见史籍叙录》，南京：江苏古籍出版社，2000年，第168页。

⑤ 方大镇：《和〈归去来辞〉韵》，见方大镇：《宁澹居文集》卷四，四库全书文渊阁本。

读书，淹贯六籍，旁及百家，师事耿天台张甑山两先生，与焦漪园、管东溟等称高弟，又从罗明德先生游，又开宜秘洞会，延集多士，为陋巷会戒约，衍新建良知之旨，桐川之士奉为典型”①。赵鸿赐这次拜会焦竑是带着使命的。原来，他受方学渐之托，请求焦竑为已经创建的“桐川会馆”撰写碑记。

焦竑在碑记中指出：“方士响臻，先生(方学渐)念乐群无所，乃筑室桐川，待共学者居焉。”②由前述可知，从正德、嘉靖时代，一直到方学渐走上学术会讲前台，桐城各种讲会都没有固定的住所，如赵锐的东郭颜乐巷，顾名思义就是一个巷子；赵钍的宜秘洞，其实就是城郊结合处的一块露天之地；戴完的东林馆也只是河边的一个草堂。而这次方学渐创建的桐川会馆，为共学者提供了可研习、可食宿的固定会所，建得宏伟壮观，各种设施齐全：“中崇实堂三楹，堂之前，荣奉夫子像于中。有先正堂，有尽心斋，有左右室，有更衣所，有养正所，凡为祀往哲、群来学者，靡不备具。树以桐柏，群花翠筱，丛杂错出。川上植柳数百株，名曰柳坛。”③

三、至善为宗：方大镇其人及其对桐川会馆的继承和发展

万历癸丑(1613)秋，巡按御史方大镇从河南解任回到桐城，为古稀母亲祝寿，庆贺仲弟大铉成进士履任刑曹。父亲方学渐却握住他的手，郑重地将桐川会馆的会务嘱托给他：“美必久而后成，道必守而兼创。吾意欲与汝共图会事。镇唯唯。”④从这一年开始，方大镇与桐川会馆的联系更加密切起来。

方大镇(1561—1631)，字君静，号鲁岳，又号桐川，是方学渐长子，万历壬午(1582)举于乡，己丑(1589)成进士，累官至大理寺左少卿，因称“廷尉公”，门人私谥为“文孝先生”。从他对家学和桐川会馆的继承与发展来看，实际上

---

① 廖大闻：《道光桐城续修县志》，见《中国地方志集成安徽府县志辑》卷十四，南京：江苏古籍出版社，1998年，第116页。

② 焦竑：《桐川会馆记》，见焦竑撰，李剑雄点校：《澹园集》续集卷四，北京：中华书局，1999年，第829页。

③ 焦竑：《桐川会馆记》，见焦竑撰，李剑雄点校：《澹园集》续集卷四，北京：中华书局，1999年，第829页。

④ 方大镇：《续置会馆颠末纪》，见方大镇：《宁澹居文集》(附)，四库全书文渊阁本。

可以分为以下几个阶段。

（一）青年时期：遵父训，坚持仕学相济

方大镇初授大名府推官，遵照父训，坚持“仕学相济”，践行“无我而因物则，薪火而养诚明”，表达坚持操守、秉公办事、崇实躬行的决心。甫一上任，就认真审处多年积案，顶住压力，纠正冤假错案，其中有130余名死刑犯得到减刑或无罪释放。他还曾“摄府篆”，借钱为农民买了70头母牛。待母牛数量增长几倍后，归还本钱，将所得利息全部捐出，仅此一举，就至少养活了万家耕农[①]。当方学渐癸巳（万历二十一年，1593）应岁升廷试毕，过大名府看望儿子时，见儿子“治状，多平反，心窃窃然喜”[②]。

（二）中年时期：倡性善，致力良知之旨

万历二十六年（1598），方大镇擢江西道御史。此后调迁不断，曾巡盐两浙，再巡按河南，调贵州道，改京畿道，复起巡盐浙江，最后升迁大理寺左少卿。但此时正是晚明国衰民困、吏治混乱时期。方大镇辗转仕途，不忘传承其父“性善”学说，强调“至善”本体，反对蹈虚空谈，始终躬行“崇实”。他察吏勤民、锄豪扶弱、芟恶掖善、俾安教化，可谓勤勤恳恳、政绩斐然；每到一地，必褒崇理学，坚持“明仁义、宗至善”，呼唤良知良能，以正人心、淳风气。他还曾上疏朝廷，为低级官员学者陈献章、布衣学者胡居仁请谥，以“表斯文之英，彰祀典之美。”在巡按河南时，又以“风教攸关”为由，上疏请褒崇王艮、顾宪成、罗汝芳三位理学名臣。迁任大理寺要职后，即与东林党人讲学“首善书院”，宣扬“论学以性善为宗，论治必求君德”，还将父亲方学渐早年所写的《治平十二策》整理后上献朝廷[③]。这些所作所为，既是他继承父学的躬行，也是他对消除当时混乱的社会思潮、挽救濒危时局国运的不懈努力。

---

① 陶善才：《方大镇忧民忧君的文孝先生》，载《江淮文史》，2019年第6期，第162～165页。

② 叶灿：《方明善先生行状》，见方昌翰辑，彭君华校点：《桐城方氏七代遗书》，合肥：黄山书社，2019年，第2页。

③ 方大镇的这些行迹，见方大镇：《宁澹居文集》卷一、卷二、卷三，四库全书文渊阁本。

(三)为官后期:忧时乱,求圣人之治

到了晚年,宦海沉浮,不堪险恶,方大镇越来越觉得"仕途百折如浮海,客邸孤踪似出家"[①]。常常不得不因病乞休。而一旦乡居病养,他就力求从父亲和乡先正学说里寻找解脱之道。万历三十年(1602),方大镇病归,于"白沙山中扫室问药",著书《田居乙记》[②]。万历三十二(1604)九月,方大镇赴桐城西乡斗冈会馆,目睹丹枫霜林,有感天道之变,以阳明良知之旨,向社友阐释"人皆可以为尧舜"[③]。万历三十三年(1605),方大镇卧病城北白沙岭连理亭旧居,与人辩学,乃作"白沙晤语",强调"圣人之心非异也。圣人固同,人自异之耳"[④]。当阉党乱政,朝中诸多正直大臣屡遭无情打击时,方大镇仍坚持公正执法,纠正错案、平反冤案,全活死囚 13 人。但明末乱势已无可挽回。随着"首善书院"被禁毁,同乡左光斗惨遭冤狱,方大镇遂引疾辞归。

(四)晚年时期:承先志,力求美成在久

在兄弟三人中,方大镇最得其父期许。直到万历癸丑(1613),方学渐正式要求方大镇"共图会事",希望"美成在久",这意味着接班"桐川会馆"的任务已经落到了方大镇肩上。史孟麟在《方明善先生墓表》中写方学渐"易箦时,苐执御□□季公辈手曰:'汝毋忘会事、祠事,幸好为之。'毋他语"[⑤]。可见,方学渐直到临终仍念念不忘会事、祠事。方大镇毅然接受了这个重任,缵绪父业,漳明父教,兢兢笃行。从方大镇的《续置会馆颠末纪》来看,方大镇接手会事后,重点抓了以下几件事。

第一,修缮旧馆、辟建新馆。"甲寅春(1614)乃议改创,并毁旧馆而新之。而基地苦隘,馆北邻则镇昔年所鬻于赵氏者,愿捐于公,而更助之资。"[⑥]但不

① 陈济生编:《天启崇祯两朝遗诗》卷四,北京:中华书局,1958 年,第 275 页。
② 方大镇:《田居乙纪小序》,见方大镇:《宁澹居文集》卷四,四库全书文渊阁本。
③ 方大镇:《赠朱志学有序》,见方大镇:《荷薪韵》,日本内阁文库藏明刻本,补 74—584。
④ 方大镇:《白沙晤语》,见方大镇:《荷薪义》,日本内阁文库藏明刻本,补 74～637。
⑤ 据史孟麟撰《明封侍御明善先生本庵方翁墓表》拓本。
⑥ 方大镇:《续置会馆颠末纪》,见方大镇:《宁澹居文集》(附),四库全书文渊阁本。

久方学渐病重，此事暂时搁置。直到“乙卯(1615)大忧，越百日乃理前议，鸠工庀材，成先君之志。不毁旧危馆，以明繇旧；而特创新馆，以表维新。”“肇于仲秋之初旬，落成于仲冬之下旬，凡四阅月”。这次工程，花费颇多，“木石诸费计二百七十金有奇，钟鼓炉瓶器具之数可二十金有奇，基地价值及修理旧馆可百金有奇，第支会租十七金。余皆金独任”。建成后，为明确四界，方大镇还特别注明：会馆“基地西界祠后天井中心，东界河，南界旧馆，北界祝氏，风火及墙之址各不紊，是以续纪，以垂后来”①。这是对焦竑《桐川会馆记》“馆负城临流”描述的重要补充。

第二，筹集“会田资、供亿资”。虽然“先君既立会馆，并置周氏庄为会田，及诸器具书籍公之会众，始终条理载前纪中，亦既备矣”。但在修旧建新之前，方学渐还是作出决定：“余以小朱庄田价可百三十金，亦原捐于公，听其鬻之，为创馆之助。遂于六月廿三日手批出契，归于会长张道卿诸友，公藏之。”但在实际修建时，为将来计，“朱庄田仍留而不鬻，以备会中供亿之需。荒歉频仍，度支弗办宾客祭祀，会课诸费则又镇一一为之区处矣”②。这次工程，也受到了各级当政者的支持。如“盐院龙公(龙遇奇)慨然檄郡捐帑八十金，为会田资；予不佞亦另捐廿金，为供亿资。馆前河堤屡出锱铢修筑而无成者，龙公及王侯(王廷式)帅董诸君捐七十余金，克底于成。绩皆馆餐之盛，心菁峨之雅化，其曷能谖统俟”③。

第三，定“创为守、久为美”之策。总的来说，方大镇认为这次工程“屋新而田存。先君所谓创为守、久为美者，虽不能光而大之，亦庶几乎无所辱命。自揣僻乡薄力，颇惭固陋，惟吾同志相与仔肩，维怀永图耳”。他热切地展望：“从兹以后，日新月异，近荷当道，留意次第嘉奖。”④旧馆的正堂原称“崇实”，旁边辟建的新馆正堂则称为“至善”。方大镇为此专门写了《至善堂纪》：“先侍御往矣，同社诸贤共笃斯盟，爰新讲堂，颜曰至善。学而求诸善，善而求其

① 方大镇：《续置会馆颠末纪》，见方大镇：《宁澹居文集》(附)，四库全书文渊阁本。
② 方大镇：《续置会馆颠末纪》，见方大镇：《宁澹居文集》(附)，四库全书文渊阁本。
③ 方大镇：《续置会馆颠末纪》，见方大镇：《宁澹居文集》(附)，四库全书文渊阁本。
④ 方大镇：《续置会馆颠末纪》，见方大镇：《宁澹居文集》(附)，四库全书文渊阁本。

至,傥亦游泳于尽性,合天之渊,而不胥溺于虚无功利之壑。"①尤其是"兵道张公题为鸣鹤书院"②,使得会馆得到了官方的重视和支持,具备了官学书院的性质。

第四,"申先侍御之说"。新的"至善堂"建好后,"后有寝室,以祠先侍御,而旧馆规制悉如先侍御之旧,盖三年无改之义"。为继承和光大父亲的学说,方大镇在《至善堂纪》中表示:"今而后,知先侍御之学是谓正学,先侍御之教是谓正教,独立而无所惑也已,《书》曰:厥父基,厥子乃弗肯堂,矧肯构?"③表达以父亲之学之教为正学正教的追求,就像至善堂建在旧馆旁边一样,自己的学问也是建立在父亲学说的地基之上。只有这样,才能"永终令德,无坠桐川之绪"④。万历四十八年庚申(1620)二月中和节这天,方大镇又在撰写的《桐川会续纪》中重申"缵先君之绪"要不断发展的愿望:"《崇实会纪》者,先君明善先生手笔也,复续纪何也……余小子缵先君之绪,一切不敢不因,而亦不能不损不益。"⑤

第五,主持讲学和会友。方大镇以桐川会馆为主阵地,同时频繁奔赴邑内外各地举办会讲。周边郡县甚至江浙等地学者也纷纷前来桐川,与方大镇切磋学问。这些情况主要记载在他的《荷薪韵》和《荷薪义》中。从《荷薪义序》可以看出他光大桐川会馆、矢志继承发展父学的决心:"世不废业,其克昌乎……桐川小社,业已权与,余即傫傫琐琐,才质双下,而燕翼是诒,堂构奚属?曾子之事亲,以志不以养,不改其臣与其政。夫子亟称焉。闵余小子,夙夜敬止,苟其惬小,先德恬愉迟暮,黍离苞稂之弗伤,家鸡野鹜之弗恤,将何颜面以无遗九京忧?"⑥可见,方大镇有着很强的使命感。查阅《荷薪义》,发现与方大镇互动较多的学者,主要有吴应宾、王宣、何如宠、夏伯孺、张道卿、王达夫,以及其弟方大铉,还有门人耿献甫、吴公良及何子政辈。此外,还有社

① 方大镇:《至善堂纪》,见方大镇:《宁澹居文集》卷四,四库全书文渊阁本。
② 方大镇:《续置会馆颠末纪》,见方大镇:《宁澹居文集》(附),四库全书文渊阁本。
③ 方大镇:《至善堂纪》,见方大镇:《宁澹居文集》卷四,四库全书文渊阁本。
④ 方大镇:《至善堂纪》,见方大镇:《宁澹居文集》卷四,四库全书文渊阁本。
⑤ 方大镇:《桐川会续纪》,见方大镇:《宁澹居文集》(附),四库全书文渊阁本。
⑥ 方大镇:《至善堂纪》,见方大镇:《宁澹居文集》卷四,四库全书文渊阁本。

友安述之、汪崇正、范季直、金淳夫，以及斗冈会馆的朱志学等人。而吴应宾、王宣等也是桐城方氏学派的核心人物。

与父亲方学渐一样，晚年的方大镇也寓良知之学于实心实事躬行之中，热心家族事务和社会公益活动：作《祠堂续纪》，续置祠田，在“先君子既立祠堂，乃置祠田于平坦，尊祖睦宗甚盛”的基础上，又“觅得姚氏田于十里铺，与平坦相近，便于管理。其值凡百八十金有奇，其租岁取谷二百六十斛，钱三千，输之祠堂，为祭祀赈助之用”。定《祠约》，针对“成规具在”而“今稍怠”的实际，重新制定“十二款”祠约，并对几处祖坟山制定祭事、守护、禁葬三议。方大镇尤其重视城东龙眠河堤防洪。在他的组织下，城东门而北一段最受洪水威胁的河堤，得到了彻底治理，“庶几不负公私之望，而逭于百年之责矣①。

四、继往开来：方以智及其子孙对桐川会馆的复兴努力

（一）当教诸绳绳：方以智对桐川会事主盟者的嘱托

方大镇独子方孔炤，万历四十四年（1616）进士，虽调迁不定，但也曾参与桐川会事。据《荷新韵》载，方大镇曾于会馆前柳坛举办“柳墅宴坐”，方孔炤题张挂于桐溪（即龙眠河）上的布幔曰“斯”，父子俩还各作楹联一副。方以智在城郊泽园结社，也是效法先辈；祖父讲学桐川会馆，他当然也时有旁听。可惜他们父子生逢乱世，流寓在外，无暇顾及桐川会事。

于乱世中坚守桐川会事的，则是方以智的堂兄方豫立。方豫立，字子建，号竹西，是方大镇之弟方大钦之孙，因排行居长，又称“启大”。方以智有诗《以时论付启大竹西》，提及他庐墓三年，整理父亲著述《周易时论》，“合编曰时论，未尝与人称”②。他将这本刚刚完成、还未公开的《周易时论》合编，郑重托付给方豫立，“病废录时论，拜付同堂兄。我兄孝不匮，会馆奉主盟。塞渊好学问，当教诸绳绳。请负小衍环，异类中孤行。秦望惠林寺，时履雪山

① 方大镇：《新堤记》，见方大镇：《宁澹居文集》（附），四库全书文渊阁本。

② 方以智：《以时论付启大竹西》，见黄德宽、诸伟奇主编：《方以智全书》（第10册），合肥：黄山书社，2019年，第353页。

冰。吼破狻猊胆,六龙雷雨兴"[①]。《周易时论》不仅是方孔炤毕生心血、最后十年呕心之作,由于方以智也参与整理,因此也可谓桐城方氏学派集大成之作,诸多见解更是"发千古之所未发,决宇宙之大疑"[②]。方以智将如此重要的一部著作,郑重托付给主盟桐川会馆的堂兄方豫立,称赞他"塞渊好学问",希望他"当教诸绳绳",其意义自不待言。

(二)愤志为荷薪:方氏兄弟修复桐川会馆传承先世学术的不懈努力

康熙二十九年庚午(1690)秋夜,方中发在崇实会馆招友看月:"陋巷深藏十笏居,纸窗花竹意萧疏。特从耆旧开吟社,重散生徒自读书。万卷破时天可胜,寸心深处谷同虚。相携直欲游尘表,云净秋空月一梳。"[③]自康熙二十五年丙寅(1686)方氏祖宅远心堂遭遇火灾后,方以智三子方中德、方中通、方中履及侄子方中发逐步修葺祖居,并重建了崇实会馆。

需要指出的是,桐川会馆本叫"崇实会馆",因建在桐川之上,故人们习称"桐川会馆"。由前述可知,焦竑撰《桐川会馆记》,称"中崇实堂三楹"。叶灿撰《方明善先生行状》,称方学渐"构桐川会馆,颜其堂曰崇实"。何如宠撰《方本庵先生家史序》,称方学渐"居恒以崇本名堂,崇实名会"。陈嘉猷在《东游纪序》中,称"侍御本庵方先生倡道桐川,筑崇实之馆,以待四方同志之来会者。"方大镇《荷薪韵》卷二有"崇实堂次君节韵二首"。凡此都表明,桐川会馆实际上叫"崇实会馆"。

入清以后,关于桐川会馆(崇实会馆)的修复,方中通在《癸酉喜儿琫设帐荷薪馆》前序中交代得很清楚:"曾王父廷尉公建至善堂,奉明善公木主于其后室,二丁邑祭毕,宴邑侯堂中,列子弟击磬歌诗,彬彬礼乐之风,诚盛事也。

---

① 方以智:《以时论付启大竹西》,见黄德宽、诸伟奇主编:《方以智全书》(第10册),合肥:黄山书社,2019年,第353页。

② 方中通:《周易时论·跋》,见《清代诗文集汇编》第133册卷一(方中通《陪集·陪古》),上海:上海古籍出版社,2010年,第15页。

③ 方中发:《崇实会馆招友看月》,见方中发撰,曹媛校点:《白鹿山房诗集》,合肥:黄山书社,2020年,第288页。

别构数楹于其北，颜之曰荷薪斋。子思有言：其父析薪，其子弗克负荷，伋每思之大恐，而不懈也。廷尉公之取义荷薪也，戒彼弗克耳。常著有《荷薪义》。遭乱后尽为墟矣。今四弟捐宅为明善公崇实会馆，二丁公典永行于此。先是余兄弟复立荷薪，适在此北，岁入赁租，贮以刊先人书。”①这就不啻讲明了桐川会馆即崇实会馆与荷薪斋（又称“荷薪馆”）的关系，说明方中通兄弟三人先修复了荷薪馆，四弟方中发又捐宅为崇实会馆（即桐川会馆），并“贮以刊先人书”。

桐城方氏自方学渐始，历经方大镇、方孔炤、方以智，四世著述繁多，大多在生前即已刊行。即使在明末乱世，方以智在流离中仍笔耕不辍、时有付梓。方中德、方中通、方中履兄弟三人，不析父之财，而专析父之学。方中通说：“余与伯氏（方中德）季子（方中履）析吾君子之学，伯氏论史，季氏博物，余惟象数物理音韵六书之学。”②兄弟三人始终以愤志荷薪为使命。

康熙十年（1671），方以智因“粤案”在押解途中卒于万安，卒前仍记挂著述，嘱托于身边少子方中履。方中履有诗记述：“易箦残编手授余，五更冰涕滴遗书。”③方鸿寿在《方文忠公年谱》中指出：以智之殁，“一语不及世事，惟以未卒业诸书属文逸公踵成之。”④从此，兄弟三人及堂弟方中发坚持守护和整理先人遗著，露抄雪纂不已。这种使命感也传递给了第六代学人。方中通在《示琫珠琪琇球五子》诗中，特别强调“倘能负荷先人业，岂独逢时姓字扬”。嘱咐他们：“家学已惭捐一代，休教年少误翩翩。”又写诗叮嘱兄子方正瑗：“阿咸珍重文章好，五世书囊望尔担。”足见，方氏子孙对传承家学的强烈愿望和担当意识⑤。

---

① 方中通：《癸酉喜儿琫设帐荷薪馆》，见《清代诗文集汇编》（第133册）卷三（方中通《陪集·续陪》），上海：上海古籍出版社，2010年，第181页。

② 方中通：《陪翁训子语》，见《清代诗文集汇编》（第133册）卷三（方中通《陪集·陪古》），上海：上海古籍出版社，2010年，第59页。

③ 方中履：《惶恐集》，见方于谷：《桐城方氏诗辑》，道光辛巳镌饲经堂藏版刻本。

④ 方鸿寿：《方文忠公年谱》，见李仁群主编：《方以智研究（第一辑）》，合肥：安徽大学出版社，2021年，第15页。

⑤ 陶善才：《明遗民方中通再造复楼之深刻寓意探析》，载《淮北师范大学学报（哲学社会科学版）》，2022年第2期，第44页。

(三)箕裘喜再开:又喜书声到荷薪

清康熙三十二年(1693),方中通次子方正瑆于"荷薪馆"内设帐讲学。这从方氏家学传承上来看,当是一起标志性事件①。

方中通非常高兴,专此赋诗《癸酉喜儿瑆设帐荷薪馆》:"吾儿愤志及初春,最喜书声到荷薪。五世传家何可谢,六经遗教岂嫌贫。下帷更结英才伴,设帐翻成好士人。继往开来知不易,且将棉力任千钧。"②诗有前序,明确指出了崇实会馆、至善堂、荷薪馆的传承关系:"曾王父廷尉公建至善堂……别构数楹于其北,颜之曰荷薪斋……遭乱后尽为墟矣。今四弟捐宅为明善公崇实会馆,二丁公典永行于此。先是余兄弟复立荷薪……今年正瑆愿输其赁,以为设帐之所。盖亦不敢以私废公也。"③表明方正瑆于荷薪馆设帐讲学,意义非凡。"荷薪"之义,本来就是方中通祖父方大镇(即廷尉公)为表达传承家学而命名的。所以方中发亦有诗曰:"兴废初何定,箕裘喜再开。世随千劫转,天自寸心回。丹穴新雏满,乌衣旧燕来。板舆登览便,恰上万年怀。"④

方正瑆(1653—1729),字鞞上,号茗溪,岁贡生,候选训导。《桐城桂林方氏家谱》称其:"生有至性……设教荷薪馆,远近从学者月益众。经其指授,多知名士……著有《四书深浅说》《培风诗文集》等⑤。方正瑆七弟陈正璆又有诗《茗溪授经荷薪馆》:"从游半江左,到处拥生徒。吾道竟安托,世人何独殊。守先留绝响,启后仗微躯。接武桐川上,遗风想步趋。"诗后有小注曰:"先明善公讲学桐川,称会宗。立崇实会馆。文孝公称会长,更建鸣鹤书院、荷薪

① 陶善才:《明遗民方中通再造复楼之深刻寓意探析》,载《淮北师范大学学报(哲学社会科学版)》,2022年第2期,第44页。

② 方中通:《癸酉喜儿瑆设帐荷薪馆》,见《清代诗文集汇编》(第133册)卷三(方中通《陪集·续陪》),上海:上海古籍出版社,2010年,第181页。

③ 方中通:《癸酉喜儿瑆设帐荷薪馆》,见《清代诗文集汇编》(第133册)卷三(方中通《陪集·续陪》),上海:上海古籍出版社,2010年,第181页。

④ 方中发:《再题复楼》,见方中发著,曹媛点校:《白鹿山房诗集》,合肥:黄山书社,2020年,第153页。

⑤ 《桐城桂林方氏家谱列传》卷五十二。

馆。”[①]陈正璆本姓方，随母姓，母亲是溧阳陈名夏女陈舜英。这首诗不仅写出了方正瑧设教荷薪馆的声势之大，也指出了荷薪馆与其先辈桐川会馆的渊源，表达了方氏第六代学人接武桐川、步趋遗风的不懈追求。

五、结语

桐川会馆，本称“崇实会馆”，因建于桐川之上，所以人们习称“桐川会馆”。它是桐城方氏学派奠基人方学渐讲学的主阵地，曾与无锡东林会馆齐名。桐川会馆由方学渐创建，到清初方以智的子孙重建，历经 130 余年，基本与桐城方氏学派相始终。

雍正三年(1725)，方学渐的六世孙陈正璆在崇实会馆对月看花，赋诗曰：“连理思先泽，家声自杞枫。百年双桂合，七叶一庭中。夜气生寒露，秋香散远风。雨余吟独苦，残月过墙东。”[②]所谓“连理”“杞枫”，都是指向其先祖方学渐[③]。陈正璆还有诗《七逸篇为伯妠七十初度》曰：“先公先太君，操家本崇实。”自注曰：“先明善公讲学桐川，立崇实会馆。”[④]他的先公即方中通，先太君即陈舜英，这首诗更是明确指出了桐川会馆(崇实会馆)的渊源。

有关桐川会馆的史料很丰富，方氏学人还写有专门文章。如方学渐撰有《崇实会纪》《桐川会馆先正编序》，方大镇撰有《续置会馆颠末纪》《至善堂纪》《桐川会续记》《荷薪韵》《荷新义》等。

总之，桐川会馆创立后，往来名人学者之多、影响之大，诚如焦竑《桐川会馆记》赞叹的那样：“是地也，虽追踪杏坛可也，而四书院者勿论矣。”[⑤]直到清初，方氏后裔仍弘扬先辈精神，以著述和讲学直接影响了桐城文化的复兴，可

---

① 陈正璆：《崇实馆对月看花》，见《四库禁毁书丛刊·集部》(第 167 册)，北京：北京出版社，2000 年，第 168 页。

② 陈正璆：《崇实馆对月看花》，见《四库禁毁书丛刊·集部》(第 167 册)，北京：北京出版社，2000 年，第 168 页。

③ 陶善才：《桐城方氏研究中的“连理”之谜探析》，载《淮北师范大学学报(哲学社会科学版)》，2020 年第 6 期，第 13～21 页。

④ 陈正璆：《七逸篇为伯七十初度》，见《四库禁毁书丛刊·集部》(第 167 册)，北京：北京出版社，2000 年，第 123 页。

⑤ 焦竑：《桐川会馆记》，见焦竑撰、李剑雄点校：《澹园集》续集卷四，北京：中华书局，1999 年，第 829 页。

谓桐城派之先声。清人谭献在《桐城方氏七代遗书·叙》中就明确指出:"桐城方氏七世之家学,不独灵皋侍郎文辞授受之先河,抑亦阎顾之流一代经师之先河也已。"①

作者单位:中共安徽省委政策研究室

① 谭献:《桐城方氏七代遗书·叙》,见方昌翰辑,彭君华校点:《桐城方氏七代遗书》,合肥:黄山书社,2019年,第2页。

气本论下规范如何可能

——以方氏父子对宰理的论证为例

杨基炜

提　要:在气本论的思想体系中,如何解释规范的来源、辨析实然与应然、警惕认欲作理等是其需要面对且较为棘手的问题。基于气本论的思想背景,方氏父子分析气之条理,提出物理、宰理与至理的"三理"说,辨析气的不同状态,指出存在能与人相感、诸气合宜共存的天然状态,并且以度数法则来表示,以此构成人之宰气的规范性根据。这一原理同样适用于人伦道德的变化工夫,圣人作制表法,学者循法宰气,心法相泯,道通为一,进而形成诸气合宜、各安生理的理想秩序。

关键词:气本论　方以智　应然　规范性

"气"是中国传统思想的核心观念。无论是汉唐的气化宇宙论、理学的理气论,抑或是气学的气本论、古代科技思想的气论等,"气"始终是解释现实诸事物、宇宙诸现象的必要元素。在宋代理学的哲学建构下,理气成为描述世界之所以构成的一组基本范畴。其中,将气的本体地位贯彻到底的,是滥觞于张载的气本论思想。较之于理本论,气本论在论说自然实有之体、肯定人的生活世界方面有其优势,但在说明规范的来源、辨析实然与应然的问题上,则更容易陷入解释困境。

在晚明气学思潮下,方孔炤、方以智父子基本共享气本论的思想观念,提出“两间皆气”[①]“彼离气执理与扫物尊心皆病”[②]等命题。在处理实然规律与应然规范的问题上,方氏父子提出物理、宰理与至理的“三理”说。物理表征气运流行的实然规律,宰理表征人之宰气的应然规范,至理是之所以为气、为宰的根本性规定。就其理论建构而言,“至理”是保证实然规律与应然规范的超越性规定;但落实在气的层面看,三种“理”均为气之条理,而气是一体的、完全的,则一气何以存在三理?应然规范如何根植于实然规律,而宰理又何以能突破物理而宰气?

坂出祥伸指出:“方以智认为物类相互感应的原理,不只是某气几与别的气几的呼应关系,也包含气几和人的心之端几的呼应关系。”[③]这为我们理解“宰理”机制提供了一种视角,其一在于气与气之间存在“几”层面的感通关系,其二在于客观实在之气与人心之间存在“端几”层面的感通关系。感通关系,应属物理层面的自然机制,也构成人心与气物之间的关联。若感通关系能够用以讨论“宰理”,那么它需要满足两个条件:一是感通关系能够转化为规范性知识;二是感通机制能为行为主体提供克服与宰制自然气物的可能性。以下将在坂出祥伸研究的基础上,尝试以感通机制来说明方孔炤、方以智父子是如何论证气本论下的规范的。

一、音律与度数:规范的自然基础

从气本论来看,构成人身的阴阳之气与充盈两间、贯穿诸物的阴阳之气并无二致。气是一气,但理所描述的对象却有所不同。准确地说,方氏“物理”所描述的,是种种气化各自的运行规律;但两间诸气并非相互分隔的。气本一源,它们实际总是在互相发生关系。若据气之各自运行而论,则“物理”所示是诸气各自之有条理的运作;若据气之交互而论,则需要新的“理”来描述气之交互运动法则,因为在事实层面,诸气有强弱、清浊之别,诸气交互必

---

① 方孔炤、方以智撰,郑万耕点校:《周易时论合编》,北京:中华书局,2019年,第1223页。

② 方以智撰,敖堃整理:《物理小识》,见黄德宽、诸伟奇主编:《方以智全书》(第7册),合肥:黄山书社,2019年,第114页。

③ 坂出祥伸著,蒋国保译:《方以智的思想——围绕“质测”与“通几”》,见张天瑜主编:《人文论丛2002年卷》,武汉:武汉大学出版社,2003年,第238页。

然有强盛之气压倒弱势之气的情况出现，而这一情况并不一定是良善的或合宜的。

可设想的是，在气之无数交互情况中，总可能存在这一情况，即诸气交互能并育而不相害。若此气有涉于人，那么亦有无数可能的交互情况，在这些情况中，诸气运行均循自然物理，如其云“吾谓自然之理、自然之数一合无所不合，既可如此取之，亦可如彼取之，权制即至理也”①，但唯有少数情况下，此气与余气间能合宜共处。换言之，人能够治理诸气而化为己用，即其所谓“权制”。据此情况而揭示诸气法则者，是方氏所谓之“宰理”。所谓“宰”者，是“冢宰”之“宰”，“宰理”即治理阴阳诸气、使之合乎条理的意思。此“条理”亦不是某气之个体状态(所谓“质理”)，而是诸气交互之合宜有序，这本于气之整体规律(所谓“通理”)。总括来说，圣人需要先了解诸气的运作规律，权衡并梳理诸气状态，确立能够使诸气间条理有序的法则。因此，在自然物理之外，存在新的知识类型，它所描述的是人与诸气间的交互法则。

人与诸气的交互情况又可分为两个方面，如朱伯昆所云：“宰理乃人类主宰自己命运之理，其中包括人类社会生活之理，如治理国家和道德教化的原则，也包括人类所掌握的支配自然的法则。”②前者是人与人之间诸气交互情况，其中又可分为个体变化气质与群体伦理秩序两种情况；后者是人与自然诸气的交互情况，它主要体现在人如何权制并化用自然事物上。

物理知识是人之能宰制自然的前提，而人之宰制自然的方式之一便是制作器用。圣人经由观察自然诸象、考察其中规律来制作器用，这本是《周易》的叙事，如《周易·系辞上》云“是故阖户谓之坤，辟户谓之乾，一阖一辟谓之变，往来不穷谓之通，见乃谓之象，形乃谓之器，制而用之谓之法，利用出入、民咸用之谓之神”。《周易·系辞下》亦载古之圣人制器利民事迹。根据自然规律来改造自然之物，以使其具备实现人之目的的功能，这一人所制作的事物便是“器”。但实现人之目的并非“器用”的特质，因为自然物同样可以被用来实现人的目的，譬如选取蔓藤来攀爬、剪裁荷叶来避雨等。《周易·系辞

---

① 方孔炤、方以智撰，郑万耕点校：《周易时论合编》，北京：中华书局，2019年，第299页。

② 朱伯昆：《易学哲学史(第三卷)》，北京：昆仑出版社，2005年，第549页。

上》对此作出限定“制而用之谓之法,利用出入、民咸用之谓之神”。“器用”之“用”即体现在“制而用之”与“利用出入、民咸用之”上。圣人制作器用,并不是为了个人的目的,而是要实现人类群体的目的,使民众能够以器为工具来运用自然之道,假借于自然规律来实现其目的。因此,圣人不仅需要以具有普遍性、真实无妄的自然之道为作制根据,也需要据此制定具有普适性的制式规范,以供天下万世之民众备物致用、各安生理。

除了制作赖以生存的器用之外,方氏还将“器”理解为人所制作的、对自然的测量工具,它是人之能宰天的重要工具。譬如璇玑玉衡、圭表、律度量衡等,这类“器”是人能精确地格致物理的工具。只有通过反复致理、制器与调试,才能尽可能地接近物理本貌,而非如格竹子一般笼统无法。因此,圣人之所以能够“宰天”、掌握天道运行之规律,原因之一是因为其测量器具具有一定的准确性,此准确性又源于其所致之物理,以及数与器之间的反复修正①。其云:

> 固哉!人多执器而昧道,或见道而废器,圣人即器是道,故以道制器而即以器制道,早知后世必遁洸洋,然奈此准何?智曰:弥其纶,纶其弥,范其围,围其范,以明准幽,以幽准明,即无幽明。②

“明”是指器之测量度数,它是人所能见、所能把握与调整的;“幽”是指“道”,即事物之运动规律,它是人所不能见、只能间接认识的。圣人借以器具来确定事物所行之度数,进而把握其所由之道;又以事物之运动来校准此器具之测量度数,通过反复校准,则此器具能完美呈现道之所行,便无所谓“幽明”之分。

---

① 如其《时论》云:“一行曰:易始三微而生一象,离阳包阴,南正主之,文明于八月,离运终焉。仲秋阴形于兑,始循万物之末,群阳降而承之,极于北正,天泽之施穷,兑宫究焉。故阴八之静始于离,阴六之动始于兑。京房公革,候在谷雨,亦甲己相对之宫也。初黄牛者,考晷立表地也,尧时南至在牵牛也。二之巳日,中央黄道也。三之三就,岁差三统之交也,皆治历之政也。四之改命,易正朔,复纪元也。如尧冬至虚一度,及明冬至箕四度,圣人起而正之矣。”宰天之历法的制定,需要反复修正。

② 方孔炤、方以智撰,郑万耕点校:《周易时论合编》,北京:中华书局,2019年,第1160页。

概言之，器具是人之能理解自然之道的方式。若径直理解，则自然之道将被视为对人具有规范性的道理。自然诸事物应如何运作，则人自应如何行为。由此，物理即宰理。但若进一步追问，则此命题或有待商榷。从事实层面来看，如果诸事物所据物理各不相同，那么人如何能有统一的行为规范呢？而且，人与诸事物的形态、能力、官能等截然不同，所属异类又如何能共享其运作原理呢？因此，如果肯定物理即宰理，那么其间必然存在枢纽，将人之行为规范与物之自然法则联系在一起，并且将物之法则转化为人之准则。若认可此设想，则又有诸如转化之依据、枢纽是天然抑或是人为等问题需要解释。

以下关于度数之所生的论述，或能对上述问题稍作解答：

> 惟声难定，而声之所协，数即符之，故因数以考其声焉，而所中之数度，即为开物成务之矩，即寓制器、尚象之宜，非徒为诸管设也。参天两地其能外乎？故邵子以声定物数。学者当知声数之理，极数知来，听乐知德，亦无所能外于天地之自然也。①

又其前文载："度量权衡皆以此准，《舜典》所谓协也、同也，故曰'黄钟为万事根本'。"②又其云："故度也者，制变宰物之大权即大经也。"③

声音与天象不同，天体运动规律虽是不可睹闻的，但其实体与运动皆能为人所直接经验。而声音是无形的，学者仅能通过听觉来经验它的存在，却无法直接把握它的实体及其运动变化轨迹，因此不得不借助于其他工具来形体化声音。这一原初的工具即"诸管"。对于同一形式不同尺寸的竹管，若以同样力度吹气奏响，则各管所鸣之声音皆固定有所不同。所制竹管之形式，均能以数字所表示，则所鸣之声音亦能由此来用数字来表示。又据声音频率的谐和、共振与泛音等现象，以宫音为基音，则能协定出商、角、徵、羽等余音。既如此，则奏鸣五音十二律吕之丝竹的形制均能粗略地用数字来表达，即"声之所协，数即符之"。

---

① 方孔炤、方以智撰，郑万耕点校：《周易时论合编》，北京：中华书局，2019年，第299～300页。

② 方孔炤、方以智撰，郑万耕点校：《周易时论合编》，北京：中华书局，2019年，第298页。

③ 方孔炤、方以智撰，郑万耕点校：《周易时论合编》，北京：中华书局，2019年，第1266页。

在大略确定存在此五音十二律吕之后,又以数字为主要工具,进一步考定其准确音律,“因数以考其声焉”。方氏引用《周易》象数之“叁天两地”说,此“叁”指三分损益法之分母,此“两”是指三分损益法之分子,阴位取两,阳位取两之倍数——四,如其云“上层奇数以三历十二辰,皆三倍加之,所谓律叁也;其下层偶数,所谓律两也”①。由此便能以三分损益法来考定各音律所应数字,如宫音九寸,徵音六寸(三分损一),商音八寸(三分益一)。余音又由寸之单位析分为分之单位,据一寸为九分,则商音为七十二分,羽音为四十八分(三分损一),角音为六十四分(三分益一)。余音又由寸之单位析分为厘,据一分为九厘,可得角音为五百七十六,则变宫为三百八十四厘(三分损一),变徵为五百一十二厘(三分益一)。十二律吕亦然②。如此,学者便完成了对五音十二律吕之度数的准确考定。

声音源于空气之振动③,如其云“气蕴于温,而转动则为风,吹急则为声”④,其本质上仍为气,能感动同属一气的人心。据前述五音十二律吕的考定可见,存在特定音高的声音,它能够与其他特定音高的声音相互谐和,产生诸如共鸣、共振等现象。这说明气与气之间并非相互无涉,而是确实会交互影响的,诚如《周易》所谓“同声相应,同气相求”,在特定情况下,气与气之间的交互关系能臻至和谐适宜的状态。因此,合乎数度之气的振动,它与它气之间,能构成和谐适宜的关系,奏鸣谐和之声;而与人之间,能感动人心、触动人之心气,音乐的节奏能够协和人心的节奏,平和的律动能使人心安宁,如方氏所云“惟在明其节奏,使人和平耳”⑤。推之群体,则合乎自然律的五音能反映和谐之社会秩序状况,如《乐记》云“宫为君,商为臣,角为民,征为事,羽为物。五者不乱,则无怗懘之音矣。宫乱则荒,其君骄。商乱则陂,其官坏。

---

① 方孔炤、方以智撰,郑万耕点校:《周易时论合编》,北京:中华书局,2019年,第298页。

② 详见《时论·律吕声音几表》。

③ 方以智认为,声音是阴阳之气摩荡而生:“天以雷风为声,地以窍穴为声,皆阴阳之气相摩荡而不已者也,而人可知矣。”方以智撰,敖堃整理:《物理小识》,见黄德宽、诸伟奇主编:《方以智全书》(第7册),合肥:黄山书社,2019年,第117页。

④ 方孔炤、方以智撰,郑万耕点校:《周易时论合编》,北京:中华书局,2019年,第355页。

⑤ 方孔炤、方以智撰,郑万耕点校:《周易时论合编》,北京:中华书局,2019年,第1292页。

角乱则忧，其民怨。征乱则哀，其事勤。羽乱则危，其财匮”。若所奏之乐，五音不相协调，或滥用某音，或调音不准等，则说明此国家秩序存在问题。由此亦可见，声音之气本有其天然秩序，若以此次序来振动声气，则所鸣之声能臻至和谐适宜的状态。此气与人心相感相通，则此和谐适宜之状态亦能引导人们臻至平和协调。

因此，制作器具以鸣奏声音，反映了人们对于气之物理属性的掌握。异器之声产生的和谐之音，反映了诸气本有之天然秩序。而制作特定度数尺寸的器具以鸣奏和谐之五音十二律吕，则反映了人们对于气之天然秩序的认识与把握。而且，此度数并非人为设定的。方以智认为：

> “黄帝使泠纶取嶰竹，断两节吹之，制十二筒，以听凤鸣，雄雌各六，文五声，播八音，而乐和矣。”葭灰缇素，以候十二月之中气，而时序矣。①

此固然为古代音律学之叙事。一方面，他们认为据十二律吕原理所制的乐器能够得到大自然的验证，如将葭灰塞于特制律管中，又将律管埋于地中，待对应节气到来时，便有地气冲出，将葭灰吹出律管。由此解释人所掌握的十二律吕的制作度数本乎自然，符合物理，能得到自然现象的验证；另一方面，对此有次序之度数的验证，又反向证明自然本有的天然秩序。方氏所谓“乐和矣”“时序矣”，其“乐”与“时”均为不可见之气运，然而人们却能运用十二律吕之度数将其数字化与有序化，如谐和五声八音而成乐、律管候气以序二十四节气。要言之，人们据以制作乐器的音律度数，不仅反映了声音的特性与规律，更是反映了诸气之天然秩序，如其所谓“曾知中五四破九宫十二律之度数皆于穆乎?②”十二律的度数不仅限于声乐，而且贯通诸气之于穆不已者，只不过它能在声乐方面得到体现并为人所容易把握而已。

需要说明的是，音律度数并不因其能反映声音之物理规律而被视为度数之基准，因为声音之度数可分为两种情况：一是任意音调与乐器形制尺寸的对应关系；二是相互谐和之五音十二律吕与乐器形制尺寸的对应关系。此二

---

① 方孔炤、方以智撰，郑万耕点校：《周易时论合编》，北京：中华书局，2019 年，第 298 页。

② 方孔炤、方以智撰，郑万耕点校：《周易时论合编》，北京：中华书局，2019 年，第 1094 页。

者均为度数,但前者仅是一种关乎客体本身的知识,它主要起到了解释种种声音现象的作用,而不能成为一种规范;后者不仅反映了自然处理诸气交互状态的典范,而且证明了人可能借由度数来把握此天然秩序。以声音为例,由于现实丝竹管乐所鸣之声,并不必然为五音十二律吕,律吕不正则有不谐之声产生,因此需要以音律度数为规范来校正诸乐管,使其声气合乎节度,进而奏响和谐悦耳的音乐。声音如此,气亦如此。若无干预,则诸气流行之能处于和谐适宜的状态亦属偶然,因此需要某些东西来校正诸气间的运动状态,使之合乎其本来之天然秩序,如声音之和鸣一般。而这一起到规范作用的事物,便是既能反映气之天然秩序、又能让人把握气之状态的音律度数。此即其所谓“故度也者,制变宰物之大权即大经也”,“大权”指克服事物之实然运动状况,“大经”指事物本来恒常不变的天然秩序,“数度”所起的作用便是节制事物之变化,作出有悖实然现象的权变,进而反于天然秩序之大道。又,方以智明示云:“元气元声中和之宰,然亦不能不制数度以裁成中节,可漫言通冒云尔耶?”[①]“元气元声”其本身是“中和之宰”,但当它转变为具体声气时,则未必仍能保持其和谐合宜的状态。因此,需要制定数度、将之置于合宜的器具之中。在此丝竹乐器中,依一定的章法演奏,则元气流动,皆能奏鸣和谐的声音。

从实然角度来看,诸气各循其理而运动流行。假设而言,若无人的存在,诸气亦如是运动。当把人纳入其中时,人自身亦有其条理所在,这便是人之“生理”。其曾祖父方学渐对“生理”概念曾作出此解释:

> 阳以生之,阴以成之。生固生也,成亦成其所生也。生理何善也?此理流贯于元亨利贞之中。元亨善之通,利贞善之复。[②]

基于《周易》的生成理论,他认为“生”是阴阳运行所围绕的核心机制,阳以生之,阴也为此生而成之,阴阳运行,生生不息,这一不断成就其所生的原理,是所谓“生理”。置诸人身,则“生理”体现为人类之安宜生活与有序繁衍。

---

① 方孔炤、方以智撰,郑万耕点校:《周易时论合编》,北京:中华书局,2019年,第304页。

② 方昌翰撰,彭君华点校:《桐城方氏七代遗书》,合肥:黄山书社,2019年,第41页。

但一如前文所述，若诸气各循其理，则未必总能处于和谐适宜的状态，因此需要借助于工具来治理诸气，使之处于本来秩序的状态。人之“生理”亦须如此。方孔炤云：“圣人安生民之生[①]而理之，利民之用而节之，思兼虑得，即所以泯何思何虑之天下也。”[②]“民”之本质属性，便是“生”，其对生命之延续的期望是真实存在而无可厚非的。圣人“安生民之生而理之”，是思考并权衡能让诸民各安其生的秩序状态，制作器具以利民之用，同时作制规范，使之有所节制。虽然这一叙述是从效用层面来论证由实然之规律转向应然之规范的变化，但在方氏看来，制作器具及其制度规范的依据，并非全赖人之目的。一方面，从事实层面来看，器具制式及其具有的普遍性制度规范，并不可能全赖人心所思、人力所作；另一方面，自然诸气既然本有其天然秩序，而人亦属自然造化一类、所制器具无出阴阳二气之外，那么既能以反映天然秩序之音律度数来治理诸气，又为何不能以此来治理人之生气呢？正如上文所述，声音与人心同属一气，特定节奏、音律的声音能够使人心发生变化，由此实然之现象可见，以音律度数治理人之生气，是可能的。

基于此，方氏先是承接《汉书·律历志》的理念，将音律度数视为开物成务、制器备用的基准度数，其云：“而所中之数度，即为开物成务之矩，即寓制器、尚象之宜，非徒为诸管设也。”由是可见，诸事物均能还原为以度数来表达的状态，而音律之天然与和谐说明其度数反映了诸气之天然秩序。因此，音律度数自然成其为规范诸事物的基准尺度，譬如构成观象制器所据之律度量衡的单位尺度，即方以智所谓“度量权衡皆以此准，《舜典》所谓协也、同也，故曰‘黄钟为万事根本’”，其律度量衡的单位尺度均源于“黄钟之数”。

进而，方氏认为，人类不仅能据此尺度制作器用，以此器用来观象测量、利民备物，形成有充足物质资源的社会，以安人之生气，而且能以此尺度来作

① 若将后一“生”字解作“性”，则与“生民”之“生”不符。若进而将“生民”解释成“天之生民”，而“天之所生”即其所禀之性，这一极具价值意味的解释亦与后文之“用”不合，因为“节用”的目的在于安民之生理，仁义礼智之性与“节用”并没有直接关系。相反，取生存与生活之“生”义，与“节用”之关系更为密切。

② 方孔炤、方以智撰，郑万耕点校：《周易时论合编》，北京：中华书局，2019年，第1148页。

制立法,确立人的行为规范,使人类社会和谐有序,无相夺伦,如其云“中即节矣,节即中矣。制议裁成,存乎圣人”[①]。“节”是圣人所制之节度、制度,“中”是合乎天然秩序的适宜之义。圣人据自然本有之秩序叙来分析节度,裁成制度,是“中即节矣”。诸气循此制度而交相谐和、合乎秩序,是“节即中矣”。

概言之,若以人与自然的关系论,“物理”是诸气各自因循的实然规律,始于人们对已发生诸气运动所作的总结与归纳。然而,实然规律并不必然能成其为应然的价值与法则。方氏即以声音为例,揭示了同样依循实然规律而振动、乐器制式与数度不同、其调试情况不同,则其所奏鸣的声音亦有和与不和之别。对于合乎特定数度(中节)的声音,它们之间能够产生诸如和谐、共鸣、共振等新的声音现象。在人心与气之间,同样存在特定数度之声能够感动人心的现象。这说明,在“物理”之外,存在关于诸气交相感应、和谐有序的法则,这是值得追求并且应当臻至的状态。由是构成在气学背景下,“规范”仍然存在的基本原因。这也是方氏所谓“宰理”的存在机制之一。

在人世的层面上而言,人之生气亦循“物理”而运动,人类间或是未能全生,或是分配不均等,人之诸气间未能合宜共存,因此需要有人作制立法,使群体有其秩序,正如作制乐器、厘定律吕一般,确定诸气之节,使之“发而皆中节”。在方氏的叙述中,这便始于圣人因物明物,既认识诸气运作之规律,又了解诸气本来之天然秩序,以反映自然本有秩序的度数来确定器用的基准尺度,确立统一的律度量衡。又以此为依据,观象测物,进一步考定人类生理与自然物理间的合宜秩序,如十二月之卦气、二十四节气、星土分野、日行朔望等,由此度数化、制度化与价值化人类所处之宇宙,确立人类所应奉行的规范与法则。这一规范所涉道理,如人如何适宜地宰制自然,以及如何基于此天然秩序来宰制人之本身,方是其所谓“宰理”,一如其所云“此重人道以宰为统”[②]。

---

① 方孔炤、方以智撰,郑万耕点校:《周易时论合编》,北京:中华书局,2019年,第1095页。

② 方孔炤、方以智撰,郑万耕点校:《周易时论合编》,北京:中华书局,2019年,第1293页。

二、生民与善用:人伦规范的基本属性

以上就朱伯昆所说的"人类所掌握的支配自然的法则"稍作扩充,结合其气本论来阐明人与自然间的"宰理",以下将叙述人伦层面的"宰理"。

关于涉人伦的宰理,方以智对此有明确的表述:

问宰理,曰:"仁义。"问物理,曰:"阴阳刚柔。"问至理,曰:"所以为宰,所以为物者。"①

刘伟将"宰理"理解为"构成公共生活规则的最终依据"②,"统摄自然界和人类社会的最高的理是'宰理'。'宰理'是真实不虚的,因而必须在'物理'中呈现自己。或者说,作为哲学概念的'宰理'必须藏身于'物理',才能确保自身具有既能超越具体事物、又能统摄具体事物的功能与地位"③。刘伟的解释有其道理。一方面,他将"宰理"解释成公共生活规则的最终依据,即礼义之依据;另一方面,通过超越与统摄等概念来连接物理与宰理的关系,他将宰理规定为"最高的理"。但其中亦有细微之处可待商榷。譬如,道理之能藏身的原理是什么?若一种道理,它是最高的、统摄一切的,为何又需要藏身于另一种理中才能发挥作用呢?若它是哲学概念,具有最高性、统摄性与超越性,那么它又如何与现实的公共生活发生联系,乃至于能够成为公共生活规则的依据呢?若如方以智一般,以"仁义"来指代"宰理",而"仁义"显然不能以最高性、统摄性与超越性来形容,遑论其背后还有"所以为宰、所以为物"的"至理"。

重新梳理上述方以智语,可知其阴阳、刚柔、仁义均取自《说卦传》:"昔者圣人之作《易》也,将以顺性命之理。是以立天之道曰阴与阳,立地之道曰柔与刚,立人之道曰仁与义。"可见,原文所表述的,是圣人据性命之理而立阴阳以为天之道、立刚柔以为地之道、立仁义以为人之道。三立均是圣人之表法,

---

① 方以智撰,张永义校注:《青原志略》,北京:华夏出版社,2012年,第86页。

② 刘伟:《天下归仁:方以智易学思想研究》,北京:知识产权出版社,2016年,第280页。

③ 刘伟:《天下归仁:方以智易学思想研究》,北京:知识产权出版社,2016年,第279页。

是所谓“因而理之”之条理化。故此,自然之气所循之道被条理化为阴阳与刚柔,这正是前文所述“物理”之内容,即自然诸事物之规律均能用度数形式与阴阳范畴来表达。那么,仁义同样可以暂且理解为圣人条理化人之生气而作制的表法规范。

方孔炤亦对上述文字有所解释,略表如下:

> 三立神于三与。董子谓仁,人也;义,我也。顾端文曰义非外也,仁亦非内。吾尝观礼运之转阴阳,而用二之贞一也。阳本无而转用有,阴本有而转用无,故曰阳统阴。阳而止有一用,用则必分,分又用迭,尔卓所谓天用地,即邵子之以天为用也。柔有阴阳,刚亦有阴阳;仁有柔刚,义亦有柔刚。下传曰天道、人道、地道,序人居中,此以人终者,以仁义之用宰其阴阳刚柔也。东坡以未尝饥渴者喻性,然岂能绝人之饮食哉?所以善其饮食即仁义也,而仁义即饮食矣。五音六律,即哮即寂,惟在明其节奏,使人和平耳。感通即仁,时宜即义也。是顺性命之理,即因其阴阳刚柔而各顺以逆之,即逆以顺之,宁可破废五音六律,守其寂然,乃为《云门》《韶濩》耶?圣人化逆顺之因,归于大顺,故立内圣外王官天继善之经,使万世各正性命。有异此者谓之邪外,非若充类坏法者挥两仪为异端也。①

首先,方孔炤认为仁义是治理人身诸气之阴阳刚柔的天然规范。他并不认为人我内外之分足以解释仁义,而是借助于《礼运》之“太一转而为阴阳”一语,从气化整体来诠释仁义:元气转化为阴阳,气用迭分,生成万物,由是万物均由阴阳刚柔之气所构成。阴阳、柔刚所描述的是条理化的自然之气及其特性,其规律由“物理”来表述。而在此物理之中,又存在诸如阳统阴的规范现象。它的存在,意味着物理所示的阴阳刚柔之气中,存在更高一层的秩序。此秩序与阴阳、刚柔等实然之条理有所不同,它构成了对阴阳、刚柔之气的规范。而它在人身上的体现,方孔炤则称之为仁义,可被用于治理人之阴阳、刚

---

① 方孔炤、方以智撰,郑万耕点校:《周易时论合编》,北京:中华书局,2019年,第1291～1292页。

柔之气。

其次，仁义亦不仅限于伦理道德，它甚至可以用来表音律之用。方孔炤认为，了解音乐之节度秩序，奏响五音六律，引起气之和鸣，进而使人之生气和谐平静，其中便体现了仁义，如音律与人相感通，便是仁的体现；音律因时适宜，便是义的体现。就根本而言，仁义所描述的是阴阳、刚柔之气的天然秩序状态。能使人们生活和谐适宜的伦理道德是其具体内容之一。

由上可见，涉人伦之宰理与涉物理之宰理，其原理本无二致，均是表示在阴阳、刚柔之气之中，存在别于实然运动状态与规律的现象与规范，如气之感通、时宜等。它的偶然出现，说明诸气之间可能处于整体和谐合宜的状态。将之置诸人身、人世来考量，则人之诸气亦将有可能因此渐趋和谐。

由是圣人取法乎此而作制宰理规范。其规范性主要体现为两个方面：一是需要通过对实然状态的克服与规正来实现人之生理；二是以“善用”来规范作制表法者，既说明“道”是需要被阐释且用诸日常生产与生活的，也要求君子须以易简之道来指导群生，使之能有效利用自然之道以安生理。

先论第一点。仁义之宰理的目的是实现人之生理，使人们拥有更好的生活。但它不是对实然需求与状态的延续，而是基于对诸气之应然状态的考量而作制的规范。一如前文所述，圣人作制立法的目的，在于各安人之生理。此节亦肯定人的自然属性：“东坡以未尝饥渴者喻性，然岂能绝人之饮食哉？所以善其饮食即仁义也，而仁义即饮食矣。”①之所以如此，是因为人伦道德的目的终究是实现人们更好的生活。

然而，学者侧重关注道德规范具有的克服实然状态的功能，如苏轼以“未尝饥渴者”当作本然之性，进而以追求有别于当下实然生活的虚空真道为实践准则，往而不返，“守其寂然”。但如前所述，这一“克服”是“大权”，它首先建基于圣人所察识之天然秩序，肯定阴阳、刚柔之气能以一种适宜的状态被安顿与协调；其次是有统一的目的，即“顺性命之理”，即便在认识层面需要超越与克服实然之诸现象，但在实践层面仍需要回归实然生活，通过宰制阴阳

① 方孔炤、方以智撰，郑万耕校点：《周易时论合编》，北京：中华书局，2019 年，第 1292 页。

诸气的方式来各安生理,使之获得更好的生活。

同时,克服实然状态本是宰理的要求。方孔炤说“所以善其饮食者即仁义也”,而非“善其饮食者即仁义也”或“饮食即仁义”,因为“善其饮食者”与“饮食”均属实然的描述,前者是宰制此阴阳之气的方式,后者是此阴阳之气的个体需求。若以饮食为仁义,则是认欲作理。若以善其饮食者为仁义,则是拘泥于制度法则而忽略其背后的整体考量,以至于无法应对变动的情况。方孔炤说“所以善其饮食者”,是指存在规范人们实然需求的依据,虽然其后云“仁义即饮食”,仁义的目的是使人更好地饮食,但这一目的是建基于整体的规范之上的。换言之,若一味以善其饮食为准则,则必然出现人们各为其饮食而交相争夺的现象,因此,人们需要有所节制,在一定意义上克服其实然需求,依循宰理,进而拥有可持续的良好生活秩序。这一整体关乎秩序的考量,即是仁义所涉及的依据。正如其以音律作比,若无五音六律之节度,则诸声异调各自交鸣,必然嘈杂不协;而作制五音六律之节度,则诸声气依循某些频率与节奏,渐而和谐有序,与人感通,因时合宜,神人以和。使其如是和谐者,便是仁义之宰理。

就第二点而言,“宰理”与“物理”的主要差别之一,在于“物理”是关乎客体事物本身的知识,而“宰理”是关乎人类如何宰制与运用客体事物的知识。换言之,“宰理”是关于“用”的知识。方氏不仅以“仁义之用”“提出泯理气之理而详征之,则人善用于气中而中节矣”来描述宰理,而且认为“天下之道,必相制乃可用”①,“制”与“宰”同义,若要用天下之道,则需先对其有所宰制。宰制的直接目的,便是使之能为人所用。

“用”的含义颇广。在知识层面上,“用”的含义首先可分两类:一是有实践意义,即行为主体能运用知识并将之应用在现实实践上;二是有实用价值,即对此知识的运用能带来现实效用,譬如能改造旧事物、产生新事物等。此二者一般可兼具之,如关于冶炼金属的知识,它既可以被用来指导金属冶炼活动,也能因其知识的运用而获得新的金属。兼具此二者的知识之“用”,亦

① 方孔炤、方以智撰,郑万耕点校:《周易时论合编》,北京:中华书局,2019年,第26页。

可表述为“利用”，它能产生实际效益，让人得以备物致用、开物成务。

但若仅以“利用”为“用”，则难免流于事功。方氏并未否定“利用”的意义，而是进一步提出“善用”之“用”，如前引“人善用于气中而中节矣”，又如“圣教惟在善用其当有者，有物有则，即无声臭”[①]，“圣人因人而伦之，因物而则之，因声而传之，皆本无增减者也。而能使万世善用其本无增减者，此所以参赞而统天也”，“本自易知简能者，先天也；善用其知能者，后天也。先在后中，止有善用，故《易》示人善用之方，即是贞一，而易之所以为易，即在其中”[②]。在上述材料中，“善用”的主体始终是“人”。

“善用”兼涉两个方面的含义。

第一，从以人民为用之主体的层面来看，“善用”应是以“善”来肯定运用宰理的正确性与合宜性。人民以仁义宰理为用，既与其生活息息相关，合乎人们改善生活与谐和秩序的需求，又能确实产生一定的良善作用，如备物致用、秩序合宜等。

第二，从体用层面来看，虽然大道之体已经内在于后天诸事物的本性之中，但诸事物各自循其物理而作实然运动，若无人宰制，则“道”亦不显。因此，需要有人将此关乎诸事物之条理及其交互秩序的道理，合宜地表达为人们能用以宰气的实践法则，通过作制立法的方式，使万世诸民均能用以宰气，社会整体有别有序、各得其所，便是本无增减之大道的体现。

在这种意义上，“善用”可以说是对“用”之重要性的肯定，在世言世，人世所以能有秩序，源于人类全体的正确实践与努力；其之所以能有正确合宜的实践，又源于其实践所据之理、之则是圣人出于“善成民用”对“道”合宜阐释的结果。概言之，较之于侧重实用价值的“利用”，“善用”本于圣人对整体秩序的考量，它虽然仍有一定的良善作用，如人们据此宰理而能备物致用、人伦有序等，但效益并非其主要衡量标准，人们能否合宜且简易地运用与付诸实践、大道之天然秩序能否因其整体实践而在现实中得到体现，方是圣人厘清宰理、作制表法所考虑的因素。

---

① 方孔炤、方以智撰，郑万耕点校：《周易时论合编》，北京：中华书局，2019年，第3页。

② 方孔炤、方以智撰，郑万耕点校：《周易时论合编》，北京：中华书局，2019年，第1277页。

此外,“用”不仅意味着制度表法是实现某些目的的工具,而且意味着使用主体具有主宰能力,正如人之用斧斤、用牛刀,人能根据斧斤的物理规律而把控斧斤,使其在人所预定的轨道上发生运动,实现斫物这一目的。宰理亦如是。它体现了“他山之石,可以攻玉”的道理,即人类能够利用工具来实现凭借一己之力所无法达成的事情。其中之一,便是能以气质之躯来克制气质之私。据其气本论可见,诸气本属一气,相互影响是必然的。若人为气质所影响,受其宰制,为其所用,那么人便为气所奴役,既违背其性命之理,又可能带来不良的后果。因此,圣人需要作制表法,使人们能宰制与利用气质,而不为气质所用。其云“知其所以而表之,信此入用,然后随气而不为气质所转”①。人们相信圣人所制之表法,以此指导其人伦日用,在与诸气交互的过程中,既能随顺气之自然流行,又不被气质所转变。一如器具之于人的作用,若不了解斧斤的运作原理,则在挥舞斧斤时,人难免被斧头的惯性所影响;但若了解其中规律,则能利用其惯性来产生超出人本身的力量。基于此原理,即便存在与自己直觉有所不同的情况,人们也需要相信圣人之智虑,相信他们对自然物类与人伦社会之天然秩序的认识,相信以此认识所制作的制度表法,并将此表法用诸其身,只有这样才能治理阴阳、刚柔之气,使之复归理秩,如其云“以贞宰物,以信用智,必别必序,而后天下可得而理矣”②。因此,对圣人明察与制作的信念,为人们克服其自然属性提供了支撑;宰理之“用”的属性,也保障了人们得以有效地克服其自然属性,并使其气总处于时时合宜的状态。

三、感通与主宰:变化功夫的原理

“全《易》皆心学也,天下皆心学也”③。方氏这一表述,源自邵雍以心论《易》的思想。他之所以将邵雍先天心《易》的观点推之于“全《易》”“天下”,是因为人心是影响人之精神与行为、乃至于人类社会整体秩序的关键,而《周

① 方孔炤、方以智撰,郑万耕点校:《周易时论合编》,北京:中华书局,2019年,第1294页。
② 方孔炤、方以智撰,郑万耕点校:《周易时论合编》,北京:中华书局,2019年,第1221页。
③ 方孔炤、方以智撰,郑万耕点校:《周易时论合编》,北京:中华书局,2019年,第1239页。

易》所示之道理均应落在人心上才能得以实现，故其云“此十一爻，随举造化人事，莫非精义入神之何思何虑也”[①]，又云“精入神化，始终在乎立心”[②]“心学贵乎知始而入用贵乎类情”[③]。因此，治心之学是其实现宰制功夫的重要途径。

一方面，从思想史来看，朱熹对心灵的诠释或与此有关。他认为，心具有“虚灵知觉”的特性，即能“具众理而应万事”，只是因气质或人欲所蔽，才有所不明。但归根到底，人心、道心都归于一心。若能涤除遮蔽，惟精惟一，则心灵自能照见性理，应物合宜。概言之，同为气所构成，心灵与身体之气却有所区别。心灵所具之灵气，使得它能具有有别于身躯之气的功能。这一功能，便是突破气之藩篱而对天然道理有所认识或呈现。换言之，心之灵明性，即构成人之解蔽的可能；另一方面，程朱对“仁”的解释，则提供了另一思想资源。程颢云“医书以手足痿痹为不仁”，朱熹解释为“盖谓仁者，天地生物之心，而人物所得以为心，则是天地人物莫不同有是心，而心德未尝不贯通也”[④]，仁是心之一体感通之义，诚如人之手足有所刺激，则心自然产生其一体之痛觉。人之所以对他者能产生一体的感受，是因为人之心灵能与天地诸气发生感通现象。

由此大略可见，心灵之感通，大略可分为两类：一类是解作“虚灵不昧”这一独特的认识能力；另一类是解作“仁”的一体感通。前者可理解为心之灵气对诸气的感通，后者可理解为心之灵气对诸理的感通。方氏的“感通”理念涵摄以上两类，但心灵感通的产物，并非直接为理义，而是经验色彩较浓的节奏。如前所示，“感通即仁”一语，并非出自对“仁”的解释，而是源于心灵感受音律的文段：“五音六律，即哮即寂，惟在明其节奏，使人和平耳。”不止此节，其云：“而圆成一实者，正宜听金玉条理之节奏，所贵明善则咸以虚受，立心之

① 方孔炤、方以智撰，郑万耕点校：《周易时论合编》，北京：中华书局，2019 年，第 1239 页。

② 方孔炤、方以智撰，郑万耕点校：《周易时论合编》，北京：中华书局，2019 年，第 1242 页。

③ 方孔炤、方以智撰，郑万耕点校：《周易时论合编》，北京：中华书局，2019 年，第 1341 页。

④ 郑明等校点：《朱子语类》，见朱杰人等主编：《朱子全书》(第 17 册)，上海：上海古籍出版社、合肥：安徽教育出版社，2010 年，第 3189～3190 页。

恒不恒于偏僻矣。""金玉"指代钟磬等乐器,钟磬所鸣之有条理节奏的音乐,能够通过气之振动而与心之灵气发生感通现象。其灵明之处即体现于此。心灵能够经验地理解其条理节奏,仿佛同声相应之共振现象一般,心灵亦能产生与之条理节奏一致谐和的内在秩序感。这便构成了心灵得以突破气之限制的机会。

同时,方氏对感通的理解较为经验,并未将之视为心之本体的特性,亦未将之视作心灵所致知识的来源。感通所起到的主要作用,便是让心灵经验到一体的秩序感,如其所云"而天道物理人事皆然,心量即然,可悟无体之体,分立各体,而大用之变化见焉"[①],"无体之体"是指在不可知觉的万千规律变化之中,仍存在规范此规律变化的天然秩序,而心灵所领悟的,便是关于此天然秩序的存在体验。具体而言,其体验证明,秩序是自然本有的形式,天然秩序是存在的。通过格致物理与善用宰理等方式去把握有别于诸气实然运动外的应然规范之理,这一认识路径亦是可能的。

心灵的感通能力,赋予其在身心关系中的独特地位。若将身心均笼统地归诸一气,那么二者自无主仆之别,心可宰身,身亦可宰心。朱熹以道心本于性命之正为据,认为治心须以"使道心常为一身之主,而人心每听命焉"[②],由此赋予道心以主宰地位,受气质所限的人心与身体应为其所宰。方氏对心学的肯定,与此理念相近。其认为,身体是人被蒙蔽的原因。其云:"人为身累,不能穷此精入之理,故示之以困而以危与死之。"人受身体所拖累,其体现便是身体本身并不具备使人能穷究其精深入几的道理。需要说明的是,方氏仅是从认识层面对身体作出负面评价,而不是在道德层面将身体视作恶的根源,因为格去物欲正是方氏所反对的思想主张:"其言格去物欲,则偏说也。"[③]身体虽然不具有此灵明的感通能力,但具有独特的行为实践能力。因此,心灵与身体二者均不能否弃。但就主仆而言,心灵的感通能力赋予其把

① 方孔炤、方以智撰,郑万耕点校:《周易时论合编》,北京:中华书局,2019年,第1150页。
② 朱熹:《四书章句集注》,北京:中华书局,1983年,第14页。
③ 方孔炤、方以智撰,郑万耕点校:《周易时论合编》,北京:中华书局,2019年,第356页。

握本来秩序、克服实然气质的机会，如其云“合而咸之，往屈来伸，在心官一转耳”①，这一特性亦意味着，就普遍而言，心灵应具有主宰地位，因为唯有心灵能自主地突破此实然之气的限制，而身体因其自身无法突破此限制。

故此，圣人设立宰理，作制表法，其作用并不仅体现在人之循礼守法上，而且表现为表法对其心灵产生根本性的影响：“圣人才三而宰之，以心制法，以法制心，互相制，互相泯者，即造造化之大物理也。”②在兼具灵明之心受此表法规范的过程中，心灵不仅宰制身躯，躬亲实践，即器言道，而且能据以领悟秩序之天然，明晓精微几理，会通时宜。心灵与表法既互相宰制，又互相泯没，一如前引测量器具与星体规律一样，心与道渐渐汇通为一。此心灵变化的规律，是方氏所谓之“大物理”。

作者单位：广东省委党校（广东行政学院）文史教研部

① 方孔炤、方以智撰，郑万耕点校：《周易时论合编》，北京：中华书局，2019年，第785页。

② 方孔炤、方以智撰，郑万耕点校：《周易时论合编》，北京：中华书局，2019年，第1266页。

“方以智哲学与明清思想转型”学术研讨会综述

杨青华

2022年11月27日，由安徽大学方以智研究中心举办的“方以智哲学与明清思想转型”学术研讨会在安徽大学龙河校区问津楼举行。来自全国10余所高校、科研机构、出版单位、学术团体的20余位专家学者与会，交流分享关于方以智哲学、学术思想、诗文、文献等方面的研究心得。

安徽大学方以智研究中心主任李仁群在开幕式上的致辞中说：“习近平总书记在党的二十大报告中强调：‘中华优秀传统文化源远流长、博大精深，是中华文明的智慧结晶……我们必须坚定历史自信、文化自信，坚持古为今用、推陈出新，把马克思主义思想精髓同中华优秀传统文化精华贯通起来。’这为我们深化方以智研究，提供了新的动力，指明了前进方向。作为专门从事方以智研究的安徽大学方以智研究中心举办以‘方以智哲学与明清思想转型’为题的学术研讨会，邀请学界同仁共同研讨方以智哲学的内涵与特色及其贡献和当代意义，以推动方以智研究持续发展。”

此次研讨会设为四场，分别由安徽大学方以智研究中心李仁群主任、诸伟奇、王国良、蒋国保教授主持。与会学者主要围绕以下五个方面展开讨论。

一、方以智哲学的家学、理学渊源

中国社会科学院大学周勤勤教授在《方以智与宋明理学》报告中认为，方以智“公因反因”思想有其家学渊源，是方氏“三世之易”的精髓。“一在二中”“公因在反因中”理论由方孔炤首先提出，而方以智将其进一步发挥和系统化。此说是方以智从河洛中五说、先天后天说和太极在两仪中推衍出来的，是对邵雍、朱熹易学思想的改造和发挥，是程朱派“体用一原说”的新发展，也是方以智从“均的哲学”角度出发，力图调和朱、王思想的体现，是在批判理学与王学末流穿凿附会、蹈空尚虚的潮流中逐步形成的。武汉大学廖璨璨教授在《方以智思想中的易学与佛教》报告中指出，方以智易学中的佛学思想资源主要是曹洞禅和天台宗，与其外祖吴应宾、业师觉浪道盛有关，具有鲜明的华严学根底。方以智将回互兼带和五位纲宗思想与邵雍小衍相发挥，强调象数征几、重在后天时用；而对天台思想则吸收了智𫖮的“圆融三谛”“不纵不横”，将其与易学太极生两仪的命题互释，主张两端用中、绝待在对待中。方以智将佛学与易学相发明，根本指向是重视象数之学为表法，并重新诠释了一多关系，是理一分殊问题在晚明的新发展。安徽大学徽学与中国传统文化研究院博士研究生凌绅燊《方以智的理一分殊诠释学路径探析》的报告认为，方以智对宋明儒学“理一分殊”理论有着完整的运用，他将《中庸》《易传》《礼运》结合起来，以《中庸》之首三句为纲目，对“道”“性”“教”中所蕴含的思维方法、诠释架构等进行了逐层剖析。在对“道”的分析中，方氏主要从太极之普遍性、一与二的关系上着手；在对“性”解析时，他紧扣性命、公性独性而发；在关于“教”的阐述中，方氏对“以立教为权”之政府、立教之六经进行了深刻剖析，将理一分殊思想原则的普适性、灵活性展现出来，从而为正学、传道指明方向。

中山大学哲学系张永义教授《〈药地炮庄〉中引用的王宣文字：辑录与分析》一文指出，王宣作为方以智的老师对方以智的学术思想影响甚大。据方志记载，王宣生平著述甚丰，然而多已不存，因此学界目前对王宣的思想或语焉不详，或多有误解。通过辑录和分析，《药地炮庄》引用王宣的文字凡36处，可以得出几点结论：(1)王宣不是什么道家或隐士，应当归为儒士，他对《庄子》也并不十分推崇，《抚州郡志》把他的小传放在《儒林传》是对的；(2)易学是王宣思想的底色，他的一些说法如“贞一用二”，藏“宗”于“教”，体、用、至体三分或许对方以智思想有重要的影响；(3)王宣不排佛，但也不像吴观我那样佞佛，主张以《易》为镜、以《庄》接机、以儒统合二氏，这基本上也是方以智出家后所采取的立场。武汉大学中国传统文化研究院张昭炜教授《以慈成孝：儒家孝道观的反思及家庭伦理建设的启示》一文对方以智外祖父吴应宾的孝慈观念进行了深入考察和剖析。吴教授指出，方以智在继承外祖父吴应宾之学的基础上，通过“至善”的体相与“所以”的根本因纠正“无我”的风险。其以家庭伦理核心的父慈子孝作为出发点，减少导致慕迁的因素等外因，调动子女行孝的内因等，对于现代家庭伦理建设具有启示意义。

二、方以智哲学的本体论、心性论、知识论等

安徽大学方以智研究中心周建刚教授《从晚明气学思潮看方以智与王夫之的思想异同》的报告指出，为了对治因本体论不同而导致的朱子理学“理气不能贯通”及阳明后学“本体功夫不能贯通”的弊病，在晚明形成一股“气学思潮”。方以智与王夫之是其中的典型代表。方以智主张由“质测”而“通几”，“质测”是指对经验世界的考察，由此而进入自然科学的领域，“通几”则是对本体的认识，重视后天的实际经验世界，由后天而通先天，此属于广义的气学思想范畴。王夫之“性日生日成”的命题，也是反对先天的性体、本体，认为性体是在后天的气化过程中生成的。方以智与王夫之的思想，应该属于同一种哲学类型的不同表达方式，其相同点主要有：一是本体论的“以用定体”；二是工夫论的由虚返实。其不同点在于：王夫之严格拒斥佛老，而方以智晚年则主张“三教合一”，连带对阳明学有比较同情的了解，而王夫之对阳明学否定得比较厉害。而王夫之的哲学系统，从理气论到心性论，是比较一致贯通的；而方以智的思想前后发生变化，气学的色彩比较弱，而借助于易学、佛学的形式化哲学架构比较强。安徽大学哲学学院博士研究生聂磊《贯通之用：方以智对庄子之“用”新诠——以〈药地炮庄〉为中心》一文指出，庄子之“用”侧重逍遥之自由精神，对经世的实用则缺少关注，而方以智援引易、庸“时、用”思想与佛家般若学的无执观念，重新诠解庄子之“用”，以达致经世致用的“炮庄”。对此，方以智基于圆∴哲学理式提出“明其善用”以破执空谈的“无用”，立足易、庸的“时、用”思想提出“中和正用”以超越有限的“有用”，又以“两端用中”实现由“对待”走向“贯通”；彰显了方以智对当时“尚虚蹈无”风气的反思，是对传统体用观的突破。巢湖学院吴卿老师《“正因即公因也”：方以智的“正因”》一文对方以智的“正因”“公因”“反因”的关系进行了分析，指出：“正因即公因也”是“公因”贯穿“反因”的实现媒介，借由“反因即正因”与“正因即

公因也”的提出，方以智“公因之在反因中”得以成立。通过“反因即正因”，方以智的圆∴(伊)的三点得以构成，作为整体的“公因”因为三点的成立而展现。而“正因即公因也”的提出，保证了“公因”不能脱离“正因”“反因”而独存，并通过代替“正因”来贯穿“反因”实现自身的作用。正是在“正因”的桥梁作用下，“公因”对“反因”的贯穿推动了静态的三点结构向动态的“两虚一实”转化，反映了方以智打破形上形下两个世界以实现主客观统一的认识路线，展现了他以儒容纳佛、道，以“实学”融摄“虚学”的学术理想。

山东大学儒学高等研究院沈顺福教授的《略论传统心学之主体性问题—以方以智心学为中心》一文，对方以智的“心学”思想进行了系统分析。他指出，方以智继承了传统心学的观点，认为心是万物存在的基础，主要包括两层内涵：一是气质基础，即为天人一体视域下气质之心，是这个生命体的核心或基础；二是形而上的基础，即心是理，是宇宙万物存在的超越的、终极性基础，为万物存在的基础并因此而决定了万物的生存。方以智思想具有此类主体性意识，但其主体性只是人类主体性，是大我，而缺少个体主体性。浙江大学城市学院传媒与人文学院刘瑜老师的《方以智“仁树”说析论》一文，梳理了方以智“仁树”说的含义，并分析了方以智仁学思想的体用论基础，认为“仁树”说集中体现了方以智仁学思想的精粹，主要由全树全仁、剥烂复反、二芽之喻三个比喻构成，代表了一种“尽性”或生成人性论的新范式，深刻影响了清代学术发展。清华大学哲学系博士研究生叶乐扬《有无与善恶——方以智性善恶论的继承与创新》的研究表明，方以智性论体系中的善恶论既承载了方以智整合前代性论的功能，也为方以智建构自身的性论体系发挥了突出的作用。通过将善恶和有无相联系，方以智意图超越善恶两分，并解决超越性何以能被视为善性这一问题所蕴含的事实与价值张力。方以智以将体用分别推至极致的方式，构建超越善恶有无的存在论图景，这在某种程度上属于对阳明学“四句教”乃至孟子以来的儒学性善论的继承与创新。

中共广东省委党校(广东行政学院)文史教研部杨基炜老师《“三理说”：方以智的知识论思想》一文认为，在明清思想转型之际，受西学冲击与中国本土的认知实践影响，理学知识论问题逐渐显露。方以智承续并发展了程朱理学，将“理”限定在知识领域，并且界定规律性知识、规范性知识与先验规定性原理的知识范围,以一元结构贯通三种知识类型,回应了明清学者对理学知识论的批评;指出人的认识结构与自然世界的条理秩序具有先验的同构性,回应了知识何以可能的问题。此外,清华大学哲学系博士研究生李昕《方以智的生死观》一文详细探讨了方以智的生死观,指出方以智一生中有三次直面死亡或需要作出生死抉择,生死之争和忠孝之争缠绕在一起构成方以智生存境遇中最不可解的矛盾。方氏著作中多次出现的"一惧而四胜"的生死观,不是抽象的生死理论,而是明末之际影响世人作出生死选择的具体理念。方以智对种种生死观作出了非常彻底的反思,并提出要"真知生死",生死之"所以"则同为"於穆之生之主"。在此基础上,生者得以存身养其生之主,死者亦以死大全其天,生和死都可以达至"不虚妄"的程度。

三、方以智文献的研究

安徽大学方以智研究中心首席专家蒋国保教授《关于〈密之先生杂志〉的几个问题》的报告,主要讨论了《密之先生杂志》(以下简称《杂志》)整理、性质与学术思想价值。蒋教授指出,《杂志》从未见于官、私目录记载,但具有较高的思想价值与史料价值,因而它公开影印出版以来已引起学界关注,如张昭炜教授的《阳明学忏悔思想研究——以〈密之先生杂志〉载胡直与管志道忏文为例》是目前所见第一篇取自《杂志》中文献资料的研究论文。通过初步整理和研究发现,从其体例来看,《杂志》应视为方以智的一部著述,而不仅仅视为一部装订成册的无编次的读书札记,应视为一部方以智为自己未来著述作资料储备的编著,然又非有特定论旨的编著。如果仅将之视为读书札记,那么《杂志》抄稿本也只保留了方以智生涯后 32 年内所记读书札记的一部分,而非全部;从文本及装订形态上来看,《杂志》稿本,应当不是出于方以智之手的原稿本,而是抄稿本,出于众人之手;从史料与思想价值来看,《杂志》对深入了解方以智"公因反因"说的演变历程,对考订其所载历史人物生平事迹具有重要的史料价值。《杂志》整理初稿已完成,目前正在修订,争取早日面世,希望它将来对推动方以智思想的深入研究有所裨益。武汉大学中国传统文化研究中心张昭炜教授、博士研究生单珂瑶在《阳明学忏悔思想研究——以〈密之先生杂志〉载胡直与管志道忏文为例》一文中认为,《杂志》中的《胡庐山自矢文》和《管子登忏罪文》是研究方以智和王阳明忏悔思想的重要文献,体现出晚明儒佛合流、儒佛会通的趋势。中国科学院自然科学史研究所孙显斌研究员《〈物理小识〉的文献学考察》对方以智《物理小识》的版本和流通情况进行了系统的文献学考察。他指出,《物理小识》的通行本即所谓"康熙三年"本,其实是一个翻刻本,而天瑞堂本是留存下来最早、最善的版本,虽然初刻本大集堂本只有抄本存世,但可以判断天瑞堂本是由购得大集堂书版印制的。《物理小识》印行传世后曾在乾隆年间短暂被禁,天瑞堂书版可能就毁在此时,之后出现了翻刻本和光绪年间的宁静堂本。随着民国时期依据翻刻本的万有文库本出版,长期流行的通行本即为翻刻本。

四、方以智文学、美学思想及学术史研究

安徽大学文学院方盛良教授在《语图视域中的方以智题画诗》一文中指出,方以智题画诗自成一类,不仅在内容和风格等方面别具特色,而且诗与画对应形态复杂。将其置于语图视域下加以考察,既可以系统清理方以智题画诗创作渊源和成就,更能透视作者的心态和人格,追问哲思与诗思在作者那里如何达成融合。语图关系中的方以智诗画转换及其得失,见证了中国传统题画诗发展到后期的一个侧面,对当代文艺互通研究亦具有重要启示。铜陵学院工商管理学院张银飞老师的《生展、维度与圆通:方以智诗学、美学思想的整合与超越——以〈诗说〉为中心》一文,以明代各诗歌流派的诗学、美学理论为背景,从审美功能、审美传达、审美意识、审美自觉诸层面系统考察了方以智的美学思想,展现了方以智诗学美学思想的整合性与超越性,认为方以智诗学、美学思想具有"补偏纠弊"的用心和圆通的特质。安徽大学徽学与中国传统文化研究院李霜琴教授在《方以智文学文献整理与研究述评》一文中,对中华人民共和国成立以来方以智文学文献的整理与研究情况进行了系统梳理。她指出,中华人民共和国成立以来,方以智文学著述的整理与研究工做主要体现在五个方面:诗论、诗学观、诗学思想研究、诗学思想传承及渊源研究。近年来,随着《方以智全书》的整理出版,学术界对方以智的研究进入了一个全新的局面,而方以智文学的研究也将迎来一个百花齐放的春天,如方以智的诗文如何再现当时波澜壮阔的时代画卷?面对天崩地解的形势士

人的心路历程及其对国家、对人生的深度思考是怎样的？方以智的诗文创作处处可见对前人的批判和继承等，均有待继续深入探讨。安徽大学文学院博士研究生代利萍报告题目为《诗史视阈下的方以智〈和陶饮酒〉诗世界》。代博士认为，和陶饮酒诗是中国古代诗学史上的一大传统，代不乏人。前人多以醉眼看世界，在兴发感叹中，构建醉态各异的诗世界。方以智却游离于这一诗学传统之外，其《和陶饮酒诗》以纷繁的象征意象、奇妙的象征之境，展现了他在绝境时内心的挣扎与最终归陶的过程。这是方氏复国救亡的历程与清初严酷统治激发下结出的果实，既展示了方以智的人生抉择、兼容三教的哲学思想，又体现了其文、道、情并重的诗学理论，在明末清初重道轻文的诗坛上具有重要意义。

安徽大学徽学与中国传统文化研究院徐道彬教授作题为《谈谈马数鸣的方以智研究》的主题报告。徐教授指出，安徽无为籍学者马数鸣先生是现当代较早一批关注方以智学术思想的学者之一。马数鸣(1908—2003)早年投身革命，毕业于省立安庆高等师范，中华人民共和国成立后相继任职于合肥矿业学院、合肥师范学院、安徽省博物馆等，对方以智、戴震等皖籍学者的思想学术均有独到见解，并发表了一系列相关研究论著，其研究成果与经历有几点值得借鉴和思考：(1)如何看待学术与时代、政治之关系；(2)如何平衡学术与行政事务之关系；(3)提倡学术辩论，其“言必称孔孟”，常道“天地间一疑海也”，最能体现“独立之思想，自由之精神”；(4)加强地域学术文化的研究投入。无锡地名研究会的陈永跃先生在《且依冰井作柴关——逢遇冰井与“困、井”卦爻辞对方以智逃禅的启示考辨》一文中指出，历史上方以智逃禅主要有母亲吴令仪“向佛崇禅”影响说、方氏外祖父吴应宾“秉持莲戒、受博山乳”影响说、赴死得以逃禅说。通过考察发现，方以智在流徙广西梧州偶逢冰井寺时，体验和实践《周易》“困、井”之义，此为方以智逃禅的一大事因缘。中共安徽省委政策研究室的陶善才先生在《桐川会馆与桐城方氏学派》一文中指出，明代中后期，方学渐创立桐川会馆，具有会馆兼书院性质，对桐城学术影响甚大。自桐川会馆创建以后，方氏六代学人前后相续，时间跨越100余年，几乎与桐城方氏学派相始终。我们系统梳理考察其历史，对我们了解桐城方氏学派、方氏学人的行迹、桐城文化均具有重要意义。

五、方以智哲学的历史定位与现代价值

广东省社会科学院历史研究所邢益海研究员在题为《方以智哲学的古典性与现代性——从学术、思想、信仰以及比较维度看》的主题报告中认为，方以智是古典学术的集大成者和质测新学的倡导者，他对自然现象、物质（物理）世界具有浓厚兴趣，提倡"自然"维度与"极物"的治学精神和方法，接近我们今天称为"科学"现代性的第一义。方以智以"公因反因"哲学来完成调和陆王、会通三教和各种"专门均"，具有多元会通与宽容的思想性格，接近我们今天"民主"现代性的第二义。他践行忠孝，大仁大义，是维系桐城方氏世家文化长盛不衰的精神密码或价值基因，接近我们今天称为"人本""人文"现代性的第三义。总而言之，方以智哲学具有"科学的、民主的、人本的"现代性，在中国近现代哲学史上具有重要意义。

安徽大学方以智研究中心首席专家蒋国保教授在最后的总结发言中对邢益海教授及其他学者的发言作了回应和总结，指出今天的研讨会就方以智哲学与理学的关系、方以智哲学的历史定位两个问题达成了基本共识。首先，方以智哲学中的"心学"思想解决了阳明学的困境，认为方以智哲学比王夫之哲学还要超越，是晚明哲学的最高成就，是对程朱理学的突破，是心学的发展，是对心学的突破。这是在武汉大学张昭炜教授《阳明学的困境与发展》基础上的继续深化，对我们如何定位方以智哲学具有重要意义。其次，关于方以智哲学的历史定位问题。此与上一个问题密切相关。方以智哲学是古典哲学的终结，或者是对宋明理学的终结，他的终结是终结了古典哲学，开创了中国现代哲学的新范式。邢益海教授的报告指出，方以智开启的"现代哲学"内涵中包括"科学与民主"，极具现代意义，这是今后研究方以智哲学的重要方向。他认为方以智哲学有科学的成分、实学的成分，但其本质是在古典哲学框架下，向近现代哲学有所突破的这样一个哲学形态。这对中国哲学的近现代转型和发展具有重要的启迪意义，而这个意义不仅仅在于解决宋明理学的问题、推进古典哲学向近现代哲学转型的问题，最重要的是他架构了一个哲学形式，而形式的架构是中国古典哲学的薄弱点，无论儒、释、道哪一家哲学，都无一例外地忽视了范畴化的形式架构。换言之，中国古典哲学在方

以智之前都没有系统完整的形式架构,而方以智哲学最大的贡献就是其哲学思想有一个现代意义的架构。这是一种什么样的架构,需要学界各位同仁继续深入探讨和研究。但无论怎么研究,都不能忽视"圆∴三点"的架构,这从早期的"重玄一实",到后期《易余》的"二虚一实",再到《东西均》"圆∴三点"鲜明地体现出来。重玄一实→二虚一实→圆∴三点这个模式贯穿于方以智思想的始终,如果要研究方以智哲学的相关问题,都要考虑这个模式。解决了这个模式问题,方以智哲学的其他问题也就自然迎刃而解了。目前学界关于方以智哲学呈现一种片段化或者说片面化问题,如关于其实学、科学、心学、理学的研究,等等。无论从哪个方面来讲,我们都可以讲出一套自己的方以智哲学,但方以智哲学中的方法论和思维模式是什么才是关键,我们应该抓准、抓实、抓紧这个问题,唯有如此,才能准确把握方以智哲学的精髓和要义。他在此只是抛砖引玉,希望学界同仁就此能够展开相互讨论和批评,共同推进和深化方以智哲学研究。

作者单位:安徽大学方以智研究中心

方以智思想世界的缄默维度

——“中国儒学缄默维度工作坊”综述

朱智通　姚　远[①]

2021年11月29日，由武汉大学中国传统文化研究中心主办的第三期“中国儒学缄默维度工作坊”以线上、线下相结合的方式成功举办。此次工作坊的主题为“方以智思想世界的缄默维度”，由张昭炜教授召集，安徽大学诸伟奇教授主持。武汉大学人文社会科学院副院长张发林到会并致开幕词，张院长作为安徽桐城人，一直十分关注先贤方以智的思想，希望有机会能进入他的思想世界中；同时他指出，“中国儒学缄默维度”的概念并非凭空产生或舶来的，而是扎根于中国传统文化的创新型研究。从缄默维度进入并推介方以智的学说，能够为方以智哲学研究提供全新的视角与路径，从而为儒学研究提供新的研究进路与空间。

此次会议的特邀嘉宾为陕西师范大学资深教授尤西林先生，主讲嘉宾有苏州大学（安徽大学方以智研究中心）蒋国保教授、中国社会科学院汪学群研究员、中山大学张永义教授、台湾东海大学蔡家和教授、湖北大学刘元青教授。由中国社会科学出版社于2020年出版的《中国儒学缄默维度》（以下简称《缄默》）一书将方以智视作儒家缄默思想最后、最高和最有成就者，会议亦围绕方以智思想的缄默维度展开。本文将阐述《缄默》与方以智哲学的内在关联，就方以智缄默维度的特征、道体论、认识论展现其思想的缄默维度之

---

① 武汉大学中国传统文化研究中心博士研究生魏思远参与了本文的整理，特此鸣谢。

蕴,总结方以智在儒学思想史中的地位。

一、缄默维度与方以智哲学的内在关联

儒家思想中一直存在着动与静、显与隐、言与默两个维度,但过往研究者通常更加重视从显象的、言说的、知识的、体系的显性维度进入儒学,从而使其深静、隐微、默会的内涵被掩盖和遮蔽了。《缄默》一书首次将儒学深静、隐微、默会的思想内涵统合为儒学缄默维度,深入发掘了儒学在缄默维度上的价值。

《缄默》的核心概念为"三法印",即儒学缄默维度的三个基本特征:

> 缄默维度关联的儒学道体需要功夫才能呈现;换言之,它并非现成,而是有待功夫揭示;
>
> 功夫即是道体,随着功夫的深入,道体呈现出不同的形态,从动静而言依次是:动而趋静,静极而真动、真动而生生;
>
> 缄默维度表达在显性维度,即是生生春意。[①]

尤西林教授指出,《缄默》诠释的儒学史从孔颜默传开始,但就儒学的普遍形态及其存在来说,至少可以追溯到周人的忧患意识。殷周之际文王演《易》就是一种缄默,且正是由于此种缄默的奠基,才有殷周之际的大变革。周人崛起后,周公制礼作乐,实现了信仰的内化,在制度上即是"纳上下于道德",亦如方以智所说:"生死鬼神,圣人皆以礼乐藏之。"(《易余目录·礼乐》)"生死鬼神"正如孔子之"罕言",代表缄默维度;"礼乐"则代表"雅言",属于显性维度,两个维度通过周代的礼乐文化得以贯通。至先秦时期,这种张力进一步内化,孔子的"仁"、孟子的"养气"、《中庸》的"诚"等思想都明确有着这种内在的信仰性质[②]。这种信仰的价值取向决定了缄默维度的价值取向:儒学的缄默维度并非光秃秃的静,而是在消除显性的文化符号所带来的欲望的同时,通过静默中的肯定性精神孕育出生生活力。因此,与佛、道不同,儒家的

---

① 张昭炜:《中国儒学缄默维度》,北京:中国社会科学出版社,2020 年,第 5 页。

② 尤西林:《儒学精神根基与华夏文明底蕴的揭示——评〈中国儒学缄默维度〉》,载《学术评论》,2022 年第 3 期,第 52 页。

静心养气即使在最纯净的状态,也是需要与"义""道"等儒家伦理共存的。这正是《缄默》的最精微之处。

《缄默》一书的体系建构是以方以智哲学为脉络展开的。首先,在缄默维度的核心概念中,方以智的思想占据了重要地位。《缄默》在引言中指出,中国儒学缄默维度的诗意表达是"氤氲一气似初春",概念抽象为方以智"太极丸春""密冒""隐均""秘本""罕言",一字定宗为扬雄"玄"、朱熹"晦"、方以智"余"。在上述八个概念中,六个概念取自方以智的哲学思想,可见《缄默》受方以智哲学影响之深。"'余'是四气之冬,是四气流行的天机,与'余'相对应的概念是正:'正'是四气之春夏秋,是四气流行的展开"①。以正为体,以余为用,进而"四分用三,以三用一,以一用三,十二用九"②,正余互用,再进一步破除体用;"余"相当于三冒——显冒(对应显性维度)、密冒(对应缄默维度)、统冒(对应显性维度与缄默维度的统合)中的"密冒"。显冒作为显性维度对应两只肉眼,密冒作为缄默维度对应顶门慧眼,又称"醯眼",统冒对应慧眼与肉眼的双向互动与相互包含。"从中国儒学缄默维度第二个基本特征'静极而真动'来看,冒对于道体的覆盖介于'静极'与'真动'之间,偏向于'静极',并试图掩盖'真动'。但是,冒并没有完全掩盖住'真动',如同帽子已经'出卖'了戴帽者的特征,冒昭示了于穆不已的生生"③;"均者,造瓦之具,旋转者也"④。如同冒分三冒,均可分为三均:费均、隐均、公均⑤。"三均的结构形式为'两端中贯,以一明三',费均与隐均分列两端,相当于显性维度与缄默维度;公均是中贯,位居中轴线,带着费均与隐均旋转"⑥。"隐均"同"密冒"一样对应着缄默维度,与对应着显性维度的"费均"、对应二者统合的"公均"相互贯通;"眼"是指与作为认识对象的"冒"相对应的认识能力,"三眼"是指两只肉眼与顶门慧眼,其内部从闭肉眼到开慧眼、关闭慧眼返回肉眼的两层

---

① 张昭炜:《中国儒学缄默维度》,北京:中国社会科学出版社,2020年,第428页。
② 方以智著,张昭炜整理:《易余(外一种)》,上海:上海古籍出版社,2018年,第31页。
③ 张昭炜:《中国儒学缄默维度》,北京:中国社会科学出版社,2020年,第431页。
④ 方以智著,庞朴注释:《东西均注释(外一种)》,北京:中华书局,2016年,第14页。
⑤ 此处"费"与"隐"之对待出自《中庸》:"君子之道费而隐。"
⑥ 张昭炜:《中国儒学缄默维度》,北京:中国社会科学出版社,2020年,第434页。

关系适用于秘本与印本、罕言与雅言:罕言与雅言分别对应儒学的两种不同授受传统,两种方式都以最终寻求到缄默之道体为旨趣,不执着于显性的细枝末节。方以智提出寓罕言于雅言:“微言大义,本一贯而不碍互相显藏者也。尽变知化,深造自得,何义不大,何言不微?精义即绝义事,雅言俱是罕言。”[①]“第一层,要从雅言中解析出罕言,由此进入缄默维度;第二层,将所证之罕言寓居于雅言之中,通过雅言表达,从而用于化俗”[②];“太极丸春”则是形容由三冒、三均旋转形成的太极球,是三冒、三均、三眼的统合,在旋转中生发出生生春意。余、隐均、密冒、秘本、罕言、太极丸春等概念在方以智哲学中的统合,正与儒学缄默维度的三个基本特征相对应:由功夫揭示道体——功夫即是道体,静极而真动——真动而生生,生发出生生春意。

方以智思想除在缄默维度的核心概念中占据大多数外,更是《缄默》展开其论述的重要线索和最终收束的旨归。在第一章,《缄默》介绍了孔子传道的两种授受方式:罕言与雅言。“‘罕言’指凭借言语难以进入的精微命理、仁之大道,应默会以证之”,对应缄默维度中守静的功夫,属于孔颜的授受传统;“雅言”则是孔言(孔子一言偃)的授受传统,“是由显以入微、由显以知微的双向互动,表现出澹台灭明持敬甚严”[③],对应缄默维度中持敬的功夫。孔子将罕言与雅言并举,方以智则创造性地将二者统合起来,强调“寓罕于雅”,通过雅言表现罕言。《缄默》的第二章将先秦缄默维度划分为孟子、《易传》、庄子、屈原四个流派,这契合了方以智以《易》为底色,屈、孟、庄“三子同堂”的思想背景。屈、孟、庄三子代表了先秦缄默维度的三个流派,与另一流派——《易》乃是体与用的关系:《易》为体、为微,三子为用、为显,这与方以智“以三用一,以一用三”的思想相呼应。方以智自云:“愚尝摹《曹娥碑》似屈子,草藏真《酒狂》书似庄子,临《坐位帖》似孟子,亦足自适。”[④]《缄默》由孔子展开、收束于方以智哲学:“本书构建的中国儒学缄默维度传统,始于孔、颜,为合;至先秦

① 方以智著,张昭炜整理:《易余(外一种)》,上海:上海古籍出版社,2018 年,第 1 页。

② 张昭炜:《中国儒学缄默维度》,北京:中国社会科学出版社,2020 年,第 433 页。

③ 张昭炜:《中国儒学缄默维度》,北京:中国社会科学出版社,2020 年,第 39 页。

④ 方以智著,蔡振丰、魏千钧、李忠达校注:《药地炮庄校注》,台北:台大出版中心,2017 年,第 464 页。

为孟子、《易传》、庄子、屈原四个流派之小展开，后续大展开，其结构形态为合、小展开、大展开；至方以智则是再合，综合前面的大展开，融合四个流派的小展开，重回孔颜之合，从而归宗为一。”①

二、容寂颡頯：方以智思想的缄默维度特征

《缄默》一书以从孔子到《易》、屈、孟、庄四家的展开再收束到方以智为线索，以思想发展的时间顺序安排各章节的内容，唯一的例外是将晚于方以智出现的王夫之(1619－1692)放在了第十二章，而将方以智(1611－1671)的思想作为收束全书的最后一个章节。张昭炜教授认为，王夫之与方以智在儒学的缄默维度中都有着重要地位，他在2015年就提出：“方以智与王夫之双峰并出，代表了那个时代哲学思想发展的巅峰，如同六祖惠能门下青原行思与南岳怀让的双峰并出。”他创造性地从王夫之与方以智对庄子思想的继承出发，总结了二者思想不同的缄默维度内涵。

王夫之的“踵息”思想与方以智所言“容寂颡頯”都出自《庄子・大宗师》：“古之真人，其寝不梦，其觉无忧，其食不甘，其息深深。真人之息以踵，众人之息以喉。”“若然者，其心志②，其容寂，其颡頯；凄然似秋，暖然似春，喜怒适四时，与物有宜而莫知其极”。对于何为“踵息”，庄子的解释仅为“其息深深”，而道家的养身修炼功夫给出了更为详细的解释，具体可以归结为三点：“其一，踵息与心之沉静、深寂密切相关；其二，静极而动，一阳来复，如同亥子中间、《坤》《复》之际、子时，这是踵息的核心含义；其三，踵息上通先天，是天机。踵息既是修道之始教，亦直接通向修道之始教。”③如王夫之所言：“气之动也因乎息，而天机之出入乘焉。”④“踵息”之重点在脚后跟处，而“容寂颡頯”的重点则是头部：先统观面容，再细看额头，以“颡頯”继“容寂”，展现了一种由远及近的动态视角。“頯”是“寂”的具体化，方以智注为“頯，朴貌”，从容色

① 张昭炜：《中国儒学缄默维度》，北京：中国社会科学出版社，2020年，第437页。

② 本句“其心志”又作“其心忘”，此处从通行本作“其心志”；陈鼓应《庄子今注今译》依褚伯秀等之说，据赵以夫订正为“其心忘”。

③ 张昭炜：《中国儒学缄默维度》，北京：中国社会科学出版社，2020年，第381页。

④ 王夫之著，王孝鱼校注：《老子衍 庄子通 庄子解》，北京：中华书局，2009年，第7页。

寂然到额头玄朴,是深静的呈现、洋溢,是缄默维度由远及近、从整体到局部的递进呈现,由此层层入密,从身体在缄默维度浸润下产生的变化开始,由浅以入深、由感以入寂、由显以入隐,在语言系统的关闭中,默会深深密体,进而引发"生生真动"。踵息与容寂颡頯对应着方以智悟道记《象环寤记》中的"乌喙赤足":"'乌喙'相当于容寂颡頯,深深之静显露于面部,是玄朴;'赤足'相当于踵息,生生真动从足生发,是真机。二者合释,则是中国儒学缄默维度第二个基本特征'静极而真动'在身体的呈现,此处'而'不仅是递进关系,而且是并列关系,乌喙之静极与赤足之真动同时呈现,是上真形体。"①

对于"頯"的读音,陈鼓应先生将"頯"字注为"kuí"②,接近于《五音集韵》对"頯"字的注音;而方以智把它注成"去鬼切",可拼读成"què",与《说文解字》对"頯"的注音:"从页声,按古音,渠追切"③相近。关于"容寂颡頯",蒋国保教授指出,《缄默》从"心""容""颡"三个角度展开缄默维度的境界。"容寂""颡頯"是外在洋溢的深静气象,向内追问,源于"心志"。三者均属于缄默维度的特质,再进一步细化,分解出缄默之隐性与缄默之显性:"前者是'心志',后者是'容寂''颡頯',由此构成缄默维度的嵌套。"④"真人之息以踵"与"容寂颡頯"在方以智处的关联解释是极静与真动在缄默维度达到的深层统一,其反映在功夫上,则是"艮其背"与"行其庭"。汪学群教授从儒学中静的深度体知及透关的角度提出,缄默是一种功夫,正如《缄默》书中所言"要进入缄默维度,缄默是手段,而不是目的;同样,主静、容寂都是手段,其目的在于深深密体之机的发动及呈现,乃至将发动之机带回到显性维度"⑤。但功夫与缄默也不是简单的包含与被包含的关系,而是交叉的领域;缄默有功夫难以概括的,也有在功夫之下的。以"动静"来说,过去对儒学的研究主要在"动",虽然"动"是目的,缄默的功夫是手段,但"静"、缄默不是被动的、死寂的沉默,而是有着丰富内涵、极静而真动的缄默。从缄默维度的视角进入儒家思想,可以

① 张昭炜:《中国儒学缄默维度》,北京:中国社会科学出版社,2020年,第411页。

② 陈鼓应:《庄子今注今译》,北京:中华书局,1983年,第190页。

③ 段玉裁注:《说文解字》,北京:中华书局,2013年,第421页。

④ 张昭炜:《中国儒学缄默维度》,北京:中国社会科学出版社,2020年,第406页。

⑤ 张昭炜:《中国儒学缄默维度》,北京:中国社会科学出版社,2020年,第410页。

平衡动与静的关系、进一步深入罕言与雅言的贯通、主静与持敬的互补，从而使儒家的功夫论研究更加成熟。《缄默》将觉浪道盛的“入无穷之门”[①]与《孔子闲居》“五至”“参天地”[②]互镜，指出“通过缄默维度的阐发，孔子的内圣之蕴更加厚重与饱满，其过化之迹亦是春意盎然”[③]。

三、太极丸春：方以智思想的道体论

中国儒学缄默维度的诗意表达为“氤氲一气似初春”，集约表达为“藏心于渊，美厥灵根”，也可精简为方以智“密冒”“余”。朱熹的“晦”有春容，扬雄的“玄”以生生，方以智的“隐均”有“太极丸春”。从诗意表达到集约表述，再到概念抽象、一字定宗，由繁至简，又均以生生之春为总体的物象特征。《缄默》对道体论的论述从陈献章的“氤氲一气似初春”切入，而“太极丸春”则被视为中国儒学缄默维度在道体论上的最终旨归。

《缄默》以陈献章的诗《夜坐》作为全书的引入：

> 半属虚空半属身，氤氲一气似初春。仙家亦有调元手，屈子宁非具眼人？
>
> 莫遣尘埃封面目，试看金石贯精神。些儿欲问天根处，亥子中间得最真。
>
> 邵雍亦有《观物》（节选）：
>
> 《乾》遇《巽》时为月窟，地逢雷处见天根。
>
> 天根月窟闲来往，三十六宫都是春。[④]

方以智“太极丸春”的思想即是自陈献章与邵雍处一脉相承而来的。“未有天地，先有此心。邈邈言之，则可曰太极，可曰太一；可曰太无，可曰太有；可曰虚满，可曰实父；可曰时中，可曰环中；可曰神气，可曰烟煴；可曰混成，可

---

① 方以智著，蔡振丰、魏千钧、李忠达校注：《药地炮庄校注》，台北：台大出版中心，2017年，第600页。

② 方以智著，庞朴注释：《东西均注释（外一种）》，北京：中华书局，2016年，第470页。

③ 张昭炜：《中国儒学缄默维度》，北京：中国社会科学出版社，2020年，第410页。

④ 张昭炜：《中国儒学缄默维度》，北京：中国社会科学出版社，2020年，第1、205页。

曰玄同。以其无所不禀,则谓之为命;以其无所不生,则谓之为心”[①]。陈献章的“氤氲”从水,方以智的“烟煴”从火:“火之生生活力源于潜藏、寂然,这是,逆反求静,以求中国儒学缄默维度第二个基本特征‘静极而真动’。”[②]《缄默》论“氤氲”始于水,终于火,合于《象环寤记》肾水与心火的交济,且从火的“烟煴”更符合方以智的怒化思想。此外,方以智将“神气”与烟煴对举,似初春的烟煴之气中有主宰之神,烟煴指向混成,神气关联玄同[③];心秉承太虚,从而有了无限生生的可能。“太一、太无、虚满、神气、玄同等从不同角度展现了心的丰富内容,而这一切又可归根在虚,虚故纳万境,灵妙而无穷,虚灵之心不仅是中国哲学天道、心性学的主体,而且也是中国美学、艺术的主体,也是阳明学‘灵丹一粒’的良知”[④]。

王夫之有言:“青原晚号‘极丸’,取一峰‘太极丸春’之旨。此足见其存主处。”[⑤]这里提及的“青原”是方以智晚年驻锡的青原山,用以代指方以智;“一峰”为陈献章的论学友人,吉水罗伦。“太极丸春”原出自罗伦的七言古诗《太极丸春》:“万山苍玉一丸春,太极先生是此君。无限风光看不尽,山河全露素王身。”“太极丸春”为吉水一处景观,亦是罗伦的重要思想,后成为方以智晚年所存主。在方以智那里,“太极丸春”之“太极丸”即是太极球,由三冒、三均旋转形成,公均、统冒作为转轴,即“环四中五”之中五,使得太极球旋转保持平衡[⑥]。方以智的“中五”思想源于黄老人王宣,由中五的思想深入拓展,亦可渗入儒学的各个方面。“百原尝小衍”,在邵雍那里,小衍即是“中五”,一行所藏之符亦是“中五”。“太极丸春”的思想是方以智三均、三冒等思想的综合,它作为元气的母体,蕴藏着生生春意。

与会学者就能否以“太极丸春”概括方以智的思想展开了讨论。张永义

---

① 方以智著,庞朴注释:《东西均注释(外一种)》,北京:中华书局,2016年,第166页。

② 张昭炜:《中国儒学缄默维度》,北京:中国社会科学出版社,2020年,第436页。

③ “混成”“玄同”均出自《道德经》:“有物混成,先天地生,寂兮廖兮,独立而不改,周行而不殆,可以为天下母。”(第二十五章)“知者不言,言者不知。塞其兑,闭其门;挫其锐,解其纷;和其光,同其尘,是谓玄同。”(第五十六章)。

④ 张昭炜:《中国儒学缄默维度》,北京:中国社会科学出版社,2020年,第498页。

⑤ 王夫之:《船山全书·搔首问》,长沙:岳麓书社,2011年,第631页。

⑥ 张昭炜:《中国儒学缄默维度》,北京:中国社会科学出版社,2020年,第435页。

教授指出，方以智对“虚”总体上持批评态度，主张回到“实”的部分，因此从缄默维度进入方以智的思想，就需要解决方以智哲学在虚实之间是否存在偏向的问题。在《东西均》和《易余》中确有方以智对蹈虚着空的批判与对实学的明确倡导，然而其矛头主要指向的是明末禅宗与王门后学耽于虚无、不宗良知而以“无善无恶”为宗之弊。此外，方以智的“虚实观”也并不是单向度的：“或虚其实，或实其虚，虚实有无之不二，犹阴阳之本不二也。”①虚与实是相互补充而非截然对立的。其中，体用一如的前者正是“太极丸春”所形容的状态。

蒋国保教授认为，“太极丸春”实质上是王夫之对方以智的批评。王夫之在《搔首问》中提到：“顾一峰太极丸中，羞恶、辞让、是非具足于恻隐之中，而密翁似以知和之和为太和，故深取庄子两行之说以为妙用，意熊掌与鱼可以兼取，兼则不得时必两失也。”②可见，王夫之认为，罗一峰（罗伦）的“太极丸春”在恻隐、羞恶、辞让、是非的问题上与方以智的取向是不一样的：方以智的“太极丸春”是希望实现“知和之和为太和”，而王夫之则认为把太极两仪用一个第三者调和起来的所谓“太和”的思想，是对庄子“两行”之说的借鉴，是希望鱼和熊掌可以兼得，但最终可能会导致二者皆失。蔡家和教授则指出，方以智以“太和”深取庄子“两行”为妙用，最终想要达到诸家兼取的效果，确有可能导致儒家与二氏尽失，但余英时在《方以智晚节考》所引用的文本中有“此足见其存主处与沉溺异端者自别”③之言，可见王夫之对方以智的思想实际上是有褒有贬而非全面否定的。方以智虽然会通三教，但仍旧归本于儒，自别于沉溺异端之人。在罗伦的“太极丸春”中，恻隐包含了羞恶、辞让、是非，这与“易余”把春夏秋蕴藏于冬相类似，从这个层面来看，方以智与罗伦的“太极丸春”思想并没有太大的不同。

---

① 方以智著，庞朴注释：《东西均·扩信》，北京：中华书局，2001年，第32页。

② 王夫之：《船山全书·搔首问》，长沙：岳麓书社，2011年，第635～636页。

③ 余英时：《方以智晚节考》（增订版），北京：生活·读书·新知三联书店，2004年，第52页。

四、三冒思想:方以智哲学的体知面向

“三冒”指显冒、密冒与统冒:“显冒”对应显性维度、“密冒”对应缄默维度,“统冒”则是二者的综合。“冒”的本意是帽子:“冒即古帽,覆首而露目也。”[①]帽子本来的作用在于遮蔽,然而却可根据隐性的遮蔽推知显性的敞开。“冒”在道体论中是作为功夫所体认的道体存在的,它对于道体的覆盖介于“静极”与“真动”之间,偏向于“静极”,并试图掩盖“真动”[②]。有此一动静,也就有了三冒与三均的相互贯通:“费中自具三冒,隐中亦具三冒。费法详明,以费知隐,本无费隐而有费隐,隐汁乎费,有何费隐?”[③]显性维度之“有”展开为显、密、统三冒,而作为隐均、密冒的缄默维度又可以进一步展开:“曰无极,即子时初也;道极,即子时中也;乾坤,即子时满也。此‘无’中之细分也。”这种实三而恒一、实一而恒三的思想使得显性维度与缄默维度可以相统合,不断向缄默维度的深静细微处展开。刘元青教授认为,《缄默》对“冒”的解释将显冒、密冒与阳明学中的“有”“无”与《易传》中的“感而遂通”“寂然不动”相对应十分精到,但是“冒”侧重用而非体,这与将其解释为“偏向于静极”具有一定的矛盾;且略有遗憾的是,该书在详细解释“密冒”后,并未就“统冒”的内涵作进一步展开。

《缄默》以“余”为缄默维度一字定宗。在方以智的哲学思想中,“余”相当于“三冒”中的密冒,是四气之冬,为四气流行之天机。与“余”相对的概念是“正”,“正”是四气之春夏秋,为四气流行的展开。“四分用三,以三用一,以一用三,十二用九”[④]。“正”“余”可联合为一体,亦可将一体分为四份,以正为用,以余为体。缄默维度为体之一,显性维度为用之三。更进一步,要“以三用一,以一用三”,“正”“余”参互为用,体用互为彼此之本。最后,还要破除体用:“尽古今是用,尽古今是体,更何分合?何妨分合?”[⑤]掌握正余、三一之

① 方以智著,张昭炜整理:《易余(外一种)》,上海:上海古籍出版社,2018年,第26页。
② 张昭炜:《中国儒学缄默维度》,北京:中国社会科学出版社,2020年,第431页。
③ 方以智著,张昭炜整理:《易余(外一种)》,上海:上海古籍出版社,2018年,第31页。
④ 方以智著,张昭炜整理:《易余(外一种)》,上海:上海古籍出版社,2018年,第31页。
⑤ 方以智著,张昭炜整理:《易余(外一种)》,上海:上海古籍出版社,2018年,第9页。

理，便可举一反三、举“余”而知“正”、举缄默维度而知显性维度。方以智“冬炼三时”，聚集余之体，以求怒而飞，显性之“正”与隐性之“余”相对待，相反者亦相因，这是儒家显性维度与缄默维度在方以智处的交相渗透。举“余”之后透得“至日之关”，这可以对应中国儒学缄默维度的第二个基本特征“静极而真动”，并最终迎来“生生春意”。

在认识论中，“三冒”是作为认识对象而存在的，与作为认识能力的“三眼”相对应，“冒”是认识对象，“眼”则是认识能力，“冒”这一道体的显现又能通过“眼”这一认识能力来洞悉。“三冒”可分别对应“三眼”，“三眼”之间又具有两层关系：第一层是从闭肉眼到开慧眼，显性维度关闭，缄默维度打开；第二层是关闭慧眼返回肉眼，在经过缄默维度的润沃之后，人的认识能力携带有缄默维度的深密，以此返回显性维度，便能全面认知、深度洞悉，更有生意、更能发用。蔡家和教授指出，《缄默》一书以“体知”发扬中国文化，这与西方重视客观知识所成立之“知”不同：《缄默》中的“知”是一种感知、觉知、形上之知、实践之知，继承自杜维明先生提出的“体知”，而不是作为主体认识对象的客体之知。与西方哲学重视概念、命题之知不同，中国传统文化中重视概念与命题的名家、墨子、荀子等学说的影响力不如儒、释、道三家。而儒、释、道三家相较于客体之知，都更重视实践之知：儒家始终以“德性之知”即“仁”而非“知”为终极目标，禅宗提出“言语道断，心行处灭”（《璎珞经》），老子亦云：“为学日益，为道日损，损之又损，以至于无为。”（《道德经》）由此可见，就中国古代哲学的视角来看，仅凭知识是无法把握存在之整体的①。

蔡家和教授进一步展开论述了缄默维度的“体知”特征在方以智处的表现：证成万象相反而相成的反因说。首先，就学术发展脉络而言，方以智“在五老峰化名呐呐子著《东西均》，论万物变化交轮，一以贯之，大中见小，小中见大，以为释、儒、道三家，不可执一拘泥”②。他认为，儒家之“东均”要通过佛学之“西均”才能显发；且庄子真能知孔门心事而为孔门托孤，因而儒家亦藏于庄子。由此可见，方以智学兼儒释道、博采众家长，以其学术理路证成哲

① 蔡家和：《方以智之正反相因与言外之默——读张昭炜教授〈中国儒学缄默维度〉》，见《传统中国文献学专辑》，上海：上海三联书店，2022年，第304～310页。

② 任道斌：《方以智年谱》，合肥：安徽教育出版社，1983年，第180页。

学思想。同时,作为明朝遗民,他内心的感伤与不得志又同庄子为孔门托孤相似。其次,就思想而言,方以智在《东西均》中谈到反因,这接近于静默退藏之说,透过反面以成就正面。小则如忧患疾病,众人避之唯恐不及,然病即是药,危机即是转机,所谓"生死不二、则荣辱得失何足以二"[①];大则如孟子之"惧"与庄子之"怒化"互镜,一正一反地阐释了儒学缄默维度的功夫论。这种由哲学上对立面的事物相反相成以至在人生态度上实现对生死的一体同观,在"方以智拜文天祥祠,惶恐滩头全节以终"[②]时深刻地体现了出来。方以智以透生死关证成了自己的哲学观念,使其思想不至沦为空言。

五、方以智哲学在儒学思想史中的地位

方以智作为明清之际的儒学思想大家,在缄默维度的传承脉络中具有重要的地位。《缄默》中提到,方以智通过独特的生命历程,将先秦缄默维度归纳为孟子、《易传》、庄子、屈原四个流派,以及后来的九个小展开,这些流派的统合使缄默维度重回孔颜之合,从而归宗为一[③]。这种融合不是在概念、范畴的意义上实现思想的建构,而是将生命与学问融为一体,所以也就更加坚固、真切。

《说文解字》对"缄"的解释为:"缄,所以束箧也。"[④]其本义指捆箱的绳索,后又由捆扎引申出包封、收敛、封闭、遮封等义。《缄默》将中国儒学缄默维度的起点定位在孔子观周金人铭文的"三缄其口",又以孟子、《易传》、庄子、屈原四个流派为先秦儒学缄默维度的展开。张永义教授指出,以儒解庄具有很久的解释传统,方以智受"托孤说"的影响,按照觉浪道盛的思路,直接把庄子看作儒家的嫡传。然而,无论是觉浪道盛还是方以智,他们所讲的"托孤"背后都有更为深刻的含义。方以智实际是在借解《庄子》"自托孤"。如果"托孤说"只是方以智作为遗民的特殊话语,而非客观的思想史事实,那么把庄子归到儒家缄默维度里、使其居先秦四个缄默流派之一,是有待商榷的。

---

① 方以智著,庞朴注:《东西均注释(外一种)》,北京:中华书局,2001年,第128页。

② 张昭炜:《中国儒学缄默维度》,北京:中国社会科学出版社,2020年,第403页。

③ 张昭炜:《中国儒学缄默维度》,北京:中国社会科学出版社,2020年,第437~438页。

④ 段玉裁注:《说文解字注》,北京:中华书局,2013年,第664页。

汪学群教授也提到，方氏所处的明朝末期是一个社会大变革的时代，从大的社会历史背景来看，方以智作为明朝遗民的背景对其哲学形成的影响是不容忽略的。进一步来说，即使接受庄子为儒门真孤，这四个维度之间的关系也有待更为深入的探讨。方以智"以庄继易"，认为庄子的思想是从《易传》的脉络发展下来的；但同时他还有"善易者不言易"的论断，这一论断指向孟子：考诸《孟子》一书，基本从未提及有关《易传》的内容，然而他却认为孟子是懂《易传》的；他对屈原的看法则是"以《骚》继《诗》"，从《诗经》的这一条脉络发展而来。孟子、庄子、《易传》这三条脉络之间有内在的联系，三子归于《易》，统括于怒化生生的精神："深静中一阳来复，即是中国儒学缄默维度第二个基本特征'静极而真动'，由此，三子与〈周易〉均是中国儒学缄默维度的典型代表……屈原通过怨以致坤、复之际；孟子养夜气，源于半夜'平旦之气'，亥子中间，亦是天根，养成浩然正气塞天地；庄子以'怒'致中和，'凿破中央，由南即北'，与孟子互通，一反一正，这极大丰富了中国儒学缄默维度思想。"[①]

蒋国保教授认为，《缄默》一书更大的贡献在于，它明确地把方以智的缄默思想作为代表儒家缄默思想最后、最高和最有成就的思想阶段，开启了关于方以智思想研究的一个重要话题，为研究者进入方以智的思想世界提供了一条新的路径。今后的方以智研究无论从什么方向发展、深入，缄默维度都是一个跨越不过的话题；而未来进入方以智思想世界的路径也可能在显性文本的基础上加入缄默的路径。张永义教授则提到，张昭炜对于中国儒学缄默维度的梳理，与方以智所具有的"集大成"的思想特色相呼应。可以看出，《缄默》的写作过程在研究方法和具体论断等方面都受到了方以智的影响。

陈来先生在为《性故注释》所作之序中对方以智的评价为："思想深邃，学识博通，志节坚贞，在当时的知识人中与顾、黄、王并驾齐驱。"[②]文天祥证成孟子浩然正气，余英时在《方以智晚节考》(增订版)则断言方以智"即谓之异代之文文山又何愧哉"[③]。对方以智哲学的精神给予了极高的评价；方以智

---

① 张昭炜：《中国儒学缄默维度》，北京：中国社会科学出版社，2020年，第444页。

② 方以智著，张昭炜注释：《性故注释》，北京：中华书局，2018年，第1页。

③ 余英时：《方以智晚节考》(增订版)，北京：生活·读书·新知三联书店，2004年，第200页。

之妻之堂侄潘江称其“再世屈庚寅”，屈、方皆投江而死；方以智视庄子为儒门真孤，他自己亦死后托孤，传儒学之真精神，正是屈、庄精神在异代之再现。方以智哲学融退藏于密的渊深之体，由三子整合而来的惧、怒、怨三种功夫进路与由中和展现生生春意的境界于一身，其思想具有极高的精神价值，亦构成了中国儒学缄默维度之母体。“方以智以儒学‘真孤’自任，表现出透生死关后的淡然与从容，亦显示出其学术能够为后世认可的坚定信念”①。随着越来越多方以智著作与注释的面世，或许正如陈来先生所言：“研究方氏之学的高潮，不久必将到来。”

作者单位：武汉大学中国传统文化研究中心(朱智通)
武汉大学哲学学院(姚远)

① 张昭炜：《中国儒学缄默维度》，北京：中国社会科学出版社，2020年，第450页。